经过全党全国各族人民持续奋斗，我们实现了第一个百年奋斗目标，在中华大地上全面建成了小康社会，历史性地解决了绝对贫困问题，正在意气风发向着全面建成社会主义现代化强国的第二个百年奋斗目标迈进。这是中华民族的伟大光荣！这是中国人民的伟大光荣！这是中国共产党的伟大光荣！

——习近平在庆祝中国共产党成立一百周年大会上的讲话

国家出版基金项目

西藏脱贫影像志

西藏广播电视台 编

西藏人民出版社

图书在版编目（CIP）数据

西藏脱贫影像志 / 西藏广播电视台编. —— 拉萨：西藏人民出版社，2021.12
ISBN 978-7-223-06940-3

Ⅰ.①西… Ⅱ.①西… Ⅲ.①扶贫－概况－西藏－图集 Ⅳ.①F127.75-64

中国版本图书馆CIP数据核字（2022）第050751号

西藏脱贫影像志

编　　者：	西藏广播电视台
策　　划：	张慧霞
责任编辑：	张慧霞　格桑德吉
封面设计：	洛桑群培
出　　版：	西藏人民出版社（拉萨市林廓北路20号）
印　　刷：	深圳市精彩印联合印务有限公司
开　　本：	787×1092　1/16
印　　张：	24.625
字　　数：	200千字
版　　次：	2022年5月第1版
印　　次：	2022年5月第1次印刷
印　　数：	01-3000
书　　号：	ISBN 978-7-223-06940-3
定　　价：	75.00元

版权所有　翻印必究

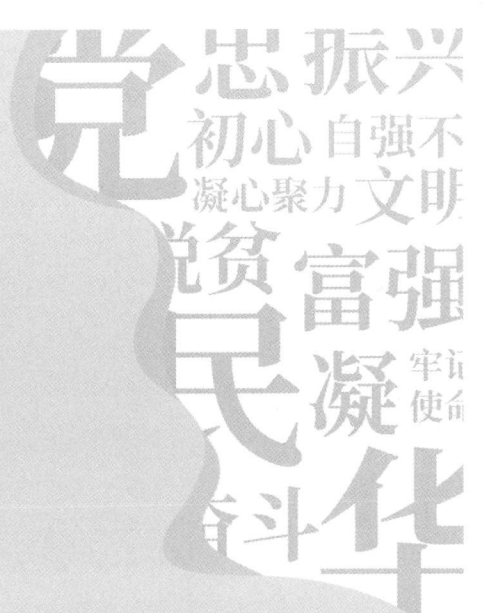

《西藏脱贫影像志》

主　　编：张先群
副 主 编：吴兴远　李　森
执行主编：侯晓燕　扎西玉措　邹　霞
统　　筹：张乾舫　扎西玉措　尉朝阳
　　　　　国俊明
编　　辑：达娃央金　拉　珍　次仁措姆
　　　　　杨海燕　梅晶石　普　珍
　　　　　达娃玉珍　曲珍草　王　涛
　　　　　卓　嘎　洛松曲西　加央措姆
　　　　　西热多久　张一帆　索朗扎西
　　　　　康莉莉　肖海军
校　　对：周泉霞　周秋福　占　萍
　　　　　支晓亮

目录 CONTENTS

- 纪录伟大时代　见证盛世壮举（代序） …………………………………………… 1

魅力拉萨

- **城关区**
  次仁巴珠的"逆袭人生" ………………………………………… 2
- **达孜区**
  脱贫故事里盛开着一朵民族团结之花 ……………………… 7
- **堆龙德庆区**
  "最美"民宿助力脱贫 ………………………………………… 12
- **当雄县**
  盐碱地上的新生 ……………………………………………… 17
- **曲水县**
  平措卓玛的诗与远方 ………………………………………… 22
- **林周县**
  鹤乡大叔的幸福生活 ………………………………………… 27
- **尼木县**
  脱贫靠"闯"不靠等 …………………………………………… 31
- **墨竹工卡县**
  借着搬迁东风实现幸福生活 ………………………………… 35

吉祥日喀则

- **聂拉木**
  脱贫路上我们一起向前走……………………………… 42
- **南木林县**
  这对小夫妻令人刮目相看……………………………… 47
- **桑珠孜区**
  幸福来敲门…………………………………………… 51
- **康马县**
  学技能，修出一条幸福路……………………………… 55
- **拉孜县**
  扎念琴弹奏最动听的致富音符………………………… 60
- **仁布县**
  奋斗的声音，是这个春天里最幸福的音符…………… 65
- **萨嘎县**
  脱贫致富就在家门口………………………………… 70
- **萨迦县**
  农民工变身"包工头"………………………………… 75
- **定日县**
  墨镜叔坚参的"酷"人生……………………………… 80
- **定结县**
  米玛的脱贫故事……………………………………… 84
- **亚东县**
  幸福"蜜"方………………………………………… 89
- **谢通门县**
  致富"夫妻档"……………………………………… 94
- **吉隆县**
  罗布次仁一家的稳定新生活………………………… 99
- **昂仁县**
  "多技傍身"的这对夫妻…………………………… 104
- **白朗县**
  多措并举脱贫致富…………………………………… 109

- **江孜县**
  有种幸福叫同心奋进 …………………………………… 114
- **岗巴县**
  向幸福出发 ………………………………………………… 119
- **仲巴县**
  "天边之乡"的脱贫故事 ………………………………… 123

藏源山南

- **浪卡子县**
  在"大坝子上"丈量幸福的新高度 …………………… 130
- **措美县**
  小康路上的这家人 ……………………………………… 135
- **隆子县**
  "菜蓝子"里的脱贫故事 ………………………………… 140
- **洛扎县**
  脱贫路上交出精彩的答卷 ……………………………… 145
- **扎囊县**
  携手喜迎幸福新生活 …………………………………… 150
- **曲松县**
  "炒"出来的幸福生活 …………………………………… 155
- **贡嘎县**
  巾帼不让须眉 …………………………………………… 160
- **琼结县**
  团结之家的甜蜜致富路 ………………………………… 165
- **加查县**
  脱贫路上齐心奋斗 ……………………………………… 170
- **错那县**
  从地道农牧民变身为民宿老板 ………………………… 175
- **乃东区**
  奋斗铺就幸福路 ………………………………………… 180
- **桑日县**
  边巴的奋斗日记 ………………………………………… 185

灵秀林芝

- **巴宜区**
  靠双手过上幸福生活 ………………………………… 192
- **波密县**
  "冰川之乡"生长出的逆境之花 …………………… 197
- **察隅县**
  龙古村的华丽变身 …………………………………… 202
- **工布江达县**
  搬出来的幸福生活 …………………………………… 207
- **朗县**
  幸福阳光照耀朗县 …………………………………… 212
- **墨脱县**
  "秘境莲花"中的脱贫致富榜样 …………………… 217
- **米林县**
  夫妻同心　致富为民 ………………………………… 222

传奇昌都

- **八宿县**
  奋斗的人生最幸福 …………………………………… 230
- **洛隆县**
  乘着"东风"奔上致富路 …………………………… 235
- **边坝县**
  脱贫路上的温暖故事 ………………………………… 241
- **丁青县**
  绿色希望"种"出幸福生活 ………………………… 247
- **类乌齐县**
  "爱管闲事"的帅小伙"踩实"脱贫路 …………… 252
- **卡若区**
  用画笔带领大家描绘幸福模样 ……………………… 257
- **察雅县**
  幸福生活从一间房开始 ……………………………… 262

- 江达县
  有拼搏更有梦想…………………………………………… 267
- 贡觉县
  幸福生活来敲门…………………………………………… 272
- 芒康县
  山乡修理匠修出不一样的创业路………………………… 278
- 左贡县
  河谷深处歌声起…………………………………………… 283

大美那曲

- 申扎县
  拨云见日奔小康…………………………………………… 290
- 班戈县
  走出逆境，开启幸福新生活……………………………… 295
- 比如县
  "等靠要"不如"靠自己"………………………………… 300
- 尼玛县
  脱贫曙光照进"太阳县"………………………………… 305
- 安多县
  "天线帽"见证脱贫摘帽………………………………… 310
- 巴青县
  奋斗的人生最幸福………………………………………… 315
- 嘉黎县
  解锁藏北牧人一家的"幸福密码"……………………… 320
- 色尼区
  三世同堂共话幸福生活…………………………………… 325
- 索县
  风沙里诞生的"幸福绿洲"……………………………… 330
- 聂荣县
  藏北大叔达日的逆袭之路………………………………… 335
- 双湖县
  飘荡在森布日上空幸福的旋律…………………………… 340

天上阿里

- **札达县**
  千年古城换新颜 …………………………………… 348
- **日土县**
  边境山乡的脱贫密码 ……………………………… 352
- **普兰县**
  太阳照在赤德村 …………………………………… 357
- **措勤县**
  草原唱响幸福的歌声 ……………………………… 361
- **革吉县**
  勤奋踏实的日子更甜美 …………………………… 365
- **噶尔县**
  致富路上的金钥匙 ………………………………… 369
- **改则县**
  敲开草原深处的幸福之门 ………………………… 373

纪录伟大时代 见证盛世壮举

（代序）

张先群

初冬时节，西藏人民出版社编辑送来飘着油墨芳香的书稿——《西藏脱贫影像志》。我迫不及待地翻开书稿，映入眼帘的是一张张洋溢着笑脸的全家福，是一段段充满深情的口述史，那么真切、那么温暖。

与此同时，我的脑海里涌现出一个个经典的历史瞬间：

2015年11月27日，习近平总书记在中央扶贫开发工作会议上指出，要坚持精准扶贫、精准脱贫，重在提高脱贫攻坚成效。11月29日，《中共中央国务院关于打赢脱贫攻坚战的决定》下发。神州大地由此开启了一场消灭贫困的大决战。

2018年2月11日，习近平总书记深入四川省大凉山腹地考察，在与村民代表、驻村扶贫工作队座谈交流时，总书记语重心长地对大家说，让人民群众过上幸福美好的生活是我们的奋斗目标，全面建成小康社会一个民族、一个家庭、一个人都不能少。

2019年底，西藏自治区党委、政府正式宣布：通过四年多的艰苦努力，西藏74个贫困县区全部实现摘帽，62.8万建档立卡贫困人口实现脱贫，全区脱贫攻坚从集中攻坚阶段全面转入巩固提升阶段。

2021年7月1日，在中国共产党成立100周年庆祝大会上，习近平总书记登上天安门城楼，向全世界庄严宣告："经过全党全国各族人民持续奋斗，我们实现了第一个百年奋斗目标，在中华大地上全面建成了小康社会，历史性地解决了绝对贫困问题，正在意气风发向着全面建成社会主义现代化强国的第二个百年奋斗目标迈进。这是中华民族的伟大光荣！这是中国人民的伟大光荣！这是中国共产党的伟大光荣！"

这些难忘的瞬间是那么果敢坚定、那么催人奋进、那么振奋人心。

民亦劳止，汔可小康。西藏自古以来就是祖国不可分割的一部分，和平解放70年来，中国共产党领导西藏各族人民不懈努力、艰苦奋斗，让雪域高原换了人间，沧海变成桑田。西藏高原历史性消除绝对贫困，是发生在雪域大地上的又一个人间奇迹。

如果说中国的脱贫为世界的减贫史作出了巨大贡献，在减贫史上是值得大书特书的一笔，那么西藏的脱贫必然是这首恢宏史诗中不可或缺的壮丽篇章。脱贫故事的背后，昭示着一个颠扑不破的真理：没有中国共产党就没有社会主义新西藏。

精准脱贫的攻坚战一打就是五年。五年来，我们关注着，同时也思考着：作为全国唯一省级集中连片贫困区，在这场脱贫的决战中，西藏自治区既面临着巨大机遇，更面临着前所未有的挑战。如何攻克"难中之难、困中之困、艰中之艰"？脱贫路径在哪里？乡亲们摆脱贫困、奔向小康的精气神究竟怎样？在脱贫攻坚的决战中，又有哪些可歌可泣的故事？

正是在这样的大背景下，面对脱贫攻坚、精准扶贫的重大主题，西藏广播电视台以主流媒体的时代担当，于2019年初策划推出了大型融媒体系列报道——《西藏脱贫影像志》。

星光不问赶路人，时光不负有心人。两年来，记者的足迹遍布西藏120万平方公里。从三江流域到象雄古地，从雅砻河谷到年楚河畔，从工布的林区到藏北草原再到现代化的城市，我们感受着、见证着、体会着、感动着，同时记录着一张张灿烂阳光下的笑脸。这笑脸背后，是脱贫攻坚的硕果，是政策带来的福音，是沉甸甸的钱袋子，是满满的幸福感获得感安全感。脚下沾了多少泥土，心中就沉淀多少真情。两年来，西藏广播电视台广大新闻工作者深入农村牧区，努力践行"四力"，采用全家福照片定格的形式、故事化的手法，挖掘和呈现西藏74个县74个脱贫家庭的生动励志故事。《西藏脱贫影像志》虽然是由一张张农牧民的笑脸组成的微故事，却又是从一个侧面反映西藏精准脱贫恢宏主题的"大片"，这些图文稿件既有浓厚的酥油香糌粑味，又体现出鲜明的时代特色。通过一张张照片、一段段文字，可以感受到党的光辉照边疆、边疆人民心向党的生动画面，感受到360万各族儿女"撸起袖子加油干"的火热场景。在记者的镜头里、话筒前，西藏脱贫攻坚的伟大壮举"风卷红旗如画，幸福徐徐铺展"。

《西藏脱贫影像志》从策划到采访、从后期制作到整体推送，前后历时两年。这两年，也恰逢西藏广播电视台完成挂牌成立、内部整合、机构改革、合而为一。两年时间里，我们起步就决战、起跑就冲刺，一方面紧紧围绕着自治区党委、政府的中心工作，全力做好体制机制改革和各项宣传工作，特别是脱贫攻坚决战阶段的重大宣传报道任务，一方面积极投身新型主流媒体的建设中，不断推进传统媒体与新媒体融合。在我们看来，脱贫攻坚是经济发展、民生改善的主战场，互联网是宣传意识形态领域的主战场。推出《西藏脱贫影像志》既是西藏广播电视台加速媒体融合、锻造新型主流媒体，主力军挺进主战场的一次尝试，又是围绕中心、服务大局，为打赢脱贫攻坚营造良好舆论环境的一次尝试。两年来，我们全心记录一个主战场，又全力挺进一个主战场。这是主流媒体身处伟大时代、身处壮美高原应有的时代担当、应答的时代课题。

《西藏脱贫影像志》是西藏广播电视事业有史以来出版的第一部大型图文作品集，付梓在即，我们虽有些忐忑和惶恐，却又充满喜悦、充满期盼、充满信心。这些信心，来自于习近平总书记关于精准脱贫的一系列重要论述和以习近平同志为核心的党中央作出的决策部署，来自于自治区党委政府坚决贯彻中央决策部署全面推进精准脱贫的一系列举措，来自于120万平方公里大地上脱贫攻坚的成色，来自于乡亲们脱贫之后的一张张笑脸。正是这些力量，给了我们前进的方向，给了我们前行的勇气，给了我们温暖的肯定。正是这些力量鼓励着我们，让我们在讲好中国故事、西藏故事的路上有信心、有底气。

此刻，抚摸着《西藏脱贫影像志》，感受着依然滚烫的文字，凝望着永远灿烂的笑脸，我们心潮起伏、感慨万千。历史翻开了新的一页，精准脱贫铭刻着不灭的印记，照耀着时空的长河。在冬日的阳光下，当我们仰望珠穆朗玛，当我们俯瞰西藏大地，又是一片热气腾腾。我们看见精准脱贫正在同乡村振兴有效衔接，我们看见新征程上，全面推进乡村振兴的号角已经吹响，锚定"四件大事"、着力推进"四个创建"、努力做到"四个走在前列"的蓝图已经擘画成篇。

扛起摄像机，拎起脚架，拿起笔和话筒。就在这个冬天，我们的记者又踏上了新的征程，目的地依旧是广袤的农村牧区，因为那里的生活最火热，那里的笑脸最灿烂。

2021年是中国共产党成立100周年，是西藏和平解放70周年，我们谨以此书献礼！

感谢自治区党委宣传部，感谢自治区扶贫开发领导小组办公室（自治区乡村振兴局）和各地（市）县扶贫开发领导小组办公室（各地（市）县乡村振兴局），感谢各地市委宣传部，对本台采访编辑工作、对本书的出版工作所给予的悉心指导和关心支持。由于水平有限，加之出版时间较为匆忙，故文中必有不妥之处，敬请批评指正。笔触不到之处，敬请海涵。

2021年冬，于拉萨

拉萨市全貌 （摄影：唐承扬　俊美旺扎　顿珠次仁）

魅力拉萨

西藏脱贫影像志
XIZANG TUOPIN YINGXIANGZHI

城关区
次仁巴珠的"逆袭人生"

普 珍　康莉莉

"一，二，三，笑！"

大年三十清晨，拉萨市城关区恩惠苑社区门口，相机快门声伴着一阵欢笑，定格下社区党支部书记次仁巴珠和几十位居民幸福的笑容。

位于拉萨市城关区的恩惠苑社区是西藏第一批易地扶贫搬迁点。2016年，次仁巴珠和来自拉萨市城关区、林周县等地的764户3188名贫困群众搬迁到了这里。

次仁巴珠原是拉萨市林周县春堆乡卡东村村民，由于居住地环境恶劣、资源匮乏，每天靠打河水解决生活用水，进出村子只有一条颠簸的土路。他和祖辈一样苦苦熬着，看不到脱贫致富的希望。

脱贫攻坚战打响以来，西藏自治区党委、政府针对居住地自然条件严酷、生存环境恶劣、"一方水土养不活一方人"的贫困群众，实施了易地扶贫搬迁政策。次仁巴珠成为第一批受益者。刚搬进恩惠苑时，看着宽敞明亮的住房和一应俱全的配套设施，次仁巴珠感慨道："我做梦都想不到会住到这么好的房子里。"自此，"建设新家园、创造美好生活"的种子也在他的心中萌芽。

◆ 次仁巴珠一家（前排右一为次仁巴珠） 摄影：西热多久 索朗扎西

搬得出，还要稳得住、能致富。次仁巴珠决心依靠党的好政策，用自己勤劳的双手摘掉贫困的帽子。他从银行贷款8万元，经营起两间茶馆，他的妻子也在社区找了一份保洁的工作。搬迁的第二年，次仁巴珠家的年收入就从2016年的4000元提高到近5万元，这一年次仁巴珠不仅成功脱贫，还当选为社区居委会副主任。

2020年，次仁巴珠家开的茶馆扩大经营，从以前的两家变成了三家，年收入近20万元，次仁巴珠也多次获得"脱贫攻坚奋进奖""致富带头人""勤劳致富先进个人"等荣誉称号。

从牧民到市民，凭着脱贫致富的强烈愿望和一股拼劲儿，次仁巴珠一家在新家园的日子越来越红火。但看着周围的搬迁群众对于新环境还有些不适应，很多人仍然抱着"等靠要"的思想观念，作为一名老党员，次仁巴珠看在眼里，急在心上。他暗下决心，一定要帮助大家转变思想，共同走向富裕。

从此，次仁巴珠变得更加忙碌。他一边和社区干部四处走访，为社区群众争取工作岗位，一边入户动员，做群众的思想工作。次仁巴珠说："我是党员，身上有党员的责任和担当，不能看他们就这样颓废下去。""扶贫先扶志、治穷先治愚"，扶贫是个双向的过程，既需要党和国家的精准帮扶，也需要贫困户发挥

◆ 次仁巴珠家里的奖状和锦旗　摄影：西热多久　索朗扎西

主观能动性，靠自己勤劳的双手，自力更生，艰苦奋斗。为了帮助搬迁群众转变思想，增强大家脱贫致富的内生动力，次仁巴珠走遍了社区的每一户，并利用微信点对点深入沟通，甚至带着贫困群众到现场了解工作岗位情况。功夫不负有心人，2017年，在次仁巴珠和社区干部的不懈努力下，恩惠苑社区的近千名搬迁群众实现了就近就业。

通过就业，群众的收入增加了，大家得到了实实在在的好处，看到了新生活的奔头，创业的热情也随之高涨。2018年，在次仁巴珠的牵头下，恩惠苑社区成立了西藏福迈园林绿化有限公司，为34名社区群众提供了稳定的就业岗位，每人每月可以拿到4000多元的工资，比搬迁以前一家人一整年的收入还要高。看到了希望、尝到了甜头的社区群众都铆着一股劲儿：一定要再接再厉，在新家园里创造出更加美好的生活！

2020年，在次仁巴珠的带领下，恩惠苑社区开起了"德卡卡赛店"。他说："我们于1月中旬开始制作，提前联系了周边一些社区居委会，到时候可以过去售卖。同时'德卡'与'卡赛'也低价对内销售，让我们社区的搬迁群众能够低价购买到年货。一天可以炸出130个'德卡'，技术人员每月工资可以拿到7000元，普通工作人员每月能拿到3000元。"恩惠苑内，48岁的仁增旺姆因加入制作"德卡"的队伍而喜笑颜开："我平常要负责照顾老人和接送家里上学的孩子，如今有了这份工作，待在家里就把活干了，不仅收入增加了，还能随时照顾家里。"

次仁巴珠不仅帮着大家找工作，在生活中也处处关心爱护社区居民。2019年，在入户调研时，次仁巴珠发现格桑旺堆老人的儿子罹患癌症，他便自掏腰包，同时还四处募捐，为格桑旺堆一家减轻了不少生活压力。格桑旺堆老人感激地为他送来了一面锦旗——"急村民所急，想村民所想"。同年入户调研时，次仁巴珠发现一位大姐撞伤了腿，独自卧病在床，由于她的就医卡账户还没有从原籍转来，没办法用医保支付医药费。次仁巴珠马上开车将大姐送到了医院，后来的治疗中，他也多次接送大姐去医院复诊，还为大姐垫了近1500元的医药费。"后来这位大姐的腿完全康复了，我还帮她找到了一份保洁的工作，每月有1500元的收入。"次仁巴珠说道。

为解决在外打工乡亲的后顾之忧，在次仁巴珠的倡议下，恩惠苑社区设立了"爱心餐桌"，为8名行动不便、无人照料的老人提供午餐。教育是阻断贫困代际传递的关键一招，他还邀请志愿者和社区工作人员为社区学生开展课外辅导。

◆恩惠苑小区外貌　摄影：西热多久　索朗扎西

2021年1月,"自治区青少年综合服务平台"正式在恩惠苑社区挂牌,以"阳光教育""悠贝亲子""恩海学堂"等活动为载体,累计为1500余名青少年学生开展功课辅导,每周六还有笛子、播音主持、少儿编程、街舞等课外活动,恩惠苑社区的孩子们沐浴着各方关爱的温暖阳光,正在新家园里健康快乐地成长。

贫穷不是宿命,苦熬不如苦干。只要自强而不息、自立而不馁,摒弃"等靠要"的思想,就一定能依靠自己的双手创造美好的生活。

在次仁巴珠与社区居委会干部的积极带动下,恩惠苑社区群众摒弃"等靠要"思想,用自己的双手勤劳致富。现在的恩惠苑里,764户搬迁户每户都有人找到了稳定的工作,社区氛围积极向上。2021年初,次仁巴珠被大家一致选举为恩惠苑社区居委会党支部书记。

在自家脱贫和帮助群众增收"双管齐下"中,从生活拮据的贫困户到家中摆满奖状的"致富带头人",次仁巴珠的逆袭人生真是不一般!

一家之主次仁巴珠有话说:

"饮水不忘挖井人,这么多年来,我的心里没有一天不充满对党和国家的感恩之情,每天都提醒自己要尽到一名党员的职责,努力为社区群众服务。小时候家里孩子多,我没有上过学,就教导我的孩子们好好学习,时刻不要忘记帮助身边的人,将来要成为一名对社会有用的人。今年是中国共产党成立100周年,我始终牢记党和国家的恩情,一定发扬好党员精神,带领社区群众撸起袖子加油干,用双手创造更加美好的未来。"

城关区脱贫攻坚概况

通过精准识别,2016年拉萨市城关区4个贫困乡11个村共确定建档立卡贫困户394户1212人,通过实施"六个精准""五个一批",切实抓好"六脱"等措施,贫困户年人均可支配收入由2015年的2153.23元增长到2016年的5126.36元,城关区建档立卡贫困户全部达到脱贫标准,并于2017年10月通过国家考核验收,成为全国第二批、西藏首批脱贫摘帽的县(区)之一。

达孜区
脱贫故事里盛开着一朵民族团结之花

普 珍　康莉莉

　　一千多年前,从繁华的长安出发,翻越雪山、跨过河流,承载着使命的文成公主风尘仆仆地来到了雪域高原,从此开启了唐朝与吐蕃联姻的千古佳话。如今,民族团结佳话仍在高原大地延续。

　　在拉萨市达孜区易地扶贫搬迁点德吉新村,德庆曲珍一家人正在喜气洋洋地庆祝春节和藏历新年,和往年不同,今年格外热闹,搬进了安居新房,公婆也从陕西来到拉萨过年。"切玛盒"与"春联"交映,"卡赛"与"福"字共存,不一样的语言,一样的幸福,欢声笑语在小院里回荡。

　　几年前,德庆曲珍一家居住在拉萨市达孜区塔杰乡塔杰村,2012年,从陕西汉中到西藏工作的汉族小伙李永强,在这里遇见了美丽的藏族姑娘德庆曲珍,跨越民族与文化的爱情在这里生根发芽。

　　"我来到西藏是一个巧合,当年我在老家找工作,看到有西藏的工程公司招聘,薪酬比老家的高很多,于是就想来看看情况。那时在塔杰乡有工程项目,我

◆ 德庆曲珍一家人（左一为李永强，左二为德庆曲珍）　摄影：肖海军

就认识了德庆曲珍。"

回忆起当年的相遇，李永强脸上露出甜蜜的笑容，可想起前几年德庆曲珍家的生活，李永强陷入了沉思。

"塔杰"在藏语中意为"兴旺发达"，然而几年前塔杰村村民的生活却跟"兴旺发达"完全不沾边。环境恶劣、资源匮乏，德庆曲珍一家和村民常年与贫困抗争。年迈的父母，尚未成年的弟弟，2013年，德庆曲珍家被纳入建档立卡贫困户。

和德庆曲珍结婚后，李永强继续去工地务工，德庆曲珍也在丈夫的鼓励下，去城里当起了销售员。有了一定的经济收入，一家人的生活有了改善，可离德庆曲珍心中期盼的好日子还有很大的差距。

2017年，德庆曲珍一家住进了易地扶贫搬迁点——德吉新村。德吉新村位于达孜区德庆镇，拉萨河边，国道南岸，是2016年达孜区新建的易地扶贫搬迁集中安置点，和德庆曲珍一家搬迁的一共有426户1566人。错落有致的崭新房屋，宽阔洁净的水泥路面，宽敞明亮的住房，德庆曲珍的生活开始亮起来。

安居还得乐业，如何让搬迁群众搬得出、稳得住、能发展、可致富。达孜区政府积极探索"党建+"模式，着力抓好思想建设，鼓励搬迁群众自主创业营商，同时利用地域优势进行劳动力转移，助力搬迁群众就业增收、安居乐业。除了传统的转移就业形式，达孜区各企业设立了农牧民分红机制，通过多种形式的产业扶贫模式，助力农牧民群众增收致富。搬迁点附近的达孜工业园紧邻318国道，是拉萨通往林芝市的必经之路，交通区位优势明显。工业园区的建设，不仅拓宽了县级财税收入渠道，而且给当地的剩余劳动力提供了就业机会，引领企业发挥自身产业优势，推进农牧民转移就业，帮助农牧民就近就地就业，带领贫困群众走好致富奔小康之路"最后1公里"，为农牧民群众增收创造了条件。截至2018年12月底，园区累计入驻企业1758家，累计解决就业5112人。仅在2020年上半年，达孜工业园区就招募了达孜区农牧民职工269人，间接带动农牧民就业800人次。除此之外，近年来园区企业通过土地流转、原材料收购、务工就业等多种渠道带动群众增收致富，已实现产业分红5892人次，共计1349.55万元。

搬进了新房子，每年还能从园区企业处获得收入，就连德庆曲珍的"老家"塔杰村也传来了好消息。村里建起了项目总投资约1.7亿元的高标准良种奶牛养殖示范中心，养殖中心吸纳大学生、建档立卡贫困群众就业，带动全县种植饲草面积6000余亩。德庆曲珍一家入股了奶牛养殖项目，每年有4千元的分红收入。

◆ 德庆曲珍、李永强和儿子　摄影：肖海军

国家扶贫政策好,每年可以领到分红和补贴,搬迁群众的就业门路越来越宽……在当地政府的帮助和自己的努力下,德庆曲珍的父亲普布桑珠获得了在达孜区工业园区当保安的机会,母亲巴桑在德吉新村做起了清洁工,李永强的工作也逐渐稳定下来。

"如今的生活越来越好了,看病也方便了,几乎没啥需要操心的。我们都非常感激党和国家,也有决心更加努力靠自己奔向小康。今年我们团聚在一起,虽然民族不同,语言沟通上有些小障碍,但这些都阻挡不了我们一家人的幸福!"普布桑珠老人笑呵呵地说。

有了国家政策的扶持,更有自身不懈的努力,2017年德庆曲珍一家正式脱贫,摘掉了"贫困帽"。2020年,德庆曲珍的弟弟大学毕业后,在一家信息技术有限公司干起了驻场运维,每月有5000元的收入,全家人都实现了就业,为一家人迈向小康生活又添了一把火。

"我现在已经学会不少藏语了。"李永强骄傲地说,身边的德庆曲珍忍不住笑了起来并说道:"他说藏语还是有一些奇怪的口音,我爸妈常常被他逗笑。"

2021年的藏历新年与新春佳节恰好是同一天,在浓浓的"年味"中,李永强的母亲笑盈盈地说:"有个藏族媳妇儿我们真的特别开心,前两年她来我们陕西

◆ 德吉新村村貌　摄影:肖海军

过春节，今年我们就过来和亲家一起过年。"

屋子的另一边，德庆曲珍与李永强5岁的儿子正和家人们嬉戏着，这个叫李博的小男孩同时有个藏族名叫旦增拉旺，他出生在民族团结家庭里，被满满的爱呵护着。

2016年，德庆曲珍家的全年总收入为5875元。2020年，她们家的总收入超过了8万元。在勤劳、善良的中华民族传统美德的浇灌下，德庆曲珍一家的民族团结之花绚烂地开放着。

一家之主德庆曲珍的父亲普布桑珠有话说：

"生活越来越好了，水、电、路没什么需要操心的，我们都非常感激党和国家，也决心今后会更加努力靠自己奔向小康。今年过年我们团聚在一起，感到非常幸福！"

达孜区脱贫攻坚概况

自2015年底精准扶贫精准脱贫工作启动以来，达孜区紧紧围绕中央"六个精准""五个一批"和自治区"八个到位"、拉萨市"六项措施"的要求，紧盯"两不愁三保障"目标，摸家底、理思路、强推进。2015年底，达孜区识别建档立卡贫困户1068户3945人，2017年底动态调整后，建档立卡贫困户1079户4162人，实现1015户4001人脱贫，贫困发生率从2015年底的14.5%下降到2017年底的0.58%。2018年9月28日，自治区人民政府正式批复达孜区实现脱贫摘帽。2020年12月动态调整后，达孜区现有建档立卡贫困户1069户4213人，已全部实现脱贫退出，无返贫户。

堆龙德庆区
"最美"民宿助力脱贫

普 珍

波玛村是堆龙德庆区乃琼镇下辖村,涵盖山、水、林、田、甸、迹六大景观要素,素有"拉萨城郊明珠"和"拉萨后花园"的美誉。作为拉萨市易地扶贫搬迁安置点之一,波玛村在2016年迎来了100户403位"新住户",巴桑占堆家就是其中一户。

正值藏历新年,巴桑占堆一家人热热闹闹地庆祝新年。切玛盒、哈达、卡赛、奶渣、糖果、干肉……桌上摆满了各种食物。"以前哪儿有这么多吃的喝的,过年的时候才能吃上一些好东西,真没想到我们今天能过上这样的幸福生活。"巴桑占堆感慨道。

巴桑占堆原来居住在堆龙德庆区古荣镇那嘎村,是古荣镇人口最多的村子,也是当地资源最贫乏的地方。以前,巴桑占堆和其他村民一样仅靠牧业维持生计,经济收入单一,加上妻子体弱多病,一家人的生活过得特别贫苦。2015年,巴桑占堆家被列入了建档立卡贫困户。

◆ 巴桑占堆一家人（前排右一为巴桑占堆）　　摄影：梅晶石

    2016年通过易地扶贫搬迁，可以说巴桑占堆的苦日子熬到了头。看着宽敞明亮的新房和一应俱全的配套设施，巴桑占堆开心得合不拢嘴。"以前从那嘎村到堆龙德庆区需要两个小时的车程，现在我们只用三四十分钟就可以到拉萨市了。"巴桑占堆笑盈盈地介绍道。

    波玛村紧邻109国道，交通便利。依托象雄美朵生态旅游文化产业园区，政府大力发展旅游经济，很多村民通过经营藏家乐吃上了旅游饭。易地扶贫搬迁是为了"挪穷窝、断穷根"，不光要换住处，更要找出路。如何在新家园里扎下根？如何被当地村民接纳，如何融入当地经济社会发展中，这些问题成了巴桑占堆和其他搬迁群众面临的问题。巴桑占堆主动和当地村民拉近距离，和大家讲自己的故事，谁家有困难，他就主动提供帮助。渐渐地，心与心慢慢靠近，波玛村里的新老住户们逐渐融为一体，大家共同学习、共同劳动，一同脱贫致富奔向全面小康。

    为了解决搬迁群众的增收问题，政府决定将搬迁点内15户群众的安置房装修改造成"德吉藏家"精品民宿。巴桑占堆积极响应，装修过程中一直出谋划策、忙前忙后，他清楚地知道，这是他脱贫致富的第一步，是走向美好生活的新起

◆ "德吉藏家"民宿　摄影：梅晶石

点。最终,"家店合一、上下合住"的精品民宿落成,巴桑占堆又尝到了融入旅游产业的甜头。同时,他还销售起首饰、藏香等民族手工艺品。一年下来,巴桑占堆家仅通过经营民宿就增收了两万多元,实实在在的收入让他看到了脱贫的希望,干劲也更足了。

借助新家园得天独厚的人文和自然资源,红红火火的乡村旅游产业成为提升波玛村群众幸福指数的重要途径。在"德吉藏家"项目实施过程中,由政府进行统筹协调,域上和美集团和拉萨布达拉旅游文化集团发挥运营管理优势,合作社入股保障村民可持续增收,形成了"政府主导、企业运营、合作社参股、农牧民增收"的产业扶贫模式。在这个模式中,项目运营所产生收益的40%直接返还给易地搬迁群众。同时,通过吸收易地搬迁群众就业,为他们提供劳动性收入,通过鼓励和引导当地农牧民销售农副产品和开展其他经营活动,让易地搬迁群众获得经营性收入。

将传统历史文化、民俗等元素融入建筑和旅游产品中,不仅带富了群众,也让这个拥有传统文化底蕴的村子焕发出新的生命力。2019年12月31日,波玛村被国家民委命名为第三批"中国少数民族特色村寨"。

波玛村越建越美，巴桑占堆和村民们的生活也越过越红火。

波玛村象雄美朵产业园建成后，保洁、保安、园艺师等用工需求量大，村民从农民转变为产业园的工人，实现了稳定就业。巴桑占堆的妻子白迪曲珍也在离搬迁点不远的公司找到了一份保洁工作，每月有2800元的收入。2019年，在象雄美朵产业园区就业的村民达8000多人次，总收入达250万元，在"德吉藏家"工作的建档立卡贫困群众有30多人，每人每月有3000多元的收入。

搬得出、稳得住、能致富，贫困群众"挪穷窝""换穷业"，逐渐摆脱贫困，安居乐业。2019年，巴桑占堆的大女儿卓嘎考上了西藏大学，她凭借自己的努力争取到了每学期1599元的国家助学金，小女儿仁增卓玛考上了湖南民族职业技术学院。"读书好呀，我一定会让孩子们好好读书，将来成为对社会有用的人。"巴桑占堆说。2020年巴桑占堆一家总收入达到近10万元。

2020年7月，波玛村入选文化和旅游部第二批全国乡村旅游重点村名单。2020年9月，又被农业农村部列入"2020年中国美丽休闲乡村公示名单"。波玛村只是堆龙德庆区易地扶贫搬迁的一个缩影。近年来，堆龙德庆区立足自身资源

◆ 巴桑占堆、白迪曲珍夫妇　摄影：梅晶石

优势，抓住产业和就业两个关键，着力实施扶贫搬迁安置项目，解决好搬迁群众的就业问题，确保每一个搬迁群众有产业、有就业、能发展，都能搬得出、稳得住、能致富。通过发展产业建立增收致富长效机制，促进贫困群众稳定增收、稳定脱贫、稳定致富。

一家之主巴桑占堆有话说：

"如今家里生活有了翻天覆地的变化。作为一家之主，再也没有养不活一大家子人的负担，更没有看不起病、供不起孩子上学的担忧。非常感恩共产党和国家的帮助扶持，我坚信在自己的努力下，今后的生活会更加幸福美满。"

堆龙德庆区脱贫攻坚概况

2015年底，堆龙德庆区按照"四看、三评三定、三公示一公告"的精准识别要求，识别建档立卡贫困群众1324户4430人。经过7次动态调整，有建档立卡群众1232户4273人，占全市建档立卡户数的11.27%和人数的9.61%。2017年底达到脱贫标准，2018年，以"0.17%的贫困发生率、99.35%的群众满意度、无建档立卡户错评漏评和错退"的成绩通过国家脱贫摘帽验收，正式宣布摘帽。2020年9月，建档立卡群众人均可支配收入达18349.3元，比2015年末增长11倍，贫困发生率从2015年的10.8%降为零，脱贫攻坚工作在拉萨市考核中连续三年综合评价为"好"，为如期全面建成小康社会打下了坚实的基础。

当雄县
盐碱地上的新生

普 珍

从拉萨向当雄县城出发,来到羊八井镇,远远就能看到地表上升腾的白色热气,这就是羊八井著名的地热温泉。在温泉旁,不出百米,坐落着一片整齐的房屋。蓝天白云下,崭新的藏式小楼错落有致,远处的巍峨雪山与家家户户房顶上飘扬的五星红旗遥相呼应,孩童的欢笑声远远传来,一派生机勃勃。

这里是彩渠塘,藏语"彩渠"是盐碱地的意思。2017年之前,这里还是无人光顾的一片盐碱地。在精准扶贫政策下,阿里、那曲、昌都三市的150多户家庭从高海拔地区搬到了这里。如今的彩渠塘村,已然变成了一个和谐、美丽的幸福村。

罗次一家就是从羌塘草原举家搬迁来到彩渠塘的。曾经生活在极高海拔地区的他们,对过去的生活依旧历历在目:生活用水全靠河水,冬日更是需要骑着摩托车去凿冰取水。日常用电全靠太阳能发电,有时候连手机充电都无法满足,传统的"日出而作、日落而息"和漆黑的夜晚是他们的生活常态。

此外,恶劣的自然环境导致当地风湿病、心脏病、高原病等地方病多发,

◆ 幸福一家人（左三为罗次）　摄影：梅晶石

不少群众因病致贫。罗次家有好几个孩子，大女儿丹增拉姆一出生就身患残疾，是个聋哑人。家中只有夫妻两个劳动力，然而，本就风雨飘摇的家庭又遭受了一次沉重的打击，罗次的妻子娜措患上了高原性风湿病，一度卧病在床，无法干重活。

2015年，罗次一家被列入了建档立卡贫困户。贫困的帽子沉甸甸地压在头顶，罗次倍感压力，他一边照顾妻儿，一边努力思考和寻找增加家庭收入的法子。2017年8月，他们迎来了生活的转机，举家搬到了彩渠塘。

回忆起当年搬迁的情景，罗次清晰地记得，自家的牲畜和草场都交给了合作社管理，一家人只带了些粮食和日常生活用品，可以说是千里迢迢空着手来到了彩渠塘。

"有180平米院子，还有独立的厕所和厨房、卧室。政府还给我们分了不少家具，有藏式床、茶几等，简直不敢想象，感觉像是在梦中……"罗次绘声绘色地复述起他当时的欣喜之情。

彩渠塘村坐落在天然温泉资源富集的羊八井镇，它还有另一个名字——羊八井精准扶贫风湿病患集中搬迁安置点。丰富的地热温泉、针对性的集中医疗能有效地救治病人，尤其对高原性风湿病患者极其管用。

搬到彩渠塘后,拉萨市人民医院驻彩渠塘工作队来了,西藏自治区藏医院的专家也来了,这里成立起了高海拔风湿病康复研究基地,只为给这些风湿病患者提供最好的治疗。建设了村医务室,配齐了医生,全天24小时随时就诊;为患者建立健康档案,提供家庭医生签约服务……经过三年多的治疗,娜措现在不仅能下地干活,还能为家庭经济贡献自己的一份力量。如今,娜措和彩渠塘村的许多妇女一同在村里的牧厂手工作坊工作,将牦牛绒和羊毛编织成富有藏北特色的编织品。"病好了,不再疼痛难忍。这里工作环境好,工作负担轻,真的是'在家门口就业'了。"娜措喜悦地说道。

看着妻子一天比一天好起来,罗次的欣喜之情难以言表。他也开始积极为自己争取工作岗位,在村监督委员会得到了一份监督委员的工作,每月有3000元工资。

彩渠塘村利用当雄县的自然优势,成立了绵羊育肥基地作为集体经济,建设了羊圈、青储窖、干草棚消毒更衣室、公厕、配电房等附属设施,购买绵羊2250只(户均15只)。从此,牧民们改变了原来的放牧方式,由散户放养变成了集中圈养,只在特定的季节由专人去草场放牧。这样一来既保证了绵羊一年的饲料供应,也减少了人力付出,牧民们有了更自由的务工选择,收入也逐年上涨,为搬

◆ 罗次夫妇　摄影:梅晶石

迁群众稳定增收提供了有力保障。从2018年起，罗次一家每年都会从绵羊育肥基地得到近4000元的分红。

除了帮助群众脱贫致富，政府还帮助他们解决了随迁子女的入学问题。在村干部的积极协调下，172名随迁子女的入学问题都得到了妥善解决。罗次的几个孩子分别在当雄县中学和羊八井镇小学读书，身患残疾的丹增拉姆在政府的帮助下去了拉萨特殊教育学校学习。"每季度有1200元的残疾补助，学费全免……"说到这儿，罗次的眼神不由地偏向了正依偎在他身边的小女儿——来到彩渠塘后，罗次夫妇又生下了一个患有先天性唇腭裂的女儿。"小女儿也已经做了手术，手术费用都是政府出的，现在正在恢复中。"这个神采奕奕的汉子说话间表情在伤感与感激之间变换着，最终归于平静幸福的笑容。现在的小女儿达瓦卓玛，唇上虽然还有一些痕迹，但全然是个天真活泼又爱笑的小姑娘，表情间不见一丝阴霾。

2019年，彩渠塘村的各项配套设施已全部建设完成，村民全部实现脱贫。罗次说："村里好多人去周围的温泉度假园干活，羊八井周边的一些专业合作社、电信、移动和学校等单位都积极接受村民就业。2019年，我们彩渠塘村家家户户都得到了温泉度假园的分红8000元，2020年又分红到4000元。"

◆ 彩渠塘搬迁点大门　摄影：梅晶石

现在再看罗次家，精美的藏式家具和宽敞明亮的客厅，电视、洗衣机、电饭煲、冰柜、燃气灶、电磁炉等电器一应俱全。"以前在老家，储存肉类、奶制品这些东西非常麻烦，只能风干。如今我们家有了冰柜，再也不愁了。家里收入增多了，又买了不少家具。这里离拉萨很近，想去采购用品很方便，和以前的生活完全是天壤之别。"罗次喜滋滋地说。

罗次的家中，非常醒目地摆放着许多培训结业证书和获奖证书，其中有一张是家庭卫生方面的表彰证书。原来，为进一步倡导搬迁户养成良好的卫生习惯，改善居住环境，彩渠塘村常常在全村范围内开展"五美五净"人居环境整治大评比活动。活动包括察看村民房前屋后、院内外是否干净、生活垃圾是否集中倒入垃圾箱、屋内是否干净、日常用品是否摆放整齐、有无异味等。罗次一家积极主动改变曾经的不良卫生习惯，在评比活动中获得了表彰证书和资金奖励。

2017年搬迁过来后，罗次就递交了入党申请书，如今的他不仅是一名共产党员，还在村干部的鼓励下成为了一名"四讲四爱"宣讲员。"如今我们都树立了靠自己的勤劳双手致富的思想观念，生活一天比一天好。我觉得自己有义务和大家分享我的脱贫故事，牢记党和国家的恩情，坚定不移感党恩、听党话、跟党走。"话语间，罗次不时翻看着家里的宣讲材料和各种书籍。

一家之主罗次有话说：

"以前的穷困生活一去不复返啦，我们现在吃、住、行等方方面面都非常满意。今后，我们一定坚定地跟党走，靠着自己的双手努力工作，和家人一起奔向小康路！"

当雄县脱贫攻坚概况

2015年底，当雄县精准识别建档立卡贫困群众1835户7809人，家庭人均可支配收入2344.66元，贫困发生率达16.44%。2017年顺利通过区、市两级脱贫验收，2018年顺利通过国家2017年贫困县退出专项评估检查，实现脱贫摘帽。截至2020年底，当雄县建档立卡群众1845户8513人，家庭人均可支配收入达12035.96元，贫困户全部脱贫，贫困发生率降至零。

曲水县
平措卓玛的诗与远方

普 珍　梅晶石

拉萨市曲水县位于拉萨河下游、雅鲁藏布江中游北岸，是连接拉萨与山南、林芝、日喀则地区的交通枢纽。

从拉萨驱车约半个小时，就来到了地处拉萨河东岸的曲水县才纳乡才纳村，道路宽敞、路面整洁，楼房座座、整齐有序……才纳村位于曲水县东部，距县城25公里，机场高速公路和拉日铁路贯穿全村。

今年30岁的平措卓玛是才纳村四组有名的致富带头人，她和家人坐着当地万亩净土健康产业园区的观光车前来，热情地邀请记者去自己家看看。

一路微风吹拂，平措卓玛向我们介绍："这就是我们的产业园区，现在做的可好啦，远远就能看到温室大棚。""刚刚那个是一期A区，这边是一期B区。""这边是花田，正值郁金香开花，是不是很好看？"

一路聊着，沿着平坦宽阔的大道，很快就到了平措卓玛家。350平方米的藏式二层小楼映入眼帘，院子一角摆满花。来到客厅，平措卓玛热情地为我们倒上甜茶。

魅力拉萨

◆ 幸福一家人（右二为平措卓玛）　摄影：梅晶石

时光倒流，曾经的平措卓玛一家人完全没有想到会有今天这样的幸福生活。2007年，平措卓玛刚刚初中毕业，就来到拉萨打零工挣钱。"过去交通不便，地处偏僻，村民主要种植小麦、青稞，收入低。为了维持生计，只能外出打工。服务员、收银员……在拉萨打了好几份工。"平措卓玛回忆道。她的父母则在村子周围的工地上打工，收入并不稳定。

2011年，西藏第一条高速公路——拉萨至贡嘎机场高速公路通车改变了才纳村乃至整个才纳乡发展的步伐。"过去从村里去拉萨，出门要翻山或者划牛皮筏渡河，需要四个多小时。毫不夸张地说，高速公路的建成直接改变了我们的命运。"平措卓玛感恩地说道。拉萨至贡嘎高速公路修通后，才纳乡到拉萨市区的时间大大缩短，过去要走一上午的路，现在半个小时就到了。有了路，群众把地里的菜源源不断地运往拉萨，收入大大增加，才纳村成为了拉萨名副其实的"菜源地"。

在做大做强蔬菜种植业的同时，曲水县又打起了净土健康产业品牌，做起了净土健康产业，建起了占地面积近20000亩的才纳万亩净土健康产业园区。以此为平台，才纳乡有机作物种植试验基地引进了雪桃、玛咖、有机烟叶等多种新兴经济作物进行试种，并全部试种成功。

◆ 幸福一家人（左一为平措卓玛）　摄影：梅晶石

产业园区的一期A园区目前种植有50多种作物，还成功试种推广了玛咖、雪菊、玫瑰、葡萄、黄芪、党参、当归、木香等10余种经济作物，成为全区集中引进新品种试种推广的先行区。一期B园区已建设有玫瑰加工厂、葡萄酒加工厂、136栋高效智能温室、百亩连栋温室。其中的百亩连栋温室是集生产经营、休闲旅游等各种要素于一体的现代化、高品质的综合旅游项目，在高原不同的季节，可以采摘西瓜、草莓、香瓜、蓝莓、苹果、车厘子等新鲜的绿色水果。

早春育种，盛夏赏花，金秋摘果，寒冬制药。在曲水县才纳国家现代农业示范区内，一年四季都有逛不完的景致。市民不光可以深入园区体验农场采摘的乐趣，还能了解藏药材的培育和生长过程。

"我们这个产业园区不得了。"说起产业园区，平措卓玛和才纳乡的群众都感到无比自豪。早在2010年，才纳乡就被国家认定为首批52个全国现代农业示范区之一。如今的才纳现代农业示范区已结出累累硕果，成为赫赫有名的"示范园"。这里有一串响亮的名字——"中国农业科学院拉萨曲水净土健康产业示范基地""拉萨市净土健康产业示范基地""曲水县科普示范基地"……

产业园区建成后，积极招募当地群众就业。2015年，平措卓玛在一期A园区做了三个月的仓库管理员和六个月的超市收银员，她在工作上的积极与努力被大家看在眼里。年末时，她被聘为园区负责人，每天有150元的工资，一段时间的适应与磨合后，2017年她与园区签了五年的合同，成为了月工资4500元的合同工。

平措卓玛的母亲在一期B园区内的玫瑰加工厂做浇水工作，父亲身体不佳，闲暇时也会来到园区内做一些零工，每天有120元的收入。

平措卓玛非常热爱她的岗位，作为负责人，她主动做村民的思想工作，动员大家到产业园工作，靠勤劳致富。仅在2020年，平措卓玛就带动了才纳乡及附近四季吉祥村等村落的912人实现就业增收，其中302户曾是建档立卡贫困户，年人均增收达6000元以上。提到热心又敬业的平措卓玛，大家都会竖起大拇指。"最想做的事就是带领村民继续发家致富，一起过上小康生活。一个人富了不算富，如果能带领大家一起走上致富路，那才算真正的富。"平措卓玛的语气坚定有力。

平措卓玛家原有的10亩土地通过"土地流转"租给了政府和产业园区，一半建起了高速和铁路，一半建起了产业园区。"高速那边的土地每年有3000元租金，产业园区这边的有6000元。"她掰着手指数道。"我们家原来住的地方现在建成了小广场，一会儿还可以带你们去逛逛。"

◆ 宽敞明亮的新家客厅　摄影：梅晶石

2010年，平措卓玛一家建起了新房。"家具、电器什么都有，水、电、网络也都非常通畅，还给我们每家每户修起了淋浴间，在家就可以洗澡了，简直太棒了。"平措卓玛的脸上洋溢着幸福的笑容。350平方米的房子宽敞、明亮，家里的7口人住得舒舒服服，两个孩子在附近的小学读书，成绩优异，一家人的生活温馨而幸福。

生活有了奔头，观念发生了转变，精神生活得到了提升，如今的才纳村乡风文明，社会和谐安定，群众幸福感满满。每年花开时节，才纳就成为了拉贡高速公路两侧最美的景观带。花团锦簇，美不胜收，是真正的"花海药城"，到才纳赏花、购花已成为拉萨市民节假日的不二选择。但才纳的群众并不仅仅满足于"拉萨后花园"，二期产业园区已经开始动工，他们正雄心勃勃地打造产、加、销、购、娱为一体的国家级秀色才纳AAA景区观光带，为增收致富奔小康再添一把熊熊燃烧的火焰。

一家之主平措卓玛的父亲次仁老人有话说：

"以前水、电、路处处困难，现在全都发生了翻天覆地的变化，尤其是高速路的通车，让我们真实体验到了原来日子还可以这么好。非常感谢党和国家，我们为现在的曲水、现在的才纳自豪，希望未来会更好！"

曲水县脱贫攻坚概况

2015年底，曲水县精准识别建档立卡贫困群众1152户4025人，贫困村17个，贫困发生率为14%。经过不懈努力，2018年曲水县实现脱贫摘帽，17个贫困村全部退出。截至2020年底，贫困户人均纯收入达到15363元，较2015年增长近五倍。贫困发生率降为零，贫困人口全部脱贫。

林周县
鹤乡大叔的幸福生活

王 涛

《卡孜仙鹤歌》
远道而来的"冲冲"哦（藏语仙鹤）
快到卡孜来做客
这里湖水最甜美
这里青稞粒最多
这里琴声最悠扬
吉祥的"冲冲"哦
展开你洁白的羽翼
飞翔吧！飞翔吧！
播撒吉祥！

林周县卡孜乡，是西藏重要的黑颈鹤自然保护区，每年的11月至12月间，上万只黑颈鹤就会飞临卡孜越冬，栖息在收割后的田间地头。黑颈鹤寓意吉祥，老百姓不仅热爱黑颈鹤，也自觉地保护黑颈鹤，人鹤和谐共生成为了卡孜乡靓丽的风景，卡孜乡也被人们称为"仙鹤之乡"。

农历春节和藏历新年初一，位于卡孜乡乡道旁的卡孜扶贫搬迁新村宁静安

◆ 幸福满满的大合影（左三为巴吉）　　摄影：梅晶石

详，家家户户的屋顶和大门上迎风飘扬着鲜艳的五星红旗。

53岁的巴吉一家是四世同堂的大家庭，他的家就坐落在卡孜扶贫搬迁新村的正中央。

临近正午，和煦的阳光洒在整洁的院落里，已经87岁的老母亲索朗卓嘎倚靠在院子的长椅上，寒假归乡的仁青加才静静地陪伴着奶奶晒太阳。女主人明玛带着女儿达瓦在厨房忙碌，为全家人初一的团圆准备着丰盛的午餐。二儿子顿珠他曲和爱人嘎玛旦增，正在卧室里为刚满8个月大的小儿子换新装。4岁的长孙旦增贡培正缠着巴吉，要和爷爷一起玩"巴拉秀"（藏式骰子游戏）……

2020年里，巴吉一家齐心努力，全家人的收入持续增长，家庭总收入超过了11万元，人均收入达到了12661元。对比扶贫搬迁前的2015年，巴吉家的收入增加了近10万元，增长了5.9倍。

"现在我们家的生活特别幸福，以前紧巴巴的日子根本没有办法比！"巴吉黝黑的脸庞露出了笑容。

扶贫搬迁前，巴吉一家还生活在几公里外的白朗村，两层房屋是传统的土木结构，一层喂养牲畜，二层全家居住，屋顶用最传统的阿嘎土夯顶。由于年久失修，一到雨季，屋内就会下起小雨，"家里一年到头都有一股泥土霉变的怪味道！"

全家12.9亩青稞地，位于山洼里，属于典型的山坡地，缺少水源、土地贫瘠、含沙重，青稞亩产仅有400多斤。

从大儿子出生时的1991年算起，十六年里，巴吉夫妇一共生育了四个儿子和一个女儿，但家里的劳动力却只有夫妻俩。由于增收渠道狭窄单一，家里的收入只能依靠务农和养畜。就算忙碌上一整年，全家种植青稞的收入也只有9000多元。

2015年末，巴吉一家被确认为卡孜乡精准识别的建档立卡户。2016年10月，巴吉一家和其他99户建档立卡贫困群众一起迁入了规划整洁的卡孜新村。巴吉一家人口多，享受到了180平方米、五室一厅的大户型新房。

搬迁入住新村当年，巴吉一家就通过国家一系列脱贫攻坚政策的帮扶，积极学习新技能，齐心协力勤劳致富。当年，一家人就实现了脱贫，人均可支配收入增长了1000多元，达到3519元。

虽然脱了贫，但巴吉深知致富道路上更需要努力，他鼓励大儿子和二儿子积极就业，大儿子取得了机动车驾驶执照，成为了一名驾驶员；二儿子经过培训，成为了林周县公安局的一名辅警，有了稳定的收入。

◆ 全家人欢度藏历新年　　摄影：梅晶石

巴吉还要求三儿子仁青加才、四女儿达瓦和小儿子努力学习，通过教育改变人生际遇。2018年、2020年仁青加才和达瓦分别被云南民族大学和苏州农业职业技术学院录取，他们也走出大山、融入城市，开启知识改变命运的新征程。巴吉的老伴明玛，也积极参与就业培训，逐步掌握了藏香生产加工技能。

2016年，二儿子顿珠他曲在工作中结识了林周县加油站的嘎玛旦增，两人结婚后也一起为大家庭奋斗。随着两人爱情结晶的到来，这个大家庭更加热闹和谐起来。

面对未来，三儿子仁青加才和女儿达瓦都希望自己能早一点毕业参加工作，全家人一起加油奋斗，让自家的日子更加红火。

巴吉一家的奋斗故事，得到新村村民们的认可。在2017年新组建康姆桑新村居委会时，巴吉被群众推选为康姆桑新村委员会副书记，成为带领建档立卡群众增收致富奔小康的领头人。

一家之主巴吉有话说：

"依靠党和国家的脱贫攻坚惠民政策，我们建起了新家园，也搬进了新房子，家家都有了稳定的收入……如今，全家人的生活幸福美满，我们要珍惜眼下的美好生活，依靠自己的双手继续努力奋斗，让自家的日子和大家的日子都更上一层楼。"

林周县脱贫攻坚概况

2015年底，林周县紧紧围绕"两不愁、三保障"脱贫目标，通过"五查五看、三评四定、两公示一公告一比对"，精准识别年人均纯收入低于2855元的贫困群众1882户8325人，占拉萨市建档立卡贫困总人数的18.8%；经过全县齐心努力，2018年经国家第三方机构考核评估，正式宣布林周县退出贫困县，45个乡镇村全部摘帽。脱贫摘帽以来，林周县始终坚持"四个不摘"目标要求，持续下功夫，注重在激发群众自我发展动力、提升公共发展水平和完善群众生产生活基础条件等方面集中发力。2020年全县建档立卡群众人均可支配收入提升到11807元，是2015年识别之初的4倍。

尼木县
脱贫靠"闯"不靠等

普 珍

尼木县吞巴镇吞达村地处吞巴河谷内，依水为脉，狭长带状分布，318国道穿境而过。虽守国道，但地广人稀，生产资料匮乏，"地上没得抓、地下没得挖"，加之思想观念落后，村民致富能力和信心普遍不足。如今走进吞达村，映入眼帘的是一幢幢崭新的藏式楼房。雪山融水形成一条条小溪汇聚到吞巴河中，滋养着这个小村庄。

旦增是吞达村的村民。曾经的他，年轻气盛雄心勃勃，有大干一场的劲头，但家中缺乏生产资料和劳动力，收入渠道窄，一家人终究还是被眼界所困，迷茫度日，入不敷出。

扶贫先扶志，扶贫必扶智。扶贫除了资金支持外，还要从"输血"转变为"造血"，让贫困户自身产生造血能力。在驻村工作队和村"两委"的鼓励引导下，旦增明白了不能总"等靠要"，应该积极努力寻找脱贫路径。

针对尼木县"自然条件较差、地理位置偏远、资源禀赋不足"的"三差"

◆ 旦增、白曲一家（右一为旦增） 摄影：西热多久

实际，尼木县委、县政府在深入调查研究、广泛征求意见、充分论证评估的基础上，积极探索、大胆创新，规划了"重点发展藏香、藏鸡、有机农业、全域旅游产业，推进吞弥现代农业产业园区、吞弥拉萨经开区尼木产业园区和吞弥尼弘元仓铁路公路联运物流园区建设"的"四产业三园区"发展布局。近年来，在产业还未形成明显带动效应的情况下，尼木县政府通过大力推进农业产业结构调整，打造"果蔬菌肉蛋奶"六大品牌，推广种植平谷大桃、车厘子等高附加值的特色农产品，建立牦牛、奶牛、藏鸡养殖基地，不断推进尼木县农业产业升级，使群众特别是建档立卡户在产业结构调整中受益。

授人以鱼不如授人以渔。尼木县几百名党员干部"点对点"抓产业项目，与群众同吃同住、同劳动同学习，持续发展壮大产业项目，旦增一家人也是受益者。2016年，旦增在主动学习与参加培训后，得到了在吞弥尼弘元仓铁路公路联运物流工作的机会。在兢兢业业工作几年后，踏实肯干、有上进心、认真负责的他脱颖而出，担任了尼弘元仓务工人员负责人。

旦增成为尼弘元仓务工人员负责人后，他并没有因为升职而骄傲自满，而是践行着一名共产党员的初心和使命，工作愈加用心，贴心帮助身边的人树立脱贫致富信心，激发他们勤劳致富奔小康的内生动力，成为了当地村民学习的好榜样。他也得到了领导和同事们的认可，工资也从最初的4000元涨到了5000元。不仅如此，旦增还通过自己的不断努力，掌握了驾驶技能，拿到了驾驶证C照，多掌握了一门技能。

旦增的妻子白曲后来也在尼弘元仓物流园实现了转移就业，从事保洁工作。在照顾家庭的同时，每个月还能为家庭贴补3000元，增加了家庭收入。"家里的收入越来越多，我们的房子也住得越来越舒服。"白曲说。

2009年，在吞达村安居工程政策的帮扶下，村民的破旧危房被改建成了现代设施的住宅。旦增家就建起了一幢藏式小楼。"现在村民都能自食其力了，住的房屋都是两层楼，人畜分离，屋里的装饰也很讲究，房子宽敞明亮。"旦增说。吞达村告别了过去垃圾满地、水源脏臭的情况，摇身一变，成为庭院干净、环境整洁的美丽乡村。

改变不止于此。2014年11月17日，吞达村被公布为第三批中国传统村落。2019年12月12日，吞达村入选"2019年中国美丽休闲乡村"。无论是为了发展旅游产业，还是解决民生需求，村里竭尽全力提升公共基础设施建设和服务水平，持续推进美丽乡村建设，将村庄打造成具有区域综合服务功能的中心集镇，成为经济繁荣、社会文明、环境优良、科教进步和特色鲜明的文化旅游小镇。如今自来水入户率达到96%以上；电网供电可靠率达到99.46%；新建偏远村组通讯基站

◆旦增的孩子们　摄影：西热多久

6座，移动电话网络讯号覆盖率达到99%，乡村家用网络覆盖率、农牧区移动网络覆盖率均达到100%。

"现在出行也越来越方便，今年村里还开通了农村客运班线。2014年以前，我们去日喀则必须乘坐汽车，车程5小时，路费要280元。如今可以乘火车去，车程只需2小时，车票只要46元。从吞达村去日喀则，路上花费的时间缩短了一半多，路费是过去的1/5。"旦增掰着指头算了起来。

未来，待拉日高等级公路建成后，吞达村还将纳入西藏"双子城市"一小时经济圈，将为当地经济社会发展注入新的动力。同时，随着"四好农村路"、乡村客运班线、乡村旅游环线等交通建设项目的深入实施，吞达村将建成"一环一纵、户联户通"的乡村路网架构，助推乡村振兴战略。

如今富足，未来可期。2019年，旦增家的收入达到了9万多元，从前拮据窘迫的生活一去不复返。旦增一家人鼓足了劲儿继续努力，2020年底家庭总收入突破10万元。

如今的吞达村，山清水秀，人民生活富足安康，一派安逸幸福的生活画面。脱贫摘帽不是终点，而是奔向幸福生活的起点。离开吞达村时，旦增向记者反复强调，自己一定会继续撸起袖子加油干下去！

一家之主旦增有话说：

"作为一名共产党员，我们享受到了党的好政策，脱贫后我更深切地认识到决不能'等靠要'，一定要靠自己的双手增收致富，也一定让自己的子女努力学习，将来报答党和国家的恩情……"

尼木县脱贫攻坚概况

2015年底，尼木县精准识别建档立卡贫困群众1259户5018人，贫困发生率达16.23%。2018年9月，西藏自治区人民政府正式下达了关于批准尼木县退出贫困县的批复，全县实现整体脱贫摘帽。截至2020年底，尼木县建档立卡贫困户群众1201户5114人，家庭人均纯收入达13262.30元，贫困户全部脱贫，贫困发生率降至零。

墨竹工卡县
借着搬迁东风实现幸福生活

普 珍

墨竹工卡县位于西藏自治区中部、拉萨河中上游、雅鲁藏布江中游河谷地带，属拉萨河谷平原的一部分。虽然地理位置优越，但墨竹工卡县气候高寒干燥，空气稀薄，冬春多大风，昼夜温差大。因此境内自然灾害多而频繁。

故事的主人公次培就是墨竹工卡县尼玛江热乡仲达村村民，家中有4口人，其中两个孩子还在读书。过去，次培和妻子都没有一技之长，家庭收入主要靠种地，只能勉强解决温饱问题，再加上两个孩子都在读书，家庭经济入不敷出。2015年，次培一家正式被确定为建档立卡贫困户。

正当壮年，就背上了贫困户之名，这让次培很受打击。在村里同龄人面前次培时常感觉"抬不起头来"。和妻子多次谈起这件事后，他们暗暗发誓，一定要摘掉自家的"贫困帽"。

在扶贫工作上，尼玛江热乡采取了开发式扶贫与救济式扶贫相结合的方式，

◆次培一家（右一为次培）　　摄影：西热多久

首先从认识根源上帮助贫困户消除"等靠要"的思想，增强他们的自立意识。深入贫困户家庭宣传党的富民政策，大力扶持一些示范户，提高扶贫示范效应，安排了贫困劳动力积极参加培训掌握一技之长。次培就是帮扶对象之一，他主动报名了由政府组织的华泰龙三门峡技工培训，这次培训，开拓了他的眼界。培训结束后，通过政府的扶持与自己的努力争取，次培在甲玛华泰龙实现了就业，月工资达到8600元，家庭收入提高了，生活条件也慢慢得到了改善。

生活逐渐好转的同时，一个天大的喜讯从天而降。原来，墨竹工卡县投入1.94亿元，实施了两个易地扶贫搬迁点项目，本着群众自愿的原则，墨竹工卡县精心制定易地扶贫搬迁规划，帮助搬迁群众以业增收，确保实现"挪穷窝、换穷业、拔穷根"。2018年，次培家成为墨竹工卡县二期易地搬迁户，搬入嘎则新区搬迁点。

嘎则新区易地搬迁项目总投资4282.01万元，建筑面积14456.82平方米，选址用地总面积84.04亩（56032平方米），建筑占地面积19.7亩（13146.5平方米），绿化率达到47%。

如今走进次培的家，90平方米的新房宽敞明亮，屋子收拾得干净整洁，客厅里整齐地摆放着精美的藏式家具，桌子上摆满了风干牛肉、瓜子、糖果等。"以前，全家人住在狭窄的土坯房里，下大雨时，屋里还会漏雨。真没想到今天能住上这么好的房子，不仅有单独的客厅和厨房，还有卫生间。小区环境优美，配置齐全。党的政策好啊，我们是真心感谢共产党。"居住环境得到改善后，次培一家人更有干劲儿了。如今，家庭年收入已超过15万元。

搬迁只是扶贫的开始，脱贫致富奔小康才是最终目标。为确保搬迁人员"搬得出、留得住、有岗位、能致富"，政府充分发挥矿区资源优势和嘎则新区城镇就业便利，依据嘎则新区搬迁贫困户劳力与能力分配岗位，确保每户有1~2名劳动力就业，尽最大努力帮助和解决他们生活中遇到的困难和问题。

近年来，墨竹工卡县始终把发展产业作为实现贫困群众稳定增收、永久脱贫的根本之策，围绕县域产业发展大局，着力在"带"字上做文章，让更多的贫困群众共同致富。推行"合作社+贫困户"的产业扶贫模式，依托合作社创立品牌，合作社的"大手"拉起了贫困户的"小手"，让越来越多的贫困户通过合作社实现稳定增收、稳定脱贫。次培就赶上了这一阵"东风"。2019年，次培通过

◆ 奖状挂满了客厅的一面墙　摄影：西热多久

◆ 干净整洁的新家　摄影：西热多久

贷款买了一辆大车，加入当地合作社，聘用一名司机在矿山跑运输，为家里又增加了一项收入。

墨竹工卡县在不断激发内生动力的同时，还不断夯实稳定脱贫基础，认真谋划致富产业思路、找准富民产业作为突破口，加快推进扶贫产业项目发展。鼓励和吸引更多非公企业投资创业，由被动"输血"变主动"造血"；组织开展喜闻乐见的文体、传统节庆等活动，形成了嘎则搬迁点良好的社会氛围。"还有更厉害的嘞！"次培自豪地介绍道，为稳定搬迁群众收入，墨竹工卡县财政投资360万元，在100户易地搬迁户屋面建设装机容量3KW/户、总装机容量300KW的户用光伏电站项目。通过太阳能光伏发电，居民用电不但不花钱，预计在20年内户均年增收能超过3000元。

此外，县政府积极加大对水、电、路、气、网、水利等基础设施建设投入力度，提高基本公共服务能力，解决教育、医疗、卫生等条件，切实解决因病、因教致贫等问题。现在所有的搬迁群众均按照"一户一岗"要求落实岗位；安排生态岗位三千余个，对口发放岗位补助；落实特困分散五保供养对象并发放资金；为建档立卡贫困户落实报销医疗费用政策。如今墨竹工卡县合作医疗达到全覆盖，县乡药品配备更加充足丰富，管理配送更加及时高效，基层基本药物供应得到全面保证，实现医疗设备统一调配和维修。

教育方面，墨竹工卡县以促进义务教育优质资源均衡发展为目标，以创新办学体制和管理体制为抓手，科学整合辖区优质教育资源，实现城乡教育一体化，促进办学资源共享，激发办学活力。嘎则搬迁点投入5000万元实施了医院、学校及重点公共建筑节能保温改造。"我们家孩子不是在上学嘛，现在都享受着以教脱贫的好政策，我们再也不用为学费、生活费操心。冬天学校里也会供暖，真是太细心太体贴了。"次培的妻子仁青感激道。

被温暖的不仅仅是次培家的孩子，党的惠民政策，让嘎则新区的群众都感受到了党的温暖。

一家之主次培有话说：

"感谢党和国家，是好政策让我们脱贫致富，对未来我们充满信心，会更加努力，将日子过得更加红火。"

墨竹工卡县脱贫攻坚概况

2015年底，墨竹工卡县精准识别建档立卡贫困户1690户7236人，家庭人均可支配收入1970元，贫困发生率达14.88%。2018年通过国家第三方考核验收，实现全县脱贫摘帽。截至2020年底，墨竹工卡县建档立卡群众1644户7591人，家庭人均可支配收入达到13370.33元，贫困发生率降至零。

日喀则市全貌　（提供单位：日喀则市城市规划展览馆）

吉祥日喀则

西藏脱贫影像志
XIZANG TUOPIN YINGXIANGZHI

聂拉木
脱贫路上我们一起向前走

梅晶石　张一帆

聂拉木县地处西藏南部，位于喜马拉雅山与拉轨岗日山之间，是西藏自治区边境县之一。聂拉木县海拔4360米，山高路远，高寒缺氧，世世代代生活在这里的群众，以农牧业为主，经济来源较为单一。

曾经的贫困户扎西家就生活在聂拉木县门布乡春都村，全家五口人，有两个孩子在上学，家中缺少劳动力。

"从我记事以来我的家乡门布乡春都村，气候就不太好，冬季经常刮大风，也没啥资源，穷！这是客观原因。"扎西对记者说，"更主要的是，年轻人都不愿出去。"

2016年，因为扎西家的经济条件较差，被列为建档立卡贫困户。"贫困"二字深深地刺痛了他，"我要脱贫、我要致富"的想法在扎西心里越发强烈。

因为没有上过中学，扎西文化水平较低，也不懂技术、不会说普通话，所以

◆ 扎西　摄影：梅晶石

只能到处打工干些杂活。扎西从乡里搭车，沿着崎岖的山路，颠簸150公里，来到县城聂拉木，寻找就业的机会。由于做事认真、聪明能干，扎西在一个工地上站稳了脚跟，时不时地还能承揽一些小活干干。有了活干，扎西想到了渴望改变贫穷的乡亲们。2016年，他带领门布乡春都村的几户贫困户，在县里的工地上干了三个月，平均每人赚了7142元。在那个年份，这是一笔不小的收入，也是全村有史以来收入最多的个例。但打杂工并不能得到稳定的收入，赚的钱也负担不起家庭支出。扎西开始在心里盘算着，如何走上脱贫路。

　　在扶贫干部的帮助下，扎西开始学习技术，渐渐掌握了一些种植技能。2017年，扎西做出一个决定，只身前往拉萨打工，试图寻找更多的机会。扎西顺利地在拉萨找到了一份园林绿化工作。凭着工作踏实、做人诚恳，很快得到了公司负责人的信任和赏识，扎西也因此成为公司园林绿化项目的执行负责人。了解到园林绿化工作还需要大量工作人员的情况后，扎西"毛遂自荐"，由他负责招工和管理。公司与扎西签订了合同。2017年底，他带领村里22名贫困群众来到拉萨植树造林。农忙农闲，冬去春来，在山沟沟和城市间，他们一刻也不得闲。外出务工，从最初的20多人，增加到30多人，再到40多人……

◆ 幸福的一家三口（右一为扎西）　　摄影：梅晶石

脱贫致富的奋斗路上，离不开政府的支持和帮助。"县乡两级党委、政府都非常重视我们春都村贫困群众的脱贫，他们一直以来都在默默地帮助我们，让我非常感动，这也激励着我一定要多多努力，带动身边的困难群众脱贫致富。"扎西激动地说道。

聂拉木县各级部门还积极组织农牧民技能培训，陆续开展了编织、缝纫、驾驶技能培训，同时依托汽车、摩托车、农机具维修等全面提高农牧民职业技能，不断适应社会发展对不同技能人才的需求，扩大劳务输出规模，使聂拉木县的劳务输出朝着规模化、专业化的方向快速发展。

扎西介绍说："现在我们与拉萨火车站、日喀则火车站等用工单位建立了长期稳定的劳务供求关系。加入的群众也越来越多，有本县其他乡镇的，也有附近县的，甚至还有山南市的一些群众。"

在聂拉木县的山沟沟里有了这样一个"金窝窝"，不断吸引着各地想脱贫想致富苦于找不到渠道的群众加入进来。就是这样一名普通的农村大哥，靠着一股吃苦耐劳、脱贫致富的精神，在党的富民政策帮扶和自身努力下，带着群众在增收致富的道路上越走越宽。

2018年，扎西一家顺利实现了脱贫。他做梦也没有想到，自己能够走出大山，成为一名致富带头人。如今，他家还盖起了新房子。"我们住的这套安置房，有100平方米，水、电都很齐全，搬进来的时候就能用。"说到这里，扎西脸上的笑容更加灿烂了。记者跟着扎西来到了他家里，刚一进院子，"来，喝杯酥油茶，现在我们这里可不比从前，环境好了配套设施也完善了，县里的人都羡慕呢！"女主人热情地端着一大壶热气腾腾的酥油茶笑呵呵地迎了上来。这是一座崭新漂亮且设施齐全的水泥平房。推开房门，里面是客厅、厨房、卫生间、卧室各一间的标准房，藏式的木沙发、茶几、暖炉、大彩电……生活用品一应俱全。"我想不到还可以住上这么舒适的房子，真心感谢党和国家！"谈起这些，扎西脸上露出了笑容。

扎西在藏语里是"吉祥"的意思。如今在春都村只要谈起扎西，大家都为他勇于探索致富路的精神点赞，都不由伸出大拇指说"呀咕嘟"。

在自治区党委组织开展的"四讲四爱"群众教育实践活动中，门布乡政府先后组织300余次入户宣讲，受教育群众达1万余人次。通过扎西等致富带头人的

◆扎西一家（右三为扎西） 摄影：梅晶石

宣讲，教育引导广大农牧民群众要坚定不移感党恩、听党话、跟党走，积极转变"等靠要"的思想，用勤劳双手创造幸福生活。

"如今的门布乡，环境变漂亮了，乡风文明也树起来了，群众形成了用勤劳双手创造幸福生活、建设美丽家园的共识。"扎西信心满满地说道，"我们一定能过上更加文明富裕的好日子，也一定能共同奔小康。"

一家之主扎西有话说：

"原来家庭贫困是因为自己身体不好，钱都花在了吃药看病上面，如今国家政策越来越好，我吃药看病几乎不花钱。经过几年的努力，家里去年买了崭新的小汽车，现在的日子过得红红火火，感谢党和政府对我们的关心。我希望后辈们能够努力学习、努力工作，长大后去大城市看看精彩的世界。"

聂拉木县脱贫攻坚概况

2016年，聂拉木县作为全区44个深度贫困县之一，精准识别并建档立卡贫困群众651户2439人，贫困村44个，贫困发生率为14.45%。2017年，聂拉木县实现脱贫摘帽，44个贫困村居全部退出。截至2019年底，贫困户人均纯收入由2016年底的6449.8元提高到11406元，贫困发生率降为零，贫困人口全部脱贫。

南木林县
这对小夫妻令人刮目相看

梅晶石

从318国道南木林大桥向北驱车30公里,映入眼帘的是一排排崭新的两层藏式民居,房顶上的一面面五星红旗分外鲜艳,柏油马路从家门口通向远处,乡里学校的新房子宽敞明亮。这就是南木林县搬迁村——卡孜乡藏雄村。

藏雄村气候舒适,地理位置优越,左靠公路,右依河水。公路的另一边就是卡孜乡政府驻地,群众办事和学生上学都非常方便。来自全县13个乡镇的432户搬迁户,都居住在这里。

2018年,建档立卡贫困户旺姆一家被安置在搬迁点藏雄村。客厅宽敞明亮,次仁多杰坐在沙发上,掩饰不住内心的激动:"我家是2018年底搬到这里的,现在和父母还有孩子住在一起。我们住的这套安置房,有100多平方米,自来水、电都齐全,搬进来的时候就能用。搬迁点有卫生院、超市、幼儿园。到乡里也非常方便。有个头疼脑热,都可以去卫生院,也不用跑很远的路。"最让次仁多杰

◆ 幸福快乐的一家（右一为次仁多杰） 摄影：梅晶石

满意的是，家门口有了学校，孩子们上学方便了。

现在这个"90后"小伙子不仅要照顾小家，而且还扛起了负担大家庭的重任。"孩子慢慢长大后，我想抽出更多的时间来照顾家庭，于是当起了司机，就不再去外面打工。"次仁多杰告诉记者，春节期间乘客多，他就放弃休息，多跑几趟车，有时凌晨6点出门，晚上10点才回到家。"现在，年纪越来越大的父亲看病有医保，我开车每月有五六千元收入，弟弟妹妹们也都完成学业参加工作了，日子是越来越有盼头。"次仁多杰欣喜地说。

"我们特别感谢驻村工作队的帮助，他们的帮扶就是拉我们一把，让我们站了起来。而要想跑得更长远，只有靠自己的双手来创造，这才是一辈子的财富。"次仁多杰说，"我平常省着点，今年给全家人都买了医保，往后的日子多一份保障，可不能再走老路了。"

"现在丈夫当起了司机，我也经营起了茶馆，同时还能照顾小孩。"旺姆开心地说，"虽然现在每天都很忙碌，但是让人很踏实。"每到饭点，旺姆家的茶馆里满是客人，点菜的声音此起彼伏。客人们在这里喜欢聊着生活与工作中的琐事，在忙碌的时光中，寻求一份悠闲。次仁多杰和旺姆看着茶馆热闹的场景，感慨起来之不易的好日子。旺姆说："我们一家人切实感受到了党的关怀,我们时刻不会忘记党的恩情。"

2019年,旺姆一家摘掉了"穷帽子"。但驻村工作队不仅扶她上马,还要做到摘帽不摘政策。

在驻村工作队的帮助下,次仁多杰参加了县里举办的技能培训班,这次他选择了学习自卸车驾驶技能。然而,以自己学过开车而沾沾自喜的他很快就遇到了困难,大车和小车的驾驶完全不一样,骄傲的他受到了打击,在一次次的努力后他终于克服了困难,学会了自卸车驾驶技术,成为了一名自卸车司机,每天都有200元的收入,家里的生活质量也得到了很大的提高。

2020年,旺姆一家家庭总收入近4万元,人均收入达到9500元。她和丈夫闲暇时间在村里做起了脱贫宣讲员,给村民们宣讲致富理念,同时传授一些劳动技能,希望大家共同走向致富路。

2020年初,新冠肺炎疫情来势汹汹,卡孜乡政府招聘疫情防控工作志愿者时,旺姆主动请缨,加入疫情防控一线。在平时,每当邻里有矛盾时,旺姆都会上门劝解;困难群众有需要时,她主动走访宣讲党的扶贫政策。旺姆自从搬迁到新房子后,"感恩共产党""感谢总书记"这样的话语总是挂在嘴边。她还不忘时时给孩子们上一堂"家庭党课",教育自己和亲戚家的孩子们要牢记党的恩情,做党的政策的传播者、推动者、践行者,永远感党恩、听党话、跟党走。

脱贫不是终点,而是新生活、新奋斗的起点。现在,他们的日子蒸蒸日上,生活过得既美满,又幸福。夫妻俩朴实的笑容,是脱贫攻坚工作给千万贫困家庭

◆搬迁点卡孜乡藏雄村村貌

◆ 幸福快乐的一家（左一为次仁多杰） 摄影：梅晶石

带来幸福生活的最好写照。

现如今，一个个脱贫户用行动诠释着脱贫攻坚的力量，这力量有时润物细无声，有时磅礴而有力，展现在他们脸上，也留存在他们的心间。

一家之主次仁多杰的妻子旺姆有话说：

"我们现在能过上这么好的生活，全靠党的好政策。我从贫困的苦难中走来，能理解别人生活的不易。我沐浴在社会的大爱中，也一定要将这份爱带给每一个人。今后，我们继续做好宣讲员，教育好我们的孩子为家乡的发展贡献一份力量。"

南木林县脱贫攻坚概况

2016年，南木林县精准识别并建档立卡贫困群众5810户27667人，贫困村146个，贫困发生率为32.86%。经过不懈努力，2019年南木林县实现脱贫摘帽，146个贫困村全部退出。截至2019年底，贫困户人均纯收入由2016年底的3243.17元提高到6590.60元，贫困发生率降为零，贫困人口全部脱贫。

吉祥日喀则

桑珠孜区
幸福来敲门

梅晶石　张一帆

西藏日喀则市桑珠孜区江当乡郭加新村地处318国道沿线。走进郭加新村，平坦整洁的道路、错落有致的院落、崭新的村级综合服务中心、新建的村级幼儿园，处处展现着易地扶贫搬迁项目带来的新气息。

在郭加新村，有一家不到20平方米的理发店，与其他理发店不同，是"看人收费"。家庭经济困难、残疾人等特殊群体到这个店来理发，分文不取，老年人理发，只收半价。有人问理发店老板兼理发师德吉："你是做生意的，怎么能不收钱呢？"德吉说："向钱看，不如向人情看，收特困户的钱，心里不舒服。"

记者来到德吉的理发店，看到德吉正在给顾客理发，同时和等待理发的顾客拉着家常。德吉理发店店面虽然简陋，却很整洁，排队等待理发的顾客已经坐满了店里的整个长椅。"我一直在阿佳这剪头发，阿佳不仅手艺好，而且价格便宜。""前段时间阿佳去培训不在家，我这头发就一直没理，这都一个月了，一直等到今天才来理发，就是看中她服务态度好、手艺好。"顾客们纷纷称赞道。

德吉用她淳朴的笑容和精湛的手艺赢得了消费者的青睐，也打开了自家脱贫致富的大门。

德吉曾经是建档立卡贫困户，学历也不高，但她天生积极乐观、自强不息、为人朴实善良，从没有因家庭的贫困放弃对美好生活的向往。2016年，德吉拜师学艺，苦练理发手艺，取得了理发师资格证。渐渐地，她的手艺得到越来越多人的认可，成为远近闻名的理发师傅，理发店生意也越来越红火。好学的她之后又考取了蔬菜种植结业证。通过自身的努力和政府的帮扶措施，2017年，德吉一家光荣脱贫。"德吉勤奋好学，通过学习理发手艺实现了脱贫，由于她对每位顾客都认真负责，很多人都慕名来理发。"郭家新村的扶贫干部说，"我们在平时的扶贫走访中，发现德吉是个积极向上、为人乐观的人，她不等不靠不要，凭着自己的努力改变了过去的贫困面貌，十分值得乡里的其他贫困户学习。"

2018年，德吉一家也搬迁到了郭加新村集中安置点，住进了120平方米的新家。家门口是平坦开阔的水泥路，大门两侧种植着各种绿植，环境整洁优美。家庭理发店和家庭旅馆生意都非常红火，理发店日均收入100-300元，家庭旅馆每月也有两三千元的收入。实现了收入的稳定，日子过得越来越好。

◆ 温馨满满的全家福（前排右一为德吉）　　摄影：梅晶石

采访中,德吉不止一次地提到没有党的好政策,就没有如今的幸福生活,她内心充满了对党满满的感恩之情。脱贫增收靠双手,勤劳致富奔小康。如今,通往幸福的门已被打开,德吉和郭加新村的乡亲们看见的是充满希望的未来。

桑珠孜区郭加新村易地扶贫搬迁安置点是西藏最大的易地扶贫搬迁集中安置点之一,也是全区易地扶贫搬迁、决战决胜脱贫攻坚的缩影。据了解,郭加新村党支部通过借鉴其他先进乡村成功经验,着力推行"社+部"发展模式,村党支部牵头,先后成立了"养殖

◆德吉正在为客人理发 摄影:梅晶石

(藏鸡养殖、奶牛养殖)""种植(温室大棚,主要为果蔬)""民族手工业合作社""建筑业合作社(村民施工队)"等具有发展前景、规模适宜的4个合作社,加强村集体经济建设,每年以"盈利+分红"的方式,向党员群众分红总利润的30%,实现了群众年增收超过1万元。依托江当乡光伏产业园区,成立劳务输出合作社,优先向新搬迁群众提供就业岗位,累计输出劳力893人次,有效促进搬迁群众不离乡、不离土,就近就便增收。同时围绕"人人有致富技能"目标,组织开展劳动技能培训。郭家新村党支部帮助村民联系乡卫生院,顺利完成351户群众的签约家庭医生,联合乡卫生院先后开展了"基本医疗诊断""援藏医疗团队送诊疗、送健康"等活动,进一步推动了搬迁群众融入新环境、融入新生活。2020年,郭加新村举办了两场温室大棚蔬菜种植技能培训、一场妇女民族手工业技能学习交流。还成立了"民间艺术队",传承传统"堆谐"和"卓舞",丰富了村民文化娱乐生活。同时,借助地理位置优势,结合民族手工业合作社,挖掘开发村旅游资源,进一步增加群众收入。

◆ 航拍桑珠孜区郭加新村易地扶贫搬迁安置点

2020年，郭加新村被评为"日喀则市五星村居"。同年，还被评为了"美丽家园、幸福人家示范点"。郭加新村的群众纷纷说："跟着共产党，生活有盼头；跟着共产党，致富有门路！"

一家之主德吉有话说：

"感谢党的好政策，把我们一家从山沟里搬迁过来，现在村里的村民都住上了崭新的藏式洋房。村里的道路也安装上了电灯，夜晚，整条村道明亮极了。家家户户都有电视、洗衣机，有的还安装了无线网络。广场上还安装了许多健身器材。白天，老人和小孩在这里健身娱乐；晚上，许多人在这里跳广场舞。而且，每天都有专人来清扫村道，村道铺上了水泥，不再是坑坑洼洼的了。这几年，国家越来越重视乡村的建设，我的家乡，天更蓝了，水更清了。现在我们终于过上了幸福的新生活！相信将来的家乡一定会更加美好！"

桑珠孜区脱贫攻坚概况

2016年，桑珠孜区精准识别并建档立卡贫困群众2900户11530人，贫困村175个，贫困发生率16.21%。经过不懈努力，2018年桑珠孜区实现脱贫摘帽，175个贫困村全部退出。截至2019年，贫困户人均纯收入由2016年底的2852.11元提高到9870.38元，贫困发生率降为零，贫困人口全部脱贫。

康马县
学技能，修出一条幸福路

梅晶石

康马县位于喜马拉雅山北麓、日喀则市东部，以种植青稞、油菜，牧养牦牛、绵羊、山羊和奶牛为主要经济来源。在这里，人们书写了一个又一个感人的脱贫故事。

今天故事的主人公次旺旺堆，是西藏康马县嘎拉乡琼桂村人，一家四口。早在2013年，次旺旺堆一家就因耕地面积少、牲畜数量少，加上外出务工的意识淡薄而成为乡村两级重点扶贫帮扶对象。

2016年，次旺旺堆一家被精准识别为建档立卡贫困户，不甘心被扣上"穷帽子"的次旺旺堆决定靠着自己的双手努力赚钱。在扶贫干部的帮助下，他努力拼搏，成功脱贫致富。如今依靠农机维修和出售农具所得，一家人过着幸福的生活。

在纳入建档立卡贫困户之前，次旺旺堆一家收入全靠他夏季外出务工和妻子桑姆在家务农，年人均收入仅有2600元，家庭生活非常困难。然而干劲十足

◆ 次旺旺堆与妻子桑姆　摄影：梅晶石

的次旺旺堆苦于没有专业的劳动技能，有劲不知道往哪里使，他只能到县里的工地上干小工卖苦力，一天下来整个人疲惫不堪，但工资只有一百来元。"以前家里穷，没上过学，那时候认为读书也没什么用。出去打工才发现，力气是最不值钱的，好的工作岗位都是需要专业技能的，那时候最期盼的就是可以学一门技能。"次旺旺堆感慨道。

授人以鱼不如授人以渔。康马县十分重视对贫困农牧民群众的思想引导和专业技能培训工作。

2016年，针对次旺旺堆一家的具体情况，帮扶人员、乡村干部对他的家庭进行了详细了解，分析其致贫原因，寻找脱贫措施，制定脱贫计划。通过指导、交谈，激发了他脱贫致富的信心。

这一年，次旺旺堆参加了县人社局组织的"农机维修焊接"技能培训，次旺旺堆十分珍惜这来之不易的学习机会，培训老师讲的每一句话、每一个技巧他都谨记在心。几个月的培训下来，次旺旺堆从一个什么都不会的地道农牧民变成了有一技之长的专业技术人员。在县里培训期间，次旺旺堆还利用闲暇时间跟汉族同志学习，熟练地掌握了普通话。

培训结束后,次旺旺堆回到家,开了一家农机具修理店,开始了他的"追梦路"。由于附近没有农机具修理店,次旺旺堆的生意意想不到地火爆,农耕时节,村里乡亲们的农机具有毛病都会找次旺旺堆来维修。

看到了农机具的市场,次旺旺堆还开拓了出售农机具、电动车等业务,既便利了乡亲,也富了自己。2016年,他们家的总收入提高到了23684元,人均收入达到了5921元,于当年光荣脱贫。"当看到村里脱贫公示的那天晚上,我激动地一晚上没睡着觉,一路走来真的是不容易,妻子桑姆要在家照顾年幼的两个孩子,不能外出务工,全家脱贫的希望全落在我头上了,我必须坚持到底,让我们家富起来,我们家能脱贫完全离不开党的好政策,离不开村干部和扶贫干部的帮助。"次旺旺堆激动地说道。

2016年,次旺旺堆一家还通过易地扶贫搬迁政策,改善了居住条件,从漏风漏雨的旧房搬进了钢筋混凝土结构的新房。"易地扶贫搬迁政策真的是太好了,改善了我们一家人生活、居住条件,新房子宽敞明亮,自来水也接通了,还在院子里盖了厕所、装上了太阳能,真的是翻天覆地的变化。"次旺旺堆满怀感激地说道。

虽然已经脱贫还住上了新房,但次旺旺堆和妻子并没有因此满足现状,同全

◆ 次旺旺堆一家(左二为次旺旺堆) 摄影:梅晶石

国人民一道走向全面小康，才是他们的长期目标。2017年，次旺旺堆再次积极报名参加了县人社局组织的"护林员"职业（工种）初级培训班，继续提升技能本领，多技傍身的次旺旺堆家收入越来越高。"技能培训的甜头我真的是尝到了，掌握的知识越多，技能越多越省力气，赚钱就越多。蛮干是创造不出美好生活的，必须有文化、有知识、有技能。"次旺旺堆感慨道。

次旺旺堆的两个孩子到了上学的年龄，因为有"三包"政策，两个孩子上学没有给家里造成任何负担。次旺旺堆告诉我们："孩子到了上学的年龄，刚开始还担心学费的问题，后来才了解到'三包'政策，两个孩子都特别爱上学，在学校他们不仅学到了很多文化知识，生活老师还教了他们很多生活技能，如叠被子、扫地等，小孩的家务活样样精通。有这么好的政策，叫我们怎么不感激党和国家？我经常教育他们在学校一定要好好学习，不能辜负了国家这些好政策！"

2018年，次旺旺堆依托琼桂村边境小康村建设的项目，在精准扶贫小额信贷资金的帮助下，在路边开了一家维修店。2018年他们家的总收入达到了148000多元，人均收入达到了37094元，成为了村里人人羡慕的富裕户。

◆ 次旺旺堆一家（左二为次旺旺堆）　　摄影：梅晶石

次旺旺堆一家除了享受到草场补贴、边民补贴、生态岗位补贴之外，县、乡、村三级还大力发展集体产业，次旺旺堆家入股了藏鸡养殖场等产业，如今，每年年底可以拿到4000多元的集体分红。

"那年年底，家里统计完一年的收入，我有点不敢相信自己的眼睛，将近15万的收入，把我激动坏了，零头都比我家脱贫之前的收入多！但是我并没有因此而骄傲，这些钱中有一部分是国家的优惠政策补助，不拿国家补助就能赚这么多钱才是我的奋斗目标。"

"现在的各项保障真的是太完善了，以前有个头疼脑热的就要跑到几十公里外的县里去看病，现在我们有了签约医生，感冒拉肚子什么的村居医生直接就把药送到了家里，日子过得是美的不得了！"次旺旺堆的妻子桑姆感激地说道。

现在的次旺旺堆一家虽然早已实现了小康生活，但他们依旧在为了更好的明天拼搏着、努力着。

一家之主次旺旺堆有话说：

"我们从贫困到温饱到脱贫再到如今的幸福生活，都是靠党和国家的好政策，党的好政策给我们铺就了脱贫的光明道路，我们一定要珍惜现在的美好生活，今后要多学习，做有文化、有思想的新时代农牧民。还要鼓励孩子好好学习，今后为新西藏建设添砖加瓦。"

康马县脱贫攻坚概况

2015年底，康马县建档立卡贫困户1010户4408人，贫困村47个，贫困发生率为21.52%。经过7轮动态调整，实际建档立卡贫困户为886户3879人。经过不懈努力，2016年底，建档立卡贫困人口3608人实现脱贫，47个贫困村全部退出。2017年底，建档立卡贫困人口47人实现脱贫，贫困发生率降至3%以下，实现贫困县摘帽。2018年，实现脱贫60人。2019年底，实现脱贫164人。贫困户人均纯收入由2015年底的1900元提高到11000元，使全县建档立卡贫困群众动态清零，历史性动态消除了绝对贫困。

拉孜县
扎念琴弹奏最动听的致富音符

梅晶石

拉孜县位于西藏自治区西南部,历史悠久,地域开阔,交通便利,是日喀则市西部七县必经之地。拉孜县也是西藏自治区十个重点商品粮基础县之一,"一江两河"中部流域综合开发的十八个县之一。

流传在拉孜县的堆谐以扎念琴为伴奏乐器,表演时演员边弹边唱边跳。参加演出的人数可多可少,既可独跳弹唱,也可双人或多人组合弹唱。拉孜县80%的群众都会弹唱扎念琴,每逢重大节庆活动,拉孜县都要进行堆谐表演。因此拉孜县对扎念琴有着很大的需求。土生土长的顿加深深地热爱着扎念琴和拉孜堆谐,为了能让扎念琴和拉孜堆谐得到更好的保护和传承,也为了能摆脱贫困过上幸福的生活,顿加经过多方努力,在家门口开起了一家扎念琴合作社。

沿着318国道"5000公里纪念碑"向西6公里处,就能看到扎念琴制作民族手工业合作社。走进合作社,顿加正在和工人有声有色地探讨着如何制作新式扎念琴。

◆ 幸福一家人（左一为顿加） 摄影：梅晶石

  顿加生在热萨乡，也长在热萨乡。在父亲的影响下，他深深地热爱着拉孜堆谐。苦于没有更好的材料，父亲便用破的钢碗和随便找来的一些木头，给他做了一把简单的扎念琴，顿加就边放羊边学琴。经过几年的努力，他终于学会了弹扎念琴、跳堆谐。

  "小时候家里穷，一直想拥有一个属于自己的扎念琴，爸爸为了实现我的心愿，便动手给我制作了一把，我特别喜欢，爱不释手，只要闲下来我就会拿起爸爸给我做的琴弹奏一下。"回忆起小时候的生活，顿加感慨道。

  个头不高、面部硬朗的顿加平日里神采奕奕，回想16岁那年，顿加不甘心继续在家放羊，想要学一门手艺的愿望越来越强烈，于是在热萨乡找到一位木匠师傅学艺。学艺7年后，顿加在热萨乡一处热闹地方，租了一间房子卖家具，每年都能有几万元钱的收入，家中的日子渐渐地有了改善。但热爱弹扎念琴、喜欢跳堆谐的顿加，萌生了通过扎念琴创业的念头。

  对创业充满了干劲的顿加先后到日喀则、拉萨等周边地区走访了相关市场，发现日喀则并没有专业的扎念琴制作机构，该领域还是有很大的市场，前景可观，他便开始了创业之路。2018年，拉孜县热萨乡央德扎念民族传统手工农民专

◆ 正在制作扎念琴的工人　摄影：梅晶石

业合作社，在他的努力下成立了。

"我一直都是说干就干，开这个合作社好处太多了，能让我们一家致富、解决贫困乡亲们的就业、发扬西藏的优秀传统文化，所以我特别坚定，虽然在开办之初遇到了很多困难，但我都一一解决了。"顿加说。

创业之初的他将合作社选址在乡政府对面的一个破旧门面房内，为了掌握扎念琴的全部制作工艺，他便到民间去寻找掌握制作技术的传承人，他历尽千辛万苦终于找到了两位会制作扎念琴的手工艺人，刚开始他将自己的创业理念讲述给他们后没有得到认可，但他并没有放弃，一次次地将自己对扎念琴的热爱和想帮助自己和乡亲们脱贫致富的愿望告诉他们，最终他们将制作技术传授给了他。

然而创业并没有他想象的一帆风顺，很快他就遇到了资金不足、技术滞后、人员不足、场地缺乏等诸多困难。种种困难让他有了想要放弃的念头，甚至一度将合作社关门停业，家人看在眼里痛在心头。父亲普穷了解到农牧民小额信贷的相关信息后，告诉了顿加，顿加便到银行申请到了5万元贷款解决了燃眉之急，资金困难暂时得到了解决。人员不足的问题成了最大的难题，作为贫困户的顿加便想到了和自己一样的困难群众，他便从附近的村中招募了4名喜欢民族手工的群众，他毫无保留地将制琴技术倾囊相授，让他们学会此项手工技术。

顿加的预判果然没错，2019年，扎念琴合作社卖出了400把琴，销售额达118万元。随着制琴技艺不断提升，顿加制作的"央德"扎念琴在当地也小有名气。顿加通过抖音平台，经常发布一些堆谐表演以及扎念琴制作、弹唱的视频，给他带来了大量的扎念琴订单。

合作社不仅让顿加脱贫致富，还受益了合作社的员工们。"如今合作社有14名员工，其中7名是建档立卡贫困户。2020年合作社的员工平均拿到了4万元的工资。"顿加自豪地说道。

"2018年我来到合作社工作，刚来的时候我什么都不会，老板耐心地教我，我也认真地学习，如今我成为了一名制琴师，每个月有6000元的收入，我们家也因为我的这份工作实现了脱贫，今后我要更加努力工作。我们做的扎念琴还上过春晚的舞台，我非常地自豪。"20岁的普琼次仁说道。

从小热爱弹唱堆谐的顿加，参加过不少堆谐演出。2018年6月，他被选中到北京国家大剧院表演堆谐，那次是张艺谋导演执导的全新观念演出《对话·寓言2047》。顿加格外珍惜这来之不易的国家级大舞台，登台前的每次排练他都当成正式演出，非常努力投入，正式演出时他更是拿出百分百的精力，最终圆满地完

◆ 合作社制作的扎念琴　摄影：梅晶石

成了演出任务，得到了观众和工作人员的一致好评。那次表演，不仅拓宽了他的视野，还让顿加了解了全国各地不同文化艺术的历史渊源，更加坚定了他为西藏民族艺术事业的继承和发展奉献绵薄之力的信念。

"我从小就爱弹唱堆谐，那时候跟着家里的大人学，也没想过在公共场合表演。后来各种机缘巧合，我参加了很多大型演出。因为可以将西藏优秀的传统文化展现给全国人民观看，让西藏文化走出去，所以我感到非常自豪。"采访中，顿加感慨道。

"我的合作社目前经营快两年时间了，生意还不错，2018年9月开业至今，卖了大概700把扎念琴，我还做一些小型的旅游纪念品，还有车内饰品等；至今合作社的销售额大概有200多万元。这收入是我当初开办合作社的时候想都不敢想的，我家因此过上了理想的幸福生活，在我这工作的贫困户也全都脱了贫。"顿加脸上洋溢着幸福的笑容。

拉孜堆谐享誉全国后，有更多人通过网络、实体店等购买拉孜扎念琴。合作社借助网络等平台，结合线上线下销售模式，把产品推向更大的市场，扎念琴的销量也在逐年增加。

一家之主顿加有话说：

"我要扩大合作社的规模，让更多的农牧民群众加入到合作社，实现增收致富。我还要打造品牌，确保产品的质量与销量共同发展。同时，我还要生产一些创新产品，保护和传承国家级非物质文化遗产拉孜堆谐文化，弹唱着扎念琴坚实地向着小康奋进。"

拉孜县脱贫攻坚概况

2016年，拉孜县精准识别并建档立卡贫困群众3843户15378人，贫困村98个，贫困发生率为28.54%。经过不懈努力，2019年拉孜县实现脱贫摘帽，98个贫困村全部退出。截至2019年底，贫困户人均纯收入由2016年底的3052.05元提高到7100.15元，贫困发生率降为零，贫困人口全部脱贫。

仁布县
奋斗的声音，是这个春天里最幸福的音符

梅晶石

仁布县位于西藏自治区南部、日喀则市东部，属高原温带气候，是以农为主的半农半牧县。普赤一家是仁布县仁布乡行夏村村民，家中四口人。在脱贫之前一直靠着种植青稞为生。

由于家里仅有两个劳动力且文化水平低，自身发展动力不足，2016年，生活拮据的普赤一家被识别为建档立卡贫困户。被识别为贫困户的那天，普赤一夜未眠，有政策支撑，同样都从贫困线上走来，为什么自家要戴"贫困户"的帽子。

"当时的思想很消极，认为国家是不会不管我们的，就什么都不想干了。后来经过扶贫干部的宣传引导，才发现自己大错特错了，幸福生活都是拼出来的，我和丈夫便开始了外出务工。"普赤说。

没有什么文化、没有什么技能，普通话水平也很低，这些成了普赤夫妻俩脱贫路上的绊脚石。他们只能到周边的工地上打打零工，干的还都是最苦最累的体

◆ 普赤一家（右一为普赤）　　摄影：梅晶石

力活，收入极不稳定，日子虽稍有改善，但并不足以支撑一家人的生活。

"种了半辈子地、放了半辈子牧的我们刚开始出去打工，真的是一片茫然，什么都不会干，丈夫能干的活都是工地上搬砖啊、抬钢筋啊，又苦又累。我则只能干干服务业或者刷盘子的活，苦闷啊，总是想收拾行李回家去，但想想还是咬牙坚持下来了。"普赤回忆道。

正在走投无路的时候，乡里的扶贫干部带领普赤参加了扶贫部门宣传活动，了解到了多种劳动技能培训，普赤终于看到了脱贫的希望，回家后她马上和家人商量积极报名参加了藏装制作技能培训班。在培训中她努力克服各种困难，没请过一次假，也没缺过一次课，积极认真地学习技能，经过3个月的勤奋努力，从无技傍身到一技之长，真正学到了致富本领。

随后她经过扶贫部门的介绍进入康雄乡亚德细褐（一种传统的羊毛布料及服饰制作工艺）行夏分公司工作，她按时上班，积极工作，从不偷奸耍滑，得到了公司领导和同事一致认可。经过努力，普赤成为了一名熟练的技术工人，工资水平也得到了进一步的提高，日子过得也越来越红火。经她制作的布料和服装有数百件，为公司创造了几十万元收益，真正成为了公司的骨干工人，得到了公司同事和领导的一致好评，工资也在短时间内涨了很多。

"靠着国家的好政策,我实现了就业。虽然缝纫工作比较轻松,但我从不敢懈怠,一针一线我都十分认真,只有这样,才对得起国家的好政策、对得起这个就业岗位、对得起我拿的这份工资。"普赤对记者说道。

为了过上美好的生活,普赤拼命地工作。丈夫更是没有闲着,县城附近大大小小的工地都出现过他的身影,只要有空他就会跟工地的老师傅们学习一些专业技能,渐渐地他从干体力活的小工干到了技术工种,工资收入涨了不少。

2017年,通过社会帮扶,加上几年来的积蓄,普赤夫妻对房子进行了拆除重建。2018年,普赤一家如愿地搬进了亮丽的新房。

记者在普赤的新房中看到,院子干净整洁,房间内整齐地摆放着各式各样精美的藏式家具,有厨房、卫生间、客厅,还有宽敞的阳光房,各式各样的现代化家电也应有尽有,处处充满了幸福感。

普赤感动地说道:"是党和国家让我住上了安全房,没有党和国家的好政策,我们一家肯定还住在那个'窝棚'里,现在我们的新房宽敞明亮,还通上了自来水,屋外下大雨、屋里下小雨的情形一去不复返了,出了门就是硬化的水泥路,这种幸福生活放在以前是想都不敢想的。"

◆ 宽敞明亮的新居　摄影:梅晶石

◆ 仁布县全貌

　　随着精准扶贫工作的全面开展，为了巩固脱贫攻坚成果，在村"两委"、驻村工作队的引领下，行夏村搞起了扶贫产业，成立了扶贫合作社，这给普赤一家又带来了新希望和致富的新方式，为他们迈向小康生活添砖加瓦，也增加了他们走向幸福生活的信心与决心。

　　"搬迁以后，我们家的耕地离新房子很远，总是担心不方便管理导致减产，给家里的生活造成负担，后来我们才发现我们多虑了，国家早就给我们想好了办法，村里的合作社给大家提供了就业岗位，让我们在家门口就可以工作赚钱，年底还有分红，真是太好了。"普赤激动地说道。

　　此外，普赤一家还享受到了政策扶持，吃上了生态饭。普赤夫妇符合享受生态岗位条件，分别被安排为环境卫生保护员和林业保护员。

　　"我很喜欢当下的生活，从事生态保护工作一年多了，生态岗位给我们发了工资，我们就一定要认真履好职，一有时间我就会到树林去巡逻，有异常情况马上汇报给村'两委'。我们这里海拔高，长树不容易，作为护林员的我，必须要好好地保护它们。"普赤兴奋地说道。

　　普赤的女儿桑吉现在是一名中学生，是个孝顺的孩子，家里大大小小的活她总是抢着干。在学校她是一名学习成绩优异的班干部。因为有"三包"政策，桑吉上学没有给家里造成任何负担。"父母特别支持我上学，之前家里再困难都没有让我辍学。现在在学校，我们不仅可以学到很多文化知识，更是有营养均衡的饭菜。国家对我们这么好，我一定要认真努力学习，将来考上大学，回到家乡成为一名人民教师，像我的老师一样教书育人。"桑吉怀着感恩的心情说道。

2020年,普赤一家家庭总收入从2016年的27302.6元增长到58257.5元,整整翻了两倍。家中还添置了一辆皮卡车、一辆摩托车和一辆电动车,如今的普赤家真正丢掉了"贫困帽子",过上了不愁吃、不愁穿的幸福生活。

普赤一家只是西藏几十万脱贫群众小小的缩影,在国家各项好政策的扶持下,西藏各族人民的生活每天都在发生着翻天覆地的变化。

一家之主普赤有话说:

"以前吃不饱、穿不暖,想都不敢想现在能过上这样幸福的生活。感谢党和政府带领我们脱贫致富奔小康。我一定好好教育孩子,让他们考上大学,将来继续为家乡建设添砖加瓦。"

仁布县脱贫攻坚概况

2016年,仁布县精准识别建档立卡贫困群众2332户10277人,贫困村73个,贫困发生率为31.4%。经过不懈努力,2018年仁布县实现脱贫摘帽,73个贫困村全部退出。截至2019年底,贫困户人均纯收入由2016年底的3416.92元提高到8190.31元,贫困发生率降为零,贫困人口全部脱贫。

萨嘎县
脱贫致富就在家门口

梅晶石

萨嘎县位于日喀则市的西北部,属边境县之一。全县平均海拔4600米以上,是典型的高原性气候。今天的主人公多朗就在这高原上通过艰苦奋斗,从贫困户变身为如今的幸福家庭。

多朗一家居住在位于雅江河畔的加加镇杰村,属于纯牧业村。在建档立卡之前,由于要照顾年迈的父母及年幼的孩子,妻子无法外出务工,家里只能靠多朗一人外出打零工和家中不多的牛羊来担负起家庭的重担,由于母亲患有慢性病常年卧床不起,每年的收入所剩无几,导致整个家庭只能是勉勉强强维持基本的生活。

采访中多朗回忆起过去的生活不禁流下了眼泪,"2013年到2016年,是我人生中最灰暗的时候,由于没有劳动技能,拼尽全力去干,也赚不回多少钱,母亲还因病卧床不起,赚的钱几乎都用在了给母亲治病上,家庭人均收入只有2200多

◆ 多朗幸福的笑容　摄影：梅晶石

元，除了维持基本的生活外剩不下任何存款。那时候被生活压得喘不过气来。"

2016年，多朗一家被认定为建档立卡贫困户，为了改变贫困户生活现状，加加镇杰村开办了"农牧民夜校"，通过集中学习、讲解、上门助学等方式积极开展政策宣讲、技能培训及创业谋划培训，有效提升了贫困户脱贫奔小康的信心。多朗和妻子也都报名参加了第一期"农牧民夜校"，学习期间多朗从不迟到，上课期间认真学习，课下有不会的问题虚心地向老师和同学们请教。一学期的课程很快就结束了，多朗和妻子都通过了"农牧民夜校"的考试。

为了帮助多朗家摆脱贫困，村"两委"将多朗安排在村集体产业"邱揪培杰"劳务输出合作社，在工地上做了一名砖瓦工，每天有200多元的收入。妻子则在村里的合作社中做起了手工编织，也有了一份可以养家糊口的收入。

"针对我们的实际需求，村里将培训班开到了'家门口'，晚上没事的时候去集中培训，也不耽误白天干活，村'两委'和驻村工作队真的是把所有的困难都预先想到了，是实实在在地为我们着想，我们内心一直很感谢他们。"多朗对记者说道。

经过一家人的共同努力，多朗家渐渐有了积蓄。多朗家的旧房子是之前父母结婚的时候盖的,由于年久失修,冬天漏风夏天则是外面下大雨屋里下小雨。盖新房就成了这对夫妻最大的心愿,他们为了盖新房子也精心地规划起赚来的每一分钱。2018年,村里传来政府要出一部分资金进行危房改造的消息,夫妻俩听到这个消息后马上到村委会报名,经过相关部门的测量,政府出了25000元资金,加上自己攒的几万块钱,他们家的房子很快就破土动工了。为了节约开支,夫妻俩更是亲自上马,和水泥、绑钢筋,多朗干得不亦乐乎。2018年底,新房子建成,他们终于圆了多年来的梦想,住上了宽敞明亮的新房。

走进多朗家的客厅便可以看到,屋内干净整洁,崭新的大电视、净水器、冰箱、洗衣机应有尽有,漂亮的藏式家具摆放得错落有致。2020年,多朗家还被评为乡村振兴"美丽庭院·干净人家"示范户。

搬到新房的多朗一家干劲更足了,一定要脱贫的信念更加坚定。在工地上多朗总是干最重的活,闲暇时间还向老师傅们请教相关技术问题,希望以此可以提高一些收入。2019年,他们一家的总收入达到了国家的脱贫标准,成功脱了贫。如今我家仓库里随时都囤了几十袋粮食,想去县里有直达的柏油公路,开车很快

◆ 幸福一家人(右二为多朗) 摄影:梅晶石

◆ 幸福一家人（右一为多朗）　摄影：梅晶石

就到了，十分方便。现在的幸福生活都是因党和国家的好政策，真心地感谢党感谢国家！"多朗激动地说道。

多朗一家深知，脱贫不是终点，而是奔向小康生活的起点。脱贫后的多朗一家没有松懈，而是更加严格地要求自己。"当时我们家虽然脱贫了，大家都感到很光荣，但收入还是不高，比脱贫标准高不到哪去，万一再返贫了，那脸上的光彩就更挂不住了。拓宽增收渠道，实现高质量脱贫才是我们的目标。"多朗信心满满地告诉记者。

村里的蔬菜大棚合作社开办后，多朗的妻子便报名参加了蔬菜大棚种植培训，考核合格后就被分配到了蔬菜大棚种植基地去打工，在她的精心呵护下，白菜、西红柿、青椒等蔬菜都长势良好，几个月后便有了收获。"刚开始村里说要种菜，我不太相信能种出来，当幼苗逐渐长大后，改变了我对传统的认知，原来科技可以改变很多东西。以前我们这儿想吃到新鲜的蔬菜是不敢想象的，现如今合作社最好的蔬菜优先供给我们本村的村民，我们不但吃上了高品质的新鲜蔬菜，价格也比以往降低了很多，孩子和老人都特别爱吃。"多朗的妻子告诉我们。

随着党的扶贫政策一步步落实，多朗一家的生活发生了很大的变化。2016年，他们一家人均收入只有2200余元，后来政府通过生态岗位、"三包"政策、医疗救助、"三老"人员补助等，使家里的每个人都享受到了国家的好政策，加上夫妻俩不怕吃苦、拼搏努力，终于过上了令人羡慕的幸福生活。

2020年，多朗一家人均收入已达到9000余元。如今的多朗一家，老人健在，儿孙满堂，是远近闻名的脱贫致富代表，成为了左邻右舍羡慕的幸福一家人。

一家之主多朗有话说：

"党和国家的脱贫攻坚好政策让我们家成功踏上了脱贫致富路，今后，我们将更加积极响应党和国家的号召，通过自己勤劳双手，创造更加美好的生活。"

萨嘎县脱贫攻坚概况

2016年，萨嘎县精准识别并建档立卡贫困群众839户2834人，贫困村38个，贫困发生率为20.98%。经过不懈努力，2019年萨嘎县实现脱贫摘帽，38个贫困村全部退出。截至2019年底，贫困户人均纯收入由2016年底的2518.2元提高到9945.32元，贫困发生率降为零，贫困人口全部脱贫。

萨迦县
农民工变身"包工头"

梅晶石

萨迦县地处喜马拉雅山和冈底斯山之间，属高原温带半干旱季风气候，是以农业为主的半农半牧县。故事的主人公达娃罗布一家就世世代代生活在这里。过去，由于家里劳动力少，种地放牧的旧思想观念没有转变，一家人过得很艰难，随着国家各项扶贫政策的实施和扶贫干部的引导，达娃罗布通过自己的努力过上了如今想要的生活。

"脱贫之前，我们一家住在土坯房里。虽然通电，但是电压极不稳定。就连生活用水都是从山上修的蓄水池收集来的雨水，用水安全得不到保障。村里的路大部分是没有硬化的土路，一到雨雪天气就特别泥泞，生活极不方便。"达娃罗布回忆起过去的生活，感慨地说道。

达娃罗布一家是萨迦县萨迦镇团结村的村民，靠着一亩多耕地种植青稞和放养几头家畜来维持生活，妻子在家照顾老人和小孩，一年下来家里的人均收入仅有两千多元。

◆达娃罗布一家（右一为达娃罗布）　摄影：梅晶石

随着精准扶贫工作的开展，经过精准识别，达娃罗布一家被认定为了建档立卡贫困户，这让达娃罗布心里非常不甘，想要脱贫致富的念头在心中生根发芽。

一心想让全家过上好日子的达娃罗布同村里的年轻人一起收拾好了行囊，踏上了外出打工之路。勤奋好学的达娃罗布在工地上很快就从小工干到了技术工人，收入也从每天一百元提高到了两百元左右，家里的日子渐渐有了好转，但由于工地上的工作极不稳定，艰难的日子并没有得到彻底改变。

"外出务工之初，很多工地都因为我没有经验，要么不愿意让我工作要么给的就是又脏又累工资还低的岗位，很多次我都想放弃打工的念头回家种地，但想想一家老小对幸福生活的向往，我都咬牙坚持了下来。后来我经常向工地的师傅们取经，渐渐掌握了砌墙的技术，老板看我踏实肯干，就给我换了工作岗位，工资也渐渐多了起来。"达娃罗布说道。

2016年底随着脱贫攻坚工作的深入，政府部门根据达娃罗布家的实际情况，给他安排了生态岗位，每年多了3500元的生态岗位补贴，缓解了达娃罗布一家的困境，生活也稳定了下来。

"2013年到2016年，我一直在外打工，想要靠着自身的努力实现脱贫，但总是不能如愿，最困难的时候家里连几百块钱存款都没有。多亏了政府给我安排了生态岗位，每年多了几千元的收入，不用为吃穿发愁，感谢党和国家的好政策，我永远都不会忘记这份恩情。"达娃罗布感激地说道。

2017年，在扶贫干部的指导下，达娃罗布参加了日喀则组织的挖掘机技能培训班，好学的他十分珍惜技能培训的机会，很快便拿到了相关资质。在政府的安排下，达娃罗布成为了一名挖掘机驾驶员，收入提高到了每天300元左右，这年达娃罗布家的人均收入达到了六千多元，达到了脱贫标准。经过相关部门的考核，当年年底达娃罗布家实现了脱贫。"那次技能培训是彻底改变我们家生活的开始，掌握了开挖掘机技能后，我每天的收入增加了不少，还相对轻松。"达娃罗布说。

脱贫后的达娃罗布并没有满足于此，反而干劲更足了，作为党员的他一心想要带动身边群众共同脱贫致富。几年来在工地打工的他积累了不少人脉，成立一个建筑施工队的念头在他心中油然而生。达娃罗布说干就干，他立马开始在村中召集没有外出务工的劳动力，遇到思想观念转变慢的人他更是耐心引导。在他的努力下，施工队从最初的三四人逐步壮大起来。达娃罗布也从一个农民工变身"包工头"，他利用自己的人脉，在县里、乡里承包了很多大大小小的工程建设项目。为了能买到便宜且优质的建筑施工材料，达娃罗布跑遍了日喀则甚至拉萨的建筑材料店。在施工中他从不偷工减料，总是以最高质量标准完成任务，渐渐地，他的施工队在县里也小有名气，施工队的项目也多了起来。到目前为止，他施工队伍已经有三十多人。

"刚组建施工队的时候只是想着，我们单打独斗出去打工，不但活不好找，工资还不高。我们搞一个团队，去包点小工程，这样大家都能多赚点钱。由于缺乏经验，刚开始遇到不少困难，我常常去找同行取经，后来队伍就越来越壮大了。虽然很累，但是人家把希望寄托在了你身上，就一定不能辜负人家。能带着乡亲们致富，我感到很光荣。"小有成就的达娃罗布欣慰地说道。

2019年，达娃罗布所在的桑木林村要实施易地搬迁，经过评估，达娃罗布家的房子符合相关条件，本着自愿的原则，达娃罗布积极地报了名。几个月后，易地搬迁点团结村的一栋栋新房拔地而起，家门口就是硬化的水泥路面，交通十分方便。达娃罗布一家也住上了梦寐以求的钢筋混凝土结构宽敞明亮的新房，还置

◆ 达娃罗布一家（右一为达娃罗布）　摄影：梅晶石

办了各式各样精美的藏式家具和冰箱、电视、洗衣机等现代化电器。

团结村村"两委"为了能使搬迁过来的群众搬得出、稳得住、能致富，大力发展牛、羊、藏鸡养殖合作社等村集体产业，不但解决了村里部分不适合外出务工群众的就业问题，每家每户年底还能拿到相应的分红，巩固了脱贫成果。"搬迁之前我们大家很担心搬过来之后种地和放牧不方便了，赚不到钱生活会很难。搬过来之后村里大力发展产业，给我们提供就业岗位，还给我们分红，我们也没有了后顾之忧。"达娃罗布对记者说道。

如今的达娃罗布一家是村里出了名的幸福家庭，两个孩子在县小学上学、成绩优异。他的小施工队干得有模有样。在村里他还是人人赞不绝口的好党员。2020年，达娃罗布一家总收入达到了18万元，过上了名副其实的小康生活。

达娃罗布有很多美好的愿望，他希望两个孩子好好学习，将来考上大学，去见识他没有见过的世面，学成回来建设家乡。他还希望自己在新的一年买辆运输车，投入火热的生活，增加收入。

达娃罗布一家的脱贫故事告诉我们，脱贫致富没有捷径，幸福是奋斗出来的。只有依靠勤劳的双手，才能真正走上脱贫致富奔小康的大道。

一家之主达娃罗布有话说：

"我们一家人从贫困户到现在的幸福生活，全都是在党和国家的好政策下实现的，没有党就没有今天的我。作为一名党员，今后我更要担负起带动身边群众走向富裕生活的担子。刚开始打工的时候，我吃了没文化的亏，我一定要教育好我的两个孩子，让他们都考上大学，将来不重复我走过的艰辛路。"

萨迦县脱贫攻坚概况

2016年，萨迦县精准识别并建档立卡贫困群众3619户13303人，贫困村107个，贫困发生率为26.6%。经过不懈努力，2019年萨迦县实现脱贫摘帽，107个贫困村全部退出。截至2019年底，贫困户人均纯收入由2016年底的3248元提高到8500.11元，贫困发生率降为零，贫困人口全部脱贫。

定日县
墨镜叔坚参的"酷"人生

梅晶石

定日县隶属西藏自治区日喀则市,地处喜马拉雅山脉中段北麓珠峰脚下,是珠穆朗玛峰自然保护区的中心地带。在定日县县城易地扶贫搬迁点的旦增藏香加工厂房内,有一位捏藏香的"墨镜叔"。他就是我们故事的主人公坚参。

2018年4月,坚参一家根据易地扶贫搬迁政策,搬到了县城易地扶贫搬迁点康庄村,过起了新生活。

过去,坚参一家吃不饱、穿不暖,住房条件简陋,夏天防不住雨水、冬天挡不住风雪。三亩地收不了半袋口粮,没有经济来源,更谈不上收入,一家人拮据度日。特别是生病后没钱治病,年幼的子女经常要穿别人送的衣服,这些都是坚参一家以前最真实的生活写照。"当时没有生活目标和方向,家里的条件差,当家人的一双双眼睛看着我,我才意识到自己不能倒下,要坚强起来,不能再让家人吃苦,尤其是我的孩子,我是多么希望让他们和其他孩子一样过上幸福快乐的生活。"坚参摘下墨镜，热泪盈眶。

坚参深知逃避改变不了当前的困境，抱怨不如行动，必须靠自己勤劳的双手提高生活水平，他尝试着去周边村庄做小工、帮人放牧等。在此期间，坚参尝到了生活的酸甜苦辣，但也学到了不少新的技术，如制作锅、瓢、勺、刀等一些生活用品，在周边村庄销售。坚参巧手制作的生活用品赢得了当地群众的一致好评，一度成为村里大小巷子、茶馆里大家谈论的话题。

◆ 坚参和他亲手制作的瓢　摄影：梅晶石

种种的努力，让坚参一家的生活条件逐渐有了好转，但依旧没有稳定的收入。这时，国家实施精准扶贫工程，坚参等16户家庭被识别并纳入建档立卡贫困户。

党的政策暖人心。2018年4月，坚参一家享受到了党和国家实施的易地扶贫搬迁政策，搬到了县城易地扶贫搬迁点康庄村，住上了宽敞明亮的房子。看着家里新买的家具家电，还有崭新的卡垫，坚参老人笑得合不拢嘴："现在家里的生意越来越好，孙子孙女们的学习成绩也很好。我对现在的生活非常满意，没有什么困难，一家人都很幸福。真可谓是老人病有所医，孙子孙女学有所教，日子越过越红火。"坚参放下手中的活，激动地说道。

坚参的儿子和女儿目前都已成家，儿子、女儿、女婿常年在拉萨务工赚钱，以此增加家庭收入。

搬迁后的坚参没有安于现状，而是到易地扶贫搬迁点旁的合作社上班。每天上午十点钟在藏香制作厂干活，实现了就近就便就业，每月能够拿到4000元工资。他的妻子承包了一间小卖部，不仅销售坚参制作的勺子、瓢、刀具，还顺带卖一些零食，每月收入1500元左右。记者来到坚参家的小卖部才发现，定日县县城易地扶贫搬迁集中安置点一排排崭新的店铺错落有致，商业街的路面干净整洁。近段时间以来，商业街上的超市、甜茶馆、烤串店、创业公司等门铺纷纷开门营业，人气越来越旺。坚参家小卖部的生意相当红火，坚参亲手制作的民族手工艺品、藏香等商品更是受到了人们的青睐。坚参还是康庄村的一名"组长+护林员"，每年能拿到7500元的工资，"墨镜叔"坚参也成为了易地搬迁点的"红人"。

据了解，120余名易地扶贫搬迁群众通过经营餐馆、当售货员、自主创业等渠道实现了在"家门口"就业，做到了搬得出、稳得住、能致富。为了让易地扶贫搬迁群众有事可做、有业可就、有钱可赚，近年来，定日县始终坚持"挪穷窝"与"换穷业"并举、安居与乐业并重、搬迁与脱贫并进，在合理规划搬迁点的同时，同步统筹配产业、扶创业、安就业、帮转移，大力解决易地扶贫搬迁群众就地就近就业问题，拓宽了群众的致富路。

"我虽然年纪大了，但不想闲着，经常利用周末时间在家后院制作手工艺品，想着多攒点钱，让子孙后代好好读书考上好大学。"坚参说。

2020年7月14日，坚参一家被评为定日县脱贫攻坚"勤劳致富"模范家庭，年收入达8万余元。坚参的人生是精彩的，他用自己独特的方式，走出了一条勤

◆ 全家人在自家客厅里（左二为坚参）　摄影：梅晶石

◆ 坚参一家人在小区里的幸福合影（左二为坚参）　摄影：梅晶石

劳致富的路子。同时，紧跟时代步伐，在脱贫攻坚路上树立了"勤劳致富"和"光荣脱贫"的模范典型。

一家之主坚参有话说：

"吃水不忘挖井人，党的恩情说不完，党的恩情永不忘，由衷地感谢党和国家让我们一家住上了宽敞明亮的楼房，还解决了我们的就业问题，日子过得越来越红火。以后要更加注重家里孩子的教育，让他们长大后成为有用的人。"

定日县脱贫攻坚概况

自2016年以来，定日县举全县之力，聚全民之智，开展脱贫攻坚各项工作。经过不懈努力，2018年，定日县172个贫困村全部退出贫困，全县实现脱贫摘帽。截至2019年底，贫困户人均纯收入由2016年底的3115元提高到10164.42元，贫困发生率降为零。

定结县
米玛的脱贫故事

梅晶石

2020年11月初,我和同事来到定结县江嘎镇江嘎村的米玛家。米玛大哥家的压面店在江嘎村小有名气,也正是靠着这个小小的压面店,米玛大哥家的生活才变得有滋有味。

江嘎村距离市区235公里。由于路途较远,我们一大早便出发了。此时,高原上的秋天已经寒意满满。一路上,干净整洁的道路,独具藏式风格的村落、村居尽收眼底。

在乡村振兴专干次仁拉姆的陪同下,我们一行人来到了距米玛家仅有200米的压面店,压面店虽然空间不是很大,但设备和材料摆放整齐有序。朴实的米玛大哥,此时正伴随着轰鸣的机器声压制面条,妻子央金热情地招呼着村民们。忙碌的两口子,脸上洋溢着幸福且自信的笑容。

过去,米玛家的生活过得比较清苦,家里能外出劳动挣钱的人不多,里里外外都需要米玛。在脱贫攻坚战打响后，米玛一家被认定为建档立卡贫困户。被认定为贫困户的那个夜晚，米玛辗转反侧、久久不能入睡，虽然多了政府的帮扶，但贫困户成了米玛心中的"隐痛"，毕竟这是一件不那么光荣的事情。"必须尽快改善自己的生活条件，摘掉贫困的帽子。"米玛告诉自己。

那时，家里的孩子尚小，父母年纪又大，为了让子女健康成长，让父母衣食无忧、安度晚年，农闲时，米玛就外出打零工。但由于没有文化、不懂技术，只能干些杂活。一整天下来，米玛浑身上下都是水泥灰。虽然十分辛苦，但米玛依然每天准时到工地上班，从未缺勤。他为人忠厚老实踏实肯干，渐渐地得到了老板的信任，工资也从最初每天一百多元涨到了后来的两百多元，就这样米玛一家的日子渐渐有了起色。

收入的增加，让米玛一家吃穿不愁了，但又让他烦心的是，家里的住房由于是传统的土坯房，冬不遮风、夏不避雨，住着实在是不安心。此时天降横祸，2015年4月的那场地震导致他们的住房彻底成了危房。正当他们一筹莫展的时候，扶贫干部带来了好消息，政府要出资为他们重建住房。年底，他们就搬进了两百多平米安全舒适的钢筋混凝土结构的新房。米玛热泪盈眶地说："由于家里

◆ 幸福的米玛一家人（左一为米玛）　　摄影：梅晶石

◆ 压面机开启夫妻二人的幸福日子　摄影：梅晶石

人多，房子面积很小，一家人住的很是不便，盖新房子一直是我最大的心愿，做梦都不敢想国家竟然帮我们重建了两百多平米的新房子，感谢党和国家！"

米玛家的新房子是在原址上重建而成的，这套两层高的藏式民居，在蓝天白云的映衬下显得格外漂亮。屋内的藏式家具摆放整齐有序，现代化家电应有尽有，家里每个人都有了自己单独的房间，居住起来十分舒适。

除此之外，米玛夫妇还享受到了生态岗位补贴，米玛是村级环境监督员，而妻子央金是重点生态公益林护林员，这让他们每人每年多了3500元的固定收入，为脱贫摘帽奠定了坚实的基础。

空闲时间，好学的米玛还积极参加县、镇举办的各类技能培训。2016年至今，他先后参加了县人社局组织的氆氇编织、蔬菜种植培训，同时在参加各种会议中了解到了扶贫政策，学习到了维护自身权益的知识，开拓了眼界，增长了见识。"党的政策这么好，只要肯干，我的生活肯定会一天比一天好的，孩子们将来的生活肯定会更好！"米玛的脸上洋溢着幸福的笑容。

夫妻和睦、相互扶持是家庭和谐的坚实基础，米玛与央金结婚后，相互照顾、相互尊重、相互信任、相互支持，共同维护家庭的幸福。米玛在附近的工地以及蔬菜种植基地打打零工，央金也在家附近找一些自己能干的工作，在夫妻二

◆ 整理晾干的面条　摄影：梅晶石

人的共同努力下，家庭人均收入远远超过了国家脱贫标准。不愿意再为国家增添负担的夫妻俩，2016年主动递交了自愿脱贫申请书。

2016年脱贫后，米玛一直想自主创业，依靠自己的双手奔小康。通过了解政府的相关扶持政策，2018年2月，夫妇俩商量后，贷款5万元在家门口开了一家属于自己的压面店，压面店开办之初并不顺利，营业资质、机械设备和相关技术对于米玛都是一场"大考"，但从不向困难低头的米玛将这些问题一一解决。考虑到压面店经营范围比较单一，不利于今后发展，同年4月，在妻子的支持下，压面店增加了制作传统手工饼，刚开始由于只有附近的村民前来购买，销路单一销量并不怎么好，米玛就到政府机关、学校食堂以及饭店推销自家的面条和手工饼，靠着味道好、分量足，很快就从被拒之门外变成了客人主动来下订单。2018年，米玛家的收入就达到了54000元，当年就还清了贷款。压面店的运营模式，让米玛尝到了增收的甜头。2019年，他又贷款5万元用于扩大经营。米玛蒸蒸日上的生活常常引来邻里、亲朋的羡慕和称赞。央金感叹道："以前贫困的时候也没想过赚钱，就在家种种地靠着政府的一些补贴过日子，后来在村干部的帮助下，我们才渐渐改变了'等靠要'的想法，靠着自己的双手努力改变生活，我们的面条和手工饼卖得好是我想不到的。"

2016年和2018年，米玛的大儿子和小女儿都分别考入了西藏农牧学院。由于他们报考的都是免补专业，不需要交学费，很大程度上减轻了家里的负担。夫妻俩感慨道："两个孩子都考上了大学，成为了家里的骄傲，之前家里非常困难，很多亲戚劝我们不要让孩子上学了，早点找个工作赚点钱为家里减轻负担，但我们认为只有读书才可以改变命运，再苦再难我们也要坚持让孩子们读书上学，将来能找一份好工作，也希望他们可以为国家建设贡献一份自己的力量。"

"2020年疫情期间，4个月没有营业，家庭收入减少了很多。但是我相信，通过我和央金的努力，一定能战胜这些暂时的困难。"乐观的米玛对未来充满了憧憬。谈及脱贫后的生活，米玛感激地说："感谢党的好政策，感谢党的好干部，现在我们不愁吃、不愁穿，生活过得非常幸福。"

如今，米玛的儿子次仁桑珠考上了公务员，在西藏林芝市墨脱县墨脱镇农牧综合服务中心上班。2020年，米玛一家总收入达到了90766元。

米玛告诉记者，2021年他打算再开一家藏餐馆，不仅可以为家里增加一笔收入，同时还能方便邻里就餐。至于女儿，他希望她毕业后可以考回家乡，在自己家门口做一名基层干部，为实现乡村振兴贡献自己的力量。

一家之主米玛有话说：

"从脱贫到现在的生活渐渐富足起来都离不开党的关心关怀，离不开党的好政策，我和妻子也通过自己的双手开了压面店，赚的钱让我们现在的生活过的很好，我的孩子一个考上了公务员，另一个在上大学，希望他们今后更加努力，为家乡的建设贡献一份力量。"

定结县脱贫攻坚概况

2016年，定结县精准识别并建档立卡贫困群众1181户4505人，贫困村69个，贫困发生率为18.55%。经过不懈努力，2017年定结县实现脱贫摘帽，41个贫困村全部退出。截至2019年底，贫困户人均纯收入由2016年底的3644.7元提高到4095.5元，贫困发生率降为零，贫困人口全部脱贫。

亚东县
幸福"蜜"方

梅晶石

亚东县位于日喀则市东南部，为西藏自治区边境县之一，海拔较低，但位于北部的堆纳乡则海拔较高。

生活在堆纳乡多庆村的琼吉一家共有六口人，靠着国家各项政策和自己的努力，不但脱了贫，日子也过得越来越红火，如今是村里幸福的四世同堂之家。说到琼吉家，乡亲们都会投来羡慕的眼光，而在短短几年前琼吉一家还穷困潦倒。

多庆村海拔4300米以上，气候干燥寒冷、风沙大，村民的收入主要依靠传统放牧，经济来源单一。受传统观念影响，外出务工意识淡薄，在最困难的时候，几乎无法维持家中的正常开支。2015年底，经过精准识别，琼吉一家被纳入建档立卡贫困户。"被认定为建档立卡贫困户的时候我内心特别纠结，开心的是多了很多国家补助，但贫困户的帽子实在太沉重，那时候我整宿整宿地睡不着觉，怎样才能摘掉这个'穷帽子'，那时候愁啊！"回忆起过去，琼吉的眼角泛起了泪花。

被认定为建档立卡贫困户的琼吉一家享受到了国家的特殊关怀，尤其是让琼

◆ 主人公琼吉　摄影：梅晶石

吉苦恼不已的住房问题，也到得圆满解决。按照规定，琼吉家享受到了易地搬迁安置政策，拿到了国家建房补贴，建起了漂亮的二层小楼。"家里的旧房子还是父母那一代年轻的时候盖的，是人畜混居的结构，加上年久失修，真的是居住条件非常差，我们一家都非常想盖新房子，奈何多年来没有什么积蓄，愿望一直未能达成。第一次听到易地搬迁的时候，我还真不敢相信这是真的，马上就跑去村委会确认，当村书记告诉我千真万确的时候，我激动坏了。后来房子很快就建了起来，我们一家就这样住进了新房。新房子不但干净整洁，政府还给我们做了简单的装修，我们把家具搬过去就直接入住了。这几年收入多了买了很多新家具，洗衣机、冰箱等家电也都买齐了。"琼吉满怀感激地说道。

看病就医有医疗救助，种草放牧有生态补偿机制，稳边固边有边境补助。现在琼吉一家享受到了定向补助政策，每年的补助资金就解决了家人的日常花销。

堆纳乡为了让乡亲们可以在家门口就近就便就业，开发了人工种草产业。在乡政府的安排下，儿媳扎西央宗经过统一培训后参加了人工种草产业工程，有了工作，就有了收入。"刚开始我还准备和丈夫去市里打工，但是家里的老人又需要我照顾，真的是很难选择，就在那时候，乡里的干部告诉我给我安排了工作，我当时想都没想,就决定去了。在家门口就能工作赚钱,是我梦寐以求的。"扎西央宗感慨道。

2016年,琼吉承包了一座国家投资建设的温室大棚,准备大干一场。刚开始,由于没有大棚种植经验,种的菜几乎没有什么收成,但他没有放弃。他到乡里其他蔬菜大棚种植户家里"取经",乡里的蔬菜种植科技特派员也到他的大棚中现场指导,在他的虚心学习和不断努力下,蔬菜的长势越来越好,也有了收益。

如今,琼吉的温室大棚里种植了白菜、萝卜、黄瓜、南瓜、青椒等。蔬菜的销路也不愁,村集体合作社统一前来收购。温室大棚每年能有一万多元的收入,家人的日子过得越来越幸福。"由于妻子要照顾家里久病在床的老人,不能外出务工,我承包了蔬菜大棚后,妻子在闲暇之余可以来给我帮忙,为我减轻了不少负担,我们家现在是除了老人和小孩外都在努力赚钱。"琼吉说。

2016年,琼吉的儿子参加了政府组织的驾驶技能培训,刚得到可以学开车的消息时他激动不已,信心满满地就到了县里的培训学校,然而没有开车经验的他很快就遇到了难题,车子总是不听他的使唤,好学的他并没有向困难妥协,别人休息时他在学习理论知识,练习时他更是一丝不苟,最终他经过重重考核,拿到了驾驶证。经过县里的推荐,他到建筑工地做了一名运输车司机。"没有考上大

◆ 亚东县全貌　摄影:梅晶石

学一直是我最遗憾的事情，刚开始由于学历低没有信心去找工作，后来参加了技能培训，取得了驾照，现在信心满满。"

2017年底，琼吉用家里的存款和小额信用贷款买了一辆大卡车，让儿子用来跑运输。琼吉说："儿子会开车，可以给工地拉沙，一年能收入五六万块钱。"2018年，琼吉一家的收入达到了国家规定的脱贫标准，实现了稳定脱贫，便主动申请不再享受扶贫特殊政策。"脱贫是我们家主动申请的，自从靠着自己的双手脱了贫，我信心倍增，感觉走到哪里都可以挺直腰杆了。"琼吉说。

◆ 幸福一家人（左一为琼吉）　摄影：梅晶石

琼吉还扩大了温室大棚的承包面积，希望通过自己的劳动让这个家过得更加幸福美满。2019年，女儿巴桑措姆以优异的成绩考上了大学。"我现在也是一名大学生了，父母养我不容易，我一定要好好学习，将来报答他们。"巴桑措姆信心满满地告诉记者。

岗巴羊产业是亚东县支持发展的重点产业项目，基地以"牧户+合作社+公司"的模式经营管理，牧民可以以自家的羊计价入股。琼吉将家里养的100多只羊全部入股，每年以分红的形式又多12000元的收入。"原来没有合作社的时候，我还得分出精力去放羊，养大后我还得自己去寻找销路，十分浪费精力。如今我把羊都入了股，县里统一去管理，我什么心都不用操，年底等着拿分红就可以了。我现在全身心地种植蔬菜，不但可以让乡亲们吃上最新鲜的蔬菜，我们家也靠它赚了好多钱。"

2020年7月,随着孙女的诞生,琼吉一家成了名副其实的四世同堂之家,一家人幸福和睦,日子也过得红红火火。

一家之主琼吉有话说:

"以前都是靠天吃饭,遇上什么灾什么难的,牛羊就受到损失,一家人只能紧巴巴地过日子,愁啊,那时候也没啥技术,都是靠硬扛。如今靠着国家政策和自己的努力脱了贫,日子也一天天好了起来,现在的孩子们赶上了好时代,我一定教育他们要好好珍惜现在的幸福生活,努力学习,将来成为对国家有用的人。"

亚东县脱贫攻坚概况

2016年,亚东县精准识别建档立卡贫困户763户2506人,贫困村25个,贫困发生率21%。经过不懈努力,2017年亚东县正式被国务院扶贫办批准退出贫困县,顺利摘掉了贫困帽子,成为全区首批脱贫摘帽的五个县区之一。2016年到2019年,全县建档立卡户人均纯收入分别为7545.8元、9035.9元、11168.17元、17260.9元,贫困发生率降为零,贫困人口全部脱贫。

谢通门县
致富"夫妻档"

梅晶石

谢通门县布如村的群培一家共有五口人,除他跟妻子外,还有三个孩子,一个是小学生,另外两个还未上学。由于家中劳动力少,很长一段时间仅靠政策性补助和群培每年大概为期三个月的外出务工收入来支撑家庭生活开支,日子过得十分艰辛。

2013年,群培离开家乡,来到了妻子的家乡布如村,就住在妻子父母之前的旧房子里,条件特别差。跟着村里的人一起出去打工,也没赚到多少钱。后来孩子出生,花销也随之增多,日子过得紧紧巴巴。

2016年脱贫攻坚战全面打响,群培一家被认定为了建档立卡贫困户。虽然有国家的各项政策性补贴,但人均收入还是不足以支撑这个五口之家,夫妇俩感受到了前所未有的压力。他俩商量后决定,将外出打工邻居家的几亩地承包下来,多种一些粮食,以此增加收入。而群培则到更远的地方去打工,在工地上群培勤奋好学,渐渐地从卖力气的小工干到了技术工种,收入渐渐地提高了,但一家人

◆ 群培夫妇　摄影：梅晶石

的生活仍然十分拮据。

随着国家和自治区一项项扶贫政策的落地，2018年群培家拥有了两个生态岗位的名额，夫妻俩每人每年多了3500元的收入。在政府的组织下，群培接受了相关技能培训后外出务工，收入增加了，家里的日子一天天好了起来。妻子曾因生活贫困而紧锁的眉头渐渐地舒展开来，而孩子们的脸上也时刻洋溢着笑容。

"多亏了党和国家的好政策，解决了我们一家人的燃眉之急，我参加了就业技能培训后，收入明显地提高了，为后来的脱贫打下了坚实的基础。"群培感慨道。

由于一直攒不下什么钱，房子也得不到维修，年久失修且拥挤的房子一直是夫妻俩的一大烦心事。伴随着易地扶贫搬迁安置工作的全面启动，2018年，在距原村不远的搬迁点一栋栋新房拔地而起。2019年春天，群培一家就住上了120平方米的新房，还购买了精美的藏式家具和各式各样的家用电器，夫妻俩多年的心愿终于达成了。"之前的旧房子本来就小，后来孩子们一个个出生，住得别提有多拥挤了，我们夫妻俩一直想攒钱盖个新房子，但由于孩子多，花销大，一直没攒下什么钱。易地搬迁政策在我们这里落实，国家为我们建新房，现在回想起来都感觉像是一场梦。"旺姆激动地说道。

2019年6月，群培高票当选为布如村的村委委员，得知当选的消息后，群培当即辞去了已经熟悉并能给自己带来稳定收入的工作，踏上归途。赴任之后，群培立即开始工作，详细地了解各家各户的具体情况，耐心地为群众讲解脱贫政策，认真地为群众脱贫致富想办法、找出路。

群培是个直爽开朗的藏族汉子，用他的话说："以前穷，日子过得苦，在党和国家的关怀下，现在住进了新房，告别了穷困，过上了衣食无忧的好日子。既然群众选我当村委，我就一定要对得起群众的信任，带领更多的人脱贫致富。"

群培在服务"大家"的同时，也没有忘记自己的小家，在他和妻子不断的努力下，宽敞明亮的新居内出现了更多的新家具，圈中的牛羊渐渐变多，小日子变得越来越红火。群培家的变化被所有的群众看在眼里，他们既羡慕，也看到了希望。他们也希望能像群培一样告别贫困，更希望群培能带着他们一起过上富裕的好日子。

2019年8月，连日大雨导致河流改道，河水带着泥沙冲入村内，将布如村海拔最高的窝若自然村的道路掩埋，如果任由河水继续冲刷将严重危及人民群众的

◆ 群培的孩子们　摄影：梅晶石

◆ 幸福一家人（左一为群培）　摄影：梅晶石

生命财产安全。得知消息后，年轻的新村委委员群培和其他的村委及驻村工作队的成员立刻前往窝若自然村组织村民进行抗灾自救。在实地勘察灾情后，群培觉得目前最关键的便是要将涌入村内的河水源头堵住，他沿着河道仔细勘察，找出了灌入村内的河水源头。他将所有人分为三组：一组负责在麻袋内装入沙土；一组用装满沙土的麻袋堵住破开的河道；最后一组则负责搬开阻碍河水下行的大石，让河水沿着原有河道下泄。经过所有人一天的努力，流入村内的水被堵住，村民的生命财产安全得到了保障。

"当时发生洪水时，我心里只想着，群众的生命财产安全是最重要的，已经顾不上自己的安危。幸运的是我和村里人都没有受伤，洪水在我们的努力下很快就被堵住，现在想想还真有点后怕，但再遇到类似的事情我还是会毫不犹豫地挺身而出的。"群培骄傲地说道。

谢通门县在脱贫攻坚中，十分重视发展产业来带动本县农牧民群众增收致富，县、乡、村三级都开发了相关的产业项目，旺姆在民族手工编织合作社找到了一份临时工作来补贴家用。"政府成立合作社真的是太贴心了，之前我只是个没工作的家庭妇女，现在闲暇之余我也能去打打零工，赚钱贴补家用，感谢党和国家为我们找'出路'。"旺姆说。

2019年，群培一家通过租田种庄稼、牲畜买卖，再加上每年村委的工资以及每年的生态岗位补贴，人均收入达到了7000元，远远超过了国家划定的脱贫标准，一家人光荣地脱了贫。"脱贫公示的那天，看到自己的名字，我激动地留下了眼泪，终于脱贫了，当时我就暗自发誓，以后一定要履行好村委委员的职责，带动乡亲们一起朝着幸福出发。"

群培一家从2013年人均收入3000元，到2019年人均收入7000元，整整翻了两倍多，2020年全家纯收入更是达到了38837元，人均收入达到了7767元。

光鲜亮丽的新生活背后是脱贫路上的披荆斩棘，群培在脱贫路上遇到了太多困难，但他从没有向困难低头，通过扶贫干部带来的好政策，通过自己的坚持与努力，走上了致富路。

一家之主群培有话说：

"在党的好政策下，我们过上了幸福的生活。但脱贫不是终点，而是新生活的起点，脱贫之后要更加努力才能创造出美好的生活。"

谢通门县脱贫攻坚概况

2016年，谢通门县精准识别并建档立卡贫困群众2723户10663人，贫困村95个，贫困发生率为23%。经过不懈努力，2019年谢通门县实现脱贫摘帽，95个贫困村全部退出。截至2019年底，贫困户人均纯收入由2016年底的2829元提高到7453元，贫困发生率降为零，贫困人口全部脱贫。

吉隆县
罗布次仁一家的稳定新生活

梅晶石

吉隆县位于日喀则市西南部,南面和西南面与尼泊尔相邻,北面以雅鲁藏布江为界与萨嘎县相邻,东面与聂拉木县搭界。受亚热带气候影响,这里气候温和,雨量充沛,山清水秀,风景秀美。

一路向南,就来到了吉隆县南部,这里常年云雾缭绕,处处飞瀑流泉,满眼层峦叠翠。吉隆镇达曼村就坐落在这如诗如画的山谷中,地处喜马拉雅山脉南麓,素有"喜马拉雅后花园"之称。在吉隆镇冲堆(达曼)村,有这样一群被称为"东方吉普赛"的特殊人群,罗布次仁就是其中的一员。

达曼村是冲堆村的一个自然村。达曼人属藏族嫡系之一,其来源可追溯至公元18世纪末。达曼,藏语意为"骑兵的后裔"。相传1791年,清政府派军进藏讨伐入侵的廓尔喀军。战后,数百名失踪的廓尔喀骑兵滞留边境地区,一直没能回到故土。在漫长的岁月中,这些将士与中尼边境上的人共同生活繁衍。据说,现在的达曼人就是他们的后裔。

因为没有国籍,达曼人没有土地和住房,一直过着颠沛流离的生活,被称为

"东方吉普赛人"。2003年5月26日,达曼人正式加入了中国国籍。常年漂泊不定、受人歧视的艰辛生活成为了"过去式"。

罗布次仁现在是冲堆(达曼)村的副主任。"没有加入中国国籍前,我们家庭很困难,吃的、穿的、住的,什么都没有。"回忆起过去的生活,罗布次仁说,"那时候都是借住在别人家,一家人挤在一起,每逢阴雨天气,屋外下大雨屋内下小雨。如果房主要我们明天搬走,那第二天我们就必须得搬走。彼时,居无定所的达曼人靠打铁、打杂等维持生计。给别人种土豆、挖土豆、洗衣服、当背夫,自己吃不饱、穿不暖。日工资只有一元五角。"

◆ 罗布次仁和他的两个宝贝　摄影:梅晶石

加入中国国籍后,达曼人的好日子一下子变得不再遥不可及。2004年5月,国家斥资125.5万元兴建达曼新村。第二年7月,村民们集中迁入新居,开启了全新的生活。当地政府还投入18万元为每家每户购置了卡垫、藏式木柜和必要的生活用品。投入17万元为村民安上了自来水。在中宣部、中央文明办、国家广电总局实施的"电视进万家"工程中,49户达曼人率先获得了赠送的电视机。"2011年,我们村的房屋曾经被地震损毁,政府再次投入好多钱进行重建,同时还给我们分配了牲畜、蔬菜大棚和家具等。"罗布次仁说。

有了党和国家的政策扶持,罗布次仁和村"两委"带领大家通过自己的不断努力脱贫致富。打铁是达曼人的老本行,他们的打铁手艺远近闻名,几乎在每一户吉隆镇居民家中都可以看到他们打制的生活用具,如锅碗瓢盆、斧头、弯刀等,以及当地妇女衣服上的铜质佩饰。在罗布次仁的积极带领和促成下,2019年

3月，达曼村的宜农传统手工艺加工农民专业合作社正式投入运营，在大家的一致推选下，罗布次仁成为了负责人。合作社主要经营铁器加工和藏式毛毯，现有铁器加工技术工25名、毛毯编织技术工20名。

如今来到合作社，老人们在合作社里打铁，售卖铁锅、农具等铁器，随时有附近的村民拿着烂铜废铁过来找他们打造各式各样的生活用具。妇女则售卖自己编织的藏式毛毯、针织品等手工编织产品。编织技艺是2018年政府专门请两名老师来教的，村里的妇女基本都会了。现在村里的劳动力几乎人人都有活儿干，2020年村民人均收入达到了1.8万元。

劳务输出是达曼村的主要收入来源，也是罗布次仁家庭收入的主要来源。除了在合作社工作，大家会去山里挖虫草、天麻，也会骑着摩托车去附近工地打工。"现在工资高了，男工一天240元，女工一天220元。早上去干活，下午就可以回来了。"罗布次仁用心引导群众，激发群众内生动力，鼓励群众外出务工，增加收入。另外还在镇人社等部门的大力扶持下，达曼村百余人参加了蔬菜种植、厨师等技术培训班，为就业提供了更多的保障。

◆ 幸福一家人（右一大人为罗布次仁）　　摄影：梅晶石

2003年至今,达曼村从一片荒芜之地发展为有58户、近200人的现代村庄,达曼人从一无所有到现在人均收入超过1.2万元,从全部文盲半文盲到全村有81名学生,入学率100%,真正实现了住有所居、学有所教、病有所医、老有所养。"孩子们上学也有了保障。知识改变命运,我们都非常希望孩子们能好好上学,未来有稳定的工作,过更有质量的生活。"罗布次仁感叹道。

"我们达曼村啦,照耀幸福太阳,铃响玛呦……共产党的政策,带领人民奔向幸福,铃响玛呦……"为丰富村民业余生活,罗布次仁动员群众,成立了文艺队,采取多种形式搞文化活动,每个传统节日,村里都会组织演出自编自导的感党恩舞蹈《铃响玛》。"铃响玛",藏语意为"铃铛响起",表达了人们对美好生活的祝愿。这是一首古老的歌,之前只有曲没有词,曾经在达曼人中世代传唱;这是一首新生的歌,歌词的创作是全体村民的智慧;这是一首时代的歌,反映了达曼人对经济社会发展进步的喜悦;这是一首幸福的歌,是达曼人追求幸福生活的写照;这是一首感恩的歌,道出了达曼人的心声:有国才有家,没有共产党就没有达曼人的今天。

2011年地震后,国家又投入564万元启动达曼村灾后重建项目,硬化了道

◆ 村里的合作社　摄影:梅晶石

路，修建了广场，安装了太阳能路灯，改善了村容村貌。住房有保障，吃穿不用愁，文艺生活丰富，水电路讯网等基础设施也很完备。如今来到罗布次仁家，宽敞明亮的房屋，精致漂亮的家具家电，每个角落都在诉说着脱贫走向小康路的幸福。行走在村间，房顶、墙面、院门上大大小小的五星红旗随风飘扬。短短几年间，达曼人彻底改变了过去贫穷、落后的面貌，开始了崭新的幸福生活。

"政府给我们免费办理了92张边贸互市证，并且是免税的，今后我们靠着吉隆口岸，可以做边贸生意了。"谈到未来，罗布次仁憧憬着，"我坚信我们达曼人以后的日子一定会越来越好的。"

一家之主罗布次仁有话说：

"回想起过去的的生活，就像蒙上了一层黑色的布。现在的日子是光明的，五颜六色的，我们不愁吃不愁穿，住在好房子里，靠着党和国家的扶持以及自己的努力脱了贫。我们相信，未来的日子一定会更加幸福！"

吉隆县脱贫攻坚概况

2015年，吉隆县精准识别并建档立卡贫困群众766户2493人，贫困村41个，贫困发生率为19%。经过动态调整，2017年吉隆县实现脱贫摘帽，37个贫困村全部退出，截至2019年底，贫困户人均纯收入由2016年底的1672元提高到10079元，贫困发生率降为零，贫困人口全部脱贫。

昂仁县
"多技傍身"的这对夫妻

梅晶石

昂仁县位于日喀则市西偏北,雅鲁藏布江上游。历史上"昂仁"也曾被称为"昂蒸""傲不仁""章阿不林"等,从多处细石器遗址来看,早在原始社会时期,就有人类在这里繁衍生息。现如今,在这片历史悠久的土地上,一个接一个的脱贫故事如雨后春笋般涌现出来,努桑就是这些故事的主人公之一。

记者刚见到努桑的时候,他和妻子德吉正在位于家门口的洗车场为路过的一辆皮卡车做清洗。由于位于省道旁的地理优势,加上他干活踏实认真,努桑的洗车场一年就能带来两三万元的家庭收入。

努桑是西藏昂仁县卡嘎镇热龙村人,全家有四口人,家庭主要收入依靠努桑外出务工及妻子德吉在家经营洗车场所得。儿子拉巴扎西在卡嘎镇读小学,女儿卓嘎在本村读幼儿园,是乡里远近闻名的富裕家庭。

在纳入建档立卡贫困户之前,努桑一家与父母刚分户,家中没有耕地、草场少,也没有什么生产资料,家里收入全靠努桑夏季外出务工和妻子在家务农,年人均收入仅为三千多元,家庭生活非常困难。

2016年,努桑一家被纳入建档立卡贫困户。成为建档立卡贫困户后,努桑心里始终不是滋味,不甘心戴着"贫困户"的帽子,暗下决心要用辛勤的汗水改变命运。在扶贫政策的帮助下,他努力拼搏,成功脱贫致富。

多年仅靠养殖牛羊来维持生计的努桑明白,一定不能再有"等靠要"的思想,想要过上幸福的生活,唯有靠自己的双手去拼搏去努力。由于没有什么劳动技能,努桑只能到工地去卖苦力

◆ 主人公努桑　摄影:梅晶石

当小工,但他不挑活,不抱怨,工地上的脏活累活抢着干,每天干完活,他的脸上、身上都是土,但当他拿到150元工资的时候,所有的付出都变成了内心的喜悦。工地上的收入虽然稍微改善了家里的生活,但完全不能支撑全家人的生活开支,日子过得还是很紧巴。"以前很懒,不爱学习,吃了没学历的亏,在工地上干苦力,不仅累,而且工钱少。但是想到要脱贫致富,我还是坚持下来了。如果以后有学习机会,我一定要认真地学习一些劳动技能,多赚点钱来改善家里的生活。"努桑感慨地说道。

2017年,针对努桑一家的情况,帮扶人员、村镇干部对努桑家进行了详细了解,帮助分析致贫原因,寻找脱贫措施,制定脱贫计划。通过指导、交谈,从思想上激发了他脱贫的信心和动力,并引导努桑参加了2017年县人社局组织的技能培训,增强其就业本领。努桑十分珍惜这来之不易的学习机会,培训期间他认真听老师讲的每一句话,课下他虚心地向同学们讨教,三个月的培训让努桑受益匪浅,从一个只会卖苦力的小工变成了会干钢筋捆扎和砌墙的技术工人,日工资也从原来的150元涨到了两百多元。"感谢政府给我学习的机会,让我尝到了拥有知识拥有技能的甜头,不但工作强度减轻了,每天的工资多了将近一百多块钱,

我今后要学更多的专业技能,来增收致富。"努桑感恩道。

努桑之前本就会一些木匠活,在市里打工期间,他跟着一名木匠师傅学习了更多的木工技能和雕刻技术,他利用冬季工地没有活干的时间,在家制作藏式家具,各式各样精美的家具在他手中应运而出。起初他在乡里和村里出售家具,因为物美价廉,村民们都很喜欢,左邻右舍或多或少有几样家具出自他手。到后来,县里的人都会来买他制作的手工家具,收入渐渐地多了起来,制作家具的收入让全家人的生活更上了一层楼。

2017年,是努桑值得铭记的一年。他们一家终于圆了自己的新房梦。由于之前老房子是传统的土质结构,夏不挡雨、冬不遮风,居住条件十分差。这一年,村里传来了喜讯,国家要免费为大家盖新房,起初努桑还有点不敢相信,但随着易地搬迁项目的一步步落实,一排排的新房拔地而起。只要有党在,一切都会越变越好,努桑深信不疑,年底他们一家就如愿地住进了新房。住房问题解决了。努桑家的人均收入也提高到了4511元,达到了国家脱贫标准,他庄重地将自愿脱贫申请交到了村"两委",实现了光荣脱贫。"脱贫是我主动申请的,虽然会少一些补助,但是脱贫令我非常骄傲,毕竟是靠着双手一点一点干出来的。"努桑

◆ 努桑一家人(左一为努桑)　摄影:梅晶石

◆ 幸福生活乐呵呵（左一为努桑）　摄影：梅晶石

自豪地说道。

2018年，努桑又积极报名参加了县人社局组织的装修工技能培训，继续提升自身的技能本领。他掌握了装修技能之后，便不再去工地打工，而是在乡里、县里干起了装修活，真正吃上了技术饭。努桑告诉记者："干装修，不但赚的钱比较多，而且看着一间间毛坯房在自己手上变成漂亮的房子，打心眼里感觉骄傲，也很开心。"由于他为人朴实，无论是制作家具，还是装修，都深得人心，名声传得远了，收入也多了起来，这一年他们家的人均收入突破了万元，开始由脱贫奔向小康。

2018年，依托国道沿线的地理优势，在精准扶贫小额信贷资金的帮助下，努桑和妻子在家门口开了一家洗车场。洗车场开办之初他们就遇到了意想不到的困难，设备、技术、客源的难题接踵而至，起初他们夫妻俩以为洗车只是普通的擦擦洗洗，然而现实狠狠地打击了他们。洗车不但有固定的工作流程，而且还需要现代化的设备，他们便将洗车场暂停营业，夫妻俩一同到市里的洗车场去打工，"偷师学艺"，几个月下来他们便掌握了全部的技术，回到家后买了专业的洗车设备，还制作了一个很大的广告牌，渐渐地客人便多了起来，不但路过的车辆在他们洗车场洗车，附近的村民也会过来，收入也从每个月几百元增加到了每个月三四千元。他们的生活就像洗车场一样越来越红火。

努桑的小女儿到了上幼儿园的年龄，可喜的是村里的幼儿园建成后，教育配套设施非常完善，老师也都是大学毕业生，他的小女儿简单地办理完入学手续，就轻松地上了幼儿园。

在脱贫路上，努桑一家"不等、不靠、不要"，在政府的帮助下，依靠自己的双手，彻底摘掉了贫困的帽子。努桑感恩地说道："是党和国家给了我温暖，给了我希望，让我住上了新房子，孩子上学也有了保障，生活条件得到了特别大的改善，我们全家都感到很幸福。如今，我甩掉了穷帽子、拔掉了穷根子，走上了致富路。我要感谢党和国家，感谢我的帮扶人。"

精准扶贫让贫困群众看到了生活的曙光，让农牧民群众的生活有了彻底的改变。2020年，努桑家人均收入达到了22378元。他们一家的脱贫是西藏62.8万贫困人口脱贫奇迹的一个小小的缩影。未来，各族劳动人民在这广阔的西藏高原，一定可以创造出更多的奇迹。

一家之主努桑的父亲次仁旺堆有话说：

"是党的好政策让我们现在的生活发生了翻天覆地的变化，政府不但解决了我们的衣食住行难题，还给家里的年轻人开展技能培训，让他们有一技之长，不但实现了脱贫摘帽，还实现了小康生活，我们这一代人都吃了没文化的亏，无论将来生活怎样，都要让孩子们上大学，成为有用之才。"

昂仁县脱贫攻坚概况

2015年，昂仁县精准识别并建档立卡贫困群众4343户15936人，贫困村185个，贫困发生率为31%。经过不懈努力，2018年昂仁县实现脱贫摘帽，185个贫困村全部退出。截至2019年底，贫困户人均纯收入由2016年底的3176元提高到8074元，提高了2.5倍，贫困发生率降为零，贫困人口全部脱贫。

白朗县
多措并举脱贫致富

梅晶石

白朗县地处西藏西南部,位于雅鲁藏布江主要支流——年楚河中游,属藏南河谷农业区,自然条件较为优越,农业生产历史悠久,发展潜力较大。1982年,白朗县被列为西藏商品粮基地县;1990年,又被列入西藏"一江两河"中部地区经济开发县之一。

世世代代生活在白朗县的尼玛平措一家在这里靠着种地、放牧为生,多年来一直过着贫穷的生活,随着国家各项扶贫措施的落实,加上尼玛平措夫妇吃苦耐劳,最终摘掉了沉重的"穷帽子"。

尼玛平措是白朗县巴扎乡查吾冲村人,全家六口人,但劳动力只有他们夫妻俩,4个孩子都在上学。脱贫之前的尼玛平措一家靠着耕种11亩的青稞地和放牧5头牲畜来维持生计。由于家中紧缺发展资金和生产资料,致使尼玛平措一家生活十分贫穷。

2013年,随着精准扶贫各项工作的开展,生活艰难的尼玛平措一家被识别纳

◆ 幸福的笑容洋溢在全家人脸上（右二为尼玛平措）　摄影：梅晶石

入了建档立卡贫困户。被纳入贫困户后，各项国家补贴让这个困难的家有了不少起色，但"贫困户"的帽子让尼玛平措始终在亲朋好友面前抬不起头。在扶贫干部的鼓励和引导下，尼玛平措渐渐发生了从"要我脱贫"到"我要脱贫"的思想转变，开始了外出务工，走上了脱贫致富的道路。

"我们一家脱贫之前世世代代都是靠种地、放牧为生，传统思想根深蒂固，认为给别人打工很没面子，一直过着贫穷的生活。经过扶贫干部的宣传引导亲眼见证身边一个个村民脱贫过上了令我羡慕的生活，我的思想才逐渐有了转变。"尼玛平措不好意思地说道。

为了让多年贫困的家人过上想要的好生活，尼玛平措开始了外出务工，但由于学历太低，什么都不会，很难找到适合的岗位。搬运工、清洁工他都尝试过，期间吃尽了苦头，但还是没攒下什么钱，日子过得依旧很艰难。

2016年，扶贫干部根据尼玛平措一家的实际情况，给尼玛平措夫妻俩安排了生态岗位，自此家里每年多了几千元的收入，加上尼玛平措外出务工，2016年底他们一家的总收入达到了20208元，人均收入也达到了3348元，超过了国家规定的脱贫标准。

"2016年底，我们一家人收入达到了脱贫标准，我和妻子商量以后，主动向村'两委'递交了自愿脱贫申请书，后来村里公示脱贫户名单，看到有我的名字，高兴坏了，我跑到家告诉妻子这个好消息，她当时也非常激动。脱贫是这几年我最自豪的事情。"尼玛平措感慨道。

　　脱贫后的尼玛平措一家在原有的基础上，开始了致富新"花样"。尼玛平措使用扶贫小额信贷贷款五万元购买了一辆农用拖拉机，除了自家耕地使用也出租给附近的乡亲们，给家里增加了一些收入。妻子片多则改变了以往买卖牲畜的方式，将牦牛产的牛奶进行深加工，制作成酥油和奶渣出售。在农忙之余片多还在家编织起了氆氇。无论酥油、奶渣，还是氆氇，由于物美价廉，都受到了附近乡亲们的青睐，常常供不应求，每年能为家里赚取三万元左右的收入。

　　"之前没有想过自己加工牦牛奶，都是卖到附近制作酥油的作坊里，制作的氆氇也是自家使用。还是扶贫干部提醒我，这些都可以拿来出售。这让我恍然大悟，之后我们家的牛奶我就制作成酥油和奶渣拿出去卖，一到闲暇的时候我就在家编织氆氇，收入非常可观，真的是没想到啊！如果早点开始做，我们家也不至于贫困了那么久。"片多激动地说道。

　　2018年，对于尼玛平措一家来说，是不平凡的一年，这一年他们享受到了易地扶贫搬迁政策，搬进了宽敞明亮的新房。为方便当地群众种地放牧，查吾冲村易地搬迁点就选择在离原村很近的地方。"国家的好政策不但帮助我们脱了贫，

◆ 新房前的一家人（右二为尼玛平措）　　摄影：梅晶石

◆ 片多正在编织氆氇（右二）　摄影：梅晶石

还让我们住上了一直期盼的新房子，新房子有196平方米，客厅、厨房、卧室安排得非常合理，十分宽敞。我们还拿出家里的积蓄，购买了喜欢的藏式家具和以前想买但没钱买的现代化电器。生活环境也得到了很大的改善，十分方便。感谢党和国家给予我们的这一切。"尼玛平措感慨道。

为巩固好脱贫成果，让群众就近、就便就业，白朗县坚持因地制宜发展当地的特色经济产业，开办了各种蔬菜瓜果种植合作社（位于巴扎乡的白朗县万亩珠峰有机生产基地暨日喀则菜篮子项目），在巴扎乡建起了一百多座蔬菜种植温室大棚，为本地提供了97个固定就业岗位，人均年增收4.5万元。流转土地1087亩，每年为与建档立卡贫困户有利益联结的1545人每人分红一千余元。

乡党委、政府考虑到尼玛平措家孩子多，外出打工不便，就安排他到白朗县万亩有机果蔬生产基地工作，每月能拿到4000元左右的工资，让这家人过上了幸福的生活。尼玛平措一家还将自家的部分土地流转到合作社，享受年底分红，2020年尼玛平措一家就拿到了6991元的分红。

"我们白朗县，一直都是日喀则的'粮仓'，现在党和国家带领我们发展蔬菜大棚，如今我们这里变成了日喀则的菜篮子。我现在是蔬菜大棚的一名工人，平时负责浇水、锄地，每个月有4000元左右的收入，生活是越来越好了。"尼玛平措说道。

合作社的开办不但让当地群众增加了收入,也改变了当地的餐桌,在以前当地只能买到从云南、四川等地长途运输过来的蔬菜,买到的时候已经不是很新鲜,而且价格较贵。如今当地百姓的餐桌上是各类品种丰富的本地菜,不但新鲜可口,而且价格适中。采访中片多说:"之前菜贵品种少,家里也买不起菜,孩子们都营养不良。现在好了,我们家的饭桌上每顿都有新鲜的蔬菜,孩子们都特别喜欢吃。"

尼玛平措的四个孩子现在都在上学,其中两个在上高中,两个在上小学。得益于"三包"政策,四个孩子上学都是政府包吃、包住、包学习费用。"我常常给几个孩子说,国家的政策这么好,你们在学校一定要好好学习,将来上了大学,为家乡的建设做点贡献。"片多说道。

在党和国家的各项精准扶贫政策帮助下,尼玛平措一家住上了宽敞明亮的新房、有了稳定的收入,加上夫妻俩踏实肯干,2020年家庭总收入达到了70187元,生活过得有滋有味。

在脱贫攻坚的道路上,尼玛平措一家感恩着党的好政策,憧憬着更加美好的明天。

一家之主尼玛平措有话说:

"精准扶贫的好政策让我们一家人住上了新房子、脱了贫。蔬菜大棚基地盖到了家门口,让我实现了稳定就业,孩子们上学有'三包'政策,生病了有医生上门看病。日子过得简直太幸福了,放在以前是想都不敢想的,我们一定会珍惜这来之不易的幸福生活。"

白朗县脱贫攻坚概况

2015年,白朗县精准识别并建档立卡贫困群众1946户9237人,贫困村110个,贫困发生率为19.3%。经过不懈努力,2017年白朗县实现脱贫摘帽,110个贫困村全部退出。截至2019年底,贫困户人均纯收入由2016年底的4954元提高到10522元,贫困发生率降为零,贫困人口全部脱贫。

江孜县
有种幸福叫同心奋进

梅晶石

　　江孜县位于日喀则市东部，喜马拉雅山北麓，雅鲁藏布江支流——年楚河上游。平均海拔4100米。德吉村是江孜县达孜乡最年轻、也是最贫困的村，村民由纳如乡、卡麦乡等乡的贫困农牧民搬迁而来。德吉村土地贫瘠，基础设施薄弱，主要以传统种植业、养殖业为经济支柱，村民一直过着靠天吃饭的日子，遇到水灾、旱灾年份，连正常的收成都成问题。

　　1988年，仁增片多出生在德吉村一户普通的农民家庭，家中共有六口人，一家人的生活十分拮据。俗话说："穷人家的孩子早当家。"看到父母辛苦劳作和家庭贫穷的状况，仁增片多从小便默默立志，长大要依靠自己勤劳的双手改变家庭贫穷的命运。

　　2008年，初中毕业的仁增片多背起行囊，独自前往拉萨开启了她的打工生涯。由于缺乏必要的技术，仁增片多只能从事一些技术含量低的体力活，先后做过造纸工、餐厅服务员等工作，在外摸爬滚打的日子里尝遍了生活的酸甜苦辣咸，艰苦的生活磨砺了她坚毅的性格。她暗暗发誓一定要干出个名堂，靠自己的

◆ 跨越民族的一家三口　摄影：梅晶石

双手摆脱贫困窘境，同时帮助更多像自己一样贫困的群众。

2013年，在拉萨打工的仁增片多与河南的务工小伙李铁成一见倾心，经过一段时间的相处，两人决定携手共度一生，组建了"民族团结家庭"。七年的时光，这对夫妻恩爱如初，共同寻找致富门路。从贫困户一跃成为远近闻名的致富能手，并积极回馈社会，带动身边的乡亲们共同脱贫致富。

仁增片多与李铁成还在谈恋爱的时候，一次偶然的机会，他们接触到了蔬菜种植，聪明的仁增片多很快就发现了蔬菜种植的市场前景。于是，他们通过各种渠道学习蔬菜种植相关技术。仁增片多与李铁成辗转多地后来到了拉孜县，经过实地走访，了解当地市场情况。在发现商机后，他们立即筹集资金，在拉孜县曲夏镇开办了蔬菜瓜果供销合作社。

然而创业的路总是坎坷的。在经营蔬菜大棚初期，因为没有经验，仁增片多夫妇经历了无数的挫折，但是他们没有退缩，凭借着对美好生活的向往，他们虚心向当地菜农果农请教学习，因为夫妻俩为人耿直、做事认真、乐于助人，结交了很多当地蔬菜种植的技术能手，当地菜农果农不仅将种植技术倾囊相授，还与夫妻俩成为了朋友和后来的生意伙伴。他们一一克服了种植技术、产品销售等困难。通过不懈努力，到2015年底，他们从村里的"低保户"成为了小有名气的致富能手，家庭年人均纯收入达到了8546元。辛勤付出终于得到了回报。

2017年，德吉村"两委"向达孜乡党委、政府汇报了仁增片多夫妇回乡创业的想法。乡党委、政府工作人员了解到仁增片多夫妇的具体情况，主动联系仁增片多夫妇了解了他俩回乡创业的想法和规划后，乡党委、政府决定把乡政府闲置的180平方米的房屋免费提供给夫妇俩当作创业场所，帮助他们开办了一个小规模、标准化的生活超市，既方便全乡群众日常生活用品的购买，同时也解决了他们创业初期的实际困难。现在，他们的生活超市效益很好，平均一天毛收入可达1500至2000元人民币，并且吸收了村里一名建档立卡贫困户在超市就业。

后来，仁增片多夫妇结合德吉村实际，在乡、村党组织的大力支持下创建了德吉村蔬菜瓜果购销合作社，组织贫困户种植温室大棚，通过委托农户代种、争取扶贫专项贷款发展合作社及年终分红等方式带动村民一起致富，合作社覆盖12户，其中建档立卡贫困户7户，年纯收益10万到12万元。

仁增片多夫妇依靠党的脱贫攻坚政策，从"低保户"成长为远近闻名的致富带头人，不断带领建档立卡贫困农牧民增收致富奔小康。经过几年的努力和奋

◆ 幸福的全家福（后排右一为仁增片多，右二为李铁成）　　摄影：梅晶石

◆ 在自家经营的小超市里（后排右一为仁增片多，右二为李铁成） 摄影：梅晶石

斗，仁增片多夫妇的致富之路越走越宽，向他们咨询脱贫致富经验的人也越来越多，每次遇到前来取经的人，夫妇俩都热心地把自己的蔬菜种植技术经验毫无保留地传授给他们。"感谢党和国家的好政策，帮助我走上了富裕的道路，我现在脱贫致富了，也一定不会忘记村里的父老乡亲。"这是仁增片多夫妇脱贫后时常挂在嘴边的肺腑之言。他们还向群众广泛宣传脱贫攻坚相关政策，尽力帮助村里贫困人员，时常看望慰问困难人员，主动向乡政府申请两户结对帮扶贫困户。

2018年至2020年藏历新年期间，仁增片多夫妇主动邀请两户结对帮扶的贫困户来家里过年，并借此机会分析这两户家庭的致贫原因，为其出谋划策。

仁增片多夫妇还计划在江孜县城筹办一家餐具消毒配送公司，带动更多不能外出务工的贫困群众就近就便就业。"我们书读得少，但是我们知道脱贫不能'等靠要'，现在党的扶贫政策这么好，我们有什么理由不依靠双手勤劳致富？"这是仁增片多夫妇教育引导贫困群众时挂在嘴边的话。

仁增片多夫妇能够从"低保户"蜕变为致富带头人，是他们渴望改变命运的想法永远没有变，并付诸行动，不断探索致富之路；是党的脱贫攻坚政策在基层实施的必然结果；是仁增片多夫妇不等、不靠、不要，勤劳奋斗的必然结果。在脱贫致富路上，这对夫妻用实际行动帮助身边困难群众，实现了"我要脱贫"的坚定目标，践行着"共同致富"的初心。江孜县"脱贫之星"仁增片多夫妇靠勤劳的双手不仅富了自己，也带动了乡亲们共同致富，让"藏汉一家亲"的花朵绽放在雪域高原。

一家之主仁增片多的父亲普珠老人有话说：

"我书读得少，但是我们知道脱贫不能等靠要，现在党的政策这么好，我们没有理由不依靠双手勤劳脱贫致富，感谢党和国家的好政策，帮助我们走上了富裕的道路，我们现在脱贫致富了，也一定不会忘记村里的父老乡亲。"

江孜县脱贫攻坚概况

2016年，江孜县精准识别并建档立卡贫困群众2794户11352人，贫困村155个，贫困发生率为18.06%。经过不懈努力，2019年江孜县实现脱贫摘帽，155个贫困村全部退出。截至2019年底，贫困户人均纯收入由2016年底的1582.25元提高到8784.25元，贫困发生率降为零，贫困人口全部脱贫。

岗巴县
向幸福出发

梅晶石

"岗巴",藏语意为"雪山附近的村落"。在这片平均海拔4700米的土地上,脆弱的生态环境、粗放的牧业生产,一度成为制约广大牧民群众通往幸福生活的瓶颈。岗巴县全县只有一万余人,在脱贫攻坚战中,通过改革实现了传统牧业从分散化、粗放型向集约化、效益型转变的有益探索。在一些边境村,从牧业生产中释放出的劳动力还成为了巡边的重要力量。

今天故事的主人公是岗巴县直克乡的扎西,他通过勤劳的双手从建档立卡贫困户一步步转变为富裕家庭,成为了脱贫攻坚路上最美的家庭,还被岗巴县脱贫攻坚指挥部评为"最美家庭",就让我们一起来听听这个幸福家庭的故事。

走进扎西家里,整洁的院落,宽敞明亮的客厅,一家人正围坐在一起,有说有笑。

谁能想到,五年前扎西一家人还居住在土房子里,曾经的土房子修建在山坡上,山坡下就有一条水流湍急的大河。"出一趟家门非常的不方便。曾经土木结构的老房子也比较破旧,一家七口人只能挤在两间老房子里,住的地方不

◆ 扎西一家人（左一为扎西）　摄影：梅晶石

通电，路难走。每逢雨天，外面下大雨，屋里下小雨。吃水要提着水桶去河边打水，看病得到特别远的县城，当时的生活真的非常艰难。"说到这里，扎西感慨万千。

2016年，扎西家被识别为建档立卡贫困户后，他感到十分的羞愧。在享受党和国家的各项惠民政策后，他们的生活有了很大的改善，但夫妻俩暗暗发誓，不能一直靠着政策来维持生计。于是他们把更多的精力放在了如何靠自己的双手勤劳致富，摆脱贫困的命运上。依靠着党的好政策，加上自己的努力，就这样一步一步，扎西家幸福的生活拉开了序幕。

2016年底，他们向银行申请扶贫小额信贷5万元，在村里开了一家茶馆，开始了属于他们自己的脱贫致富之路。尽管起初经营时出现了各种各样的困难，但他们没有被击倒，而是同心协力，茶馆生意逐步好转，日子也过得越来越红火。正值饭点，记者看到扎西家的小茶馆里满是食客，点菜的声音此起彼伏。食客们在这里聊着生活与工作中的琐事，在忙碌的时光中，寻求一份悠闲。夫妻俩看着茶馆热闹的场景，心里充满了自豪。2017年，扎西一家自愿申请退出建档立卡贫困户。

"成为贫困户不是什么光荣的事情,现在党和国家的政策这么好,我们更应该自力更生,不能在家坐享其成。"扎西充满自信地说:"我们一家现在不愁吃、不愁穿,住得好,看病也有了保障。勤劳能致富,今后的生活要靠自己。我相信,日子一定会越过越红火。"

2018年,扎西在一次购物时发现,精致且漂亮的各式各样的巴龙("巴龙",藏语意为"装食品的盒子",多用于年节。)卖得非常好,扎西马上就想到了一条新的赚钱路子。回家后扎西开始学习手工编织巴龙,不到两个月的时间他就掌握了手工编织巴龙的技能,夫妻两人在经营茶馆的闲暇时间一起编织各种各样的大小巴龙。2018年6月,他们编织的第一批巴龙卖出去后,辖区的村民、干部职工特别喜欢。到2018年年底,扎西一家仅靠卖巴龙收入就达到3万多元,又为他们家增加了稳定的收入。

目前,岗巴县新建养羊合作社圈养基地19个、改造提升8个,5个村加入龙头企业日喀则百亚成农贸有限公司养殖基地。同时,29个行政村2368户、10135人全部加入当地岗巴羊合作社,实现农牧民党员、边缘户贫困户、残疾人入社率100%。

2020年,他将家里的22只羊都入股到了合作社。"党员干部们干事公平公正,

◆ 正在忙活的扎西夫妇 摄影:梅晶石

将党的好政策真正送到了家门口，加入合作社，放心更舒心。"扎西笑着说。

如今，他们的家庭年收入达到了10万多元，日子过得既美满又幸福。但是扎西并没有停止奋斗的脚步，他希望更多的贫困户看到他脱贫的历程，也能够坚定脱贫致富奔小康的信心，依靠自己的双手勤劳致富。现在的扎西夫妻俩脸上洋溢的笑容，是脱贫攻坚工作给千百万贫困家庭带来幸福生活的写照。

一家之主扎西有话说：

"后悔以前没有好好上学，现在自己的眼界、思想都存在很大的局限。我们一定要好好培养两个孩子，让他们都能够上大学，我们坚信以后他们的生活一定会比我们更幸福。"

岗巴县脱贫攻坚概况

2016年，岗巴县精准识别并建档立卡贫困群众622户2068人，贫困村29个，贫困发生率为21.2%。经过不懈努力，2018年岗巴县实现脱贫摘帽，29个贫困村全部退出。截至2019年底，贫困户人均纯收入由2016年底的3330.2元提高到13605元，贫困发生率降为零，贫困人口全部脱贫。

仲巴县
"天边之乡"的脱贫故事

梅晶石

仲巴,藏语意为"野牛之地"。仲巴县地处西藏西南部、是西藏自治区边境县之一,因境内野牦牛较多而得名。这里平均海拔5000米以上,属高原亚寒带半干旱气候,风沙大,自然灾害频繁。

除了气候条件艰苦,仲巴县还是距日喀则市区最远的县,远达600余公里,有"天边仲巴"之称。记者一早便从日喀则市出发,途经重重山脉,到达仲巴县时已近黄昏。11月初,日喀则市还是秋高气爽,但仲巴县已被积雪覆盖,皑皑雪山向高原深处延展。

仲巴县高寒缺氧、地广人稀,曾经交通不便、物资匮乏。仲巴县是一个纯牧业县,农牧民群众主要以放牧为生。由于地处偏远,海拔高,经济来源单一。如今,从牧区到城镇处处是生机盎然的景象,边境小康村面貌焕然一新,县城建设日益现代化,超市、宾馆、餐馆等生意红红火火。

◆ 仲巴县全貌

　　巴桑扎西是仲巴县拉让乡唐西村村民。一家人多年来只靠着自家的牦牛获取微薄的收入。早在2013年，巴桑扎西一家就被乡里确定为扶贫对象。

　　2016年，脱贫攻坚战全面打响，巴桑扎西一家被精准识别为建档立卡贫困户。不甘心一辈子在贫困线上挣扎的巴桑扎西决心改变现状，让自己的后代不再被贫穷所困。

　　起初，由于巴桑扎西的妻子要照顾家里的孩子，无法外出务工。唯一的劳动力巴桑扎西便在周边工地务工，闲暇之余，利用自己手工编织的手艺做起了卡垫、毯子、藏式包包、藏式腰带等日常生活用品，定期出去售卖，每月有3000元左右的收入。

　　从前的巴桑扎西一家人住在昏暗简陋的土木结构的老房子中，生活条件艰苦。2017年11月，通过易地搬迁政策，巴桑扎西和村里群众一起搬到了易地搬迁点。宽敞明亮的新房，通达便捷的硬化路面，令一家人倍感欣喜。巴桑扎西非常珍惜这来之不易的幸福生活，他主动和易地搬迁点的邻里打成一片，邻居有困难，他主动帮忙解决，大家关系十分和睦。

　　随着脱贫攻坚工作的深入推进，为确保农牧民群众能脱贫、能致富。近年来，日喀则市大力发展农牧民专业合作组织，一批批农牧民专业合作社如雨后春笋般发展起来。按照市委、市政府和县委、县政府关于发展壮大集体经济的部署要求，拉让乡党委、政府，唐西村"两委"班子积极主动抓落实，于2017年成立了唐西村养羊合作社。牛羊集中统一放牧，草场集中统一管理，集约化现代牧业代替了粗放式的传统牧业。按照县委、县政府关于"五个百分百"的要求，巴桑扎西积极主动带头入股合作社。

"乡乡有扩繁场、村村有合作社、联户有技术人员"，仲巴县推进抓党建促脱贫攻坚常态化长效化，通过"政府引导+企业主导+合作社+群众参与"的运营模式，全县58个行政村全部达到入股合作社5个"百分百"（村"两委"班子100%入社、党员100%入社、建档立卡贫困户100%入社、残疾人100%入社、边缘户100%入社）。

◆ 主人公巴桑扎西　摄影：梅晶石

在合作社成立之前，巴桑扎西除了给自家放牧外，还给他人放牧。合作社成立后，巴桑扎西第一个参与到合作社牛羊放养工作中，因为勤劳肯干，他被推选为合作社的管理人，每年能得到4000元的分红。

巴桑扎西平时在周边工地上打工，每天能挣200多元。家里还养了牦牛，在养殖合作社每年定期有分红，加上边民补助、草场补助以及偶尔在里孜边贸市场做买卖的收益，2017年，巴桑扎西一家共收入31637元，达到脱贫标准，退出了贫困户行列。

仲巴县作为边境县，守边固疆任务艰巨。巴桑扎西积极参加守边固边工作，成为了一名边境联防队员，每月工资有300元。平日里他常常参与边境巡逻防控，为仲巴县边境安宁和谐作出了自己的一份贡献。"我学习了习近平总书记给卓嘎、央宗姐妹的回信精神，受到了很大的触动。我们一定会继续传承爱国守边的精神，像格桑花一样扎根在雪域边陲，做神圣国土的守护者、幸福家园的建设者，共同把我们这个边境村建设成为宜居乐业的美丽乡村。"巴桑扎西说。

◆ 幸福一家人（右二为巴桑扎西） 摄影：梅晶石

　　近年来，日喀则市在脱贫攻坚战中成绩斐然。聚力推进易地搬迁，危房户全部消除；农村安全饮水、生活用电、卫生室、文化站实现全覆盖。从前仲巴县未接入电网主网，全县由三座小水电站供电，总装机容量2080千瓦，由于电力不足，大部分乡镇、村落只能通过发电机、光伏来满足基本用电需求，尤其是县城区域负荷严重受限，居民、商户每四天只有一天可以正常用电。2020年6月，随着仲巴县纳久乡热苏村配变台架组装和低压线路架设完成，标志着由国网山东电力援建的仲巴县配电网主体工程全部竣工，3万仲巴人终于告别"无电、缺电、用电受限"的历史。群众生活条件明显改善，思想观念也发生了明显的转变。

　　致了富的群众感恩党，用实际行动唱响新时代新农民之歌。巴桑扎西所在的唐西村时常召开"四讲四爱"群众教育实践活动宣讲会，以升国旗唱国歌、国旗下学党章等活动为载体，加强对群众的教育，强化党员党性意识，把自力更生、依靠双手勤劳致富作为标杆；以现身说法，典型带动，一带一、一帮一外出务工的方式，教育引导牧民群众外出务工，参与到新时代社会主义现代化建设中，依靠自己的双手勤劳致富，实现"要我脱贫"向"我要脱贫"的思想转变。疫情期间,驻村工作队入户进行疫情防控知识宣传,为牧民群众讲解疫情防控形势及疫情防控知识,巴桑扎西也积极配合,贡献了自己的一份力量。

一家之主巴桑扎西有话说:

"回想过去的日子真是太苦了,现在简直幸福得有点不真实。我们赶上了好时代,感谢党和国家的各项好政策,惠及了千家万户。吃水不忘挖井人,党的恩情我们世世代代都不会忘,今后我也一定会更加努力奋斗。"

仲巴县脱贫攻坚概况

2016年,仲巴县精准识别并建档立卡贫困群众1352户4504人,贫困村58个,贫困发生率为21%。经过不懈努力,2018年仲巴县实现脱贫摘帽,58个贫困村全部退出。截至2019年底,贫困户人均纯收入由2016年底的3712.91元提高到10034元,贫困发生率降为零,贫困人口全部脱贫。

山南市全貌 （摄影：洛桑贡布 顿珠次仁 多吉次仁）

藏源山南

西藏脱贫影像志
XIZANG TUOPIN YINGXIANGZHI

浪卡子县
在"大坝子上"丈量幸福的新高度

梅晶石

在山南浪卡子县境内，坐落着世界上海拔最高的乡——普玛江塘乡。它犹如地球上隆起的一块大坝子，耸立在祖国的西南边陲。空气含氧量不足海平面的40%，气压只有平原地区的一半，年平均气温-7℃。

索朗卓玛一家就生活在这里，但高海拔艰难的生存环境挡不住她们一家追求幸福的步伐。由于丈夫身患残疾无法从事重体力活，三个孩子年幼需要照顾，加之终年寒冷的普玛江塘无法种植庄稼，索朗卓玛一家只能依靠家养的牛羊获取一些微薄的收入，常常是入不敷出。2013年，索朗卓玛家被乡里列为了建档立卡贫困户，贫困户的标签让这对夫妻在亲戚和村民面前抬不起头，他们渴望靠自己的双手多赚点钱，改变生活，摆脱贫困的帽子。

居住在中国海拔最高的乡，各方面条件都很艰苦，索朗卓玛面临的困难显而易见。县城里的亲戚不止一次地劝她搬到海拔低的地方居住，这样不但对身

◆ 索朗卓玛一家（右三为索朗卓玛）　摄影：梅晶石

体好，也方便打工赚钱。但守土固边的意识早已在索朗卓玛的心中深深扎根，做"神圣国土的守护者、幸福家园的建设者"，是她守边固边不变的初心。

"普玛江塘的海拔虽然高，但我们祖祖辈辈都生在这里，长在这里，他们都坚持下来了，我们也能坚持。祖国的边境始终是要有人守的，党和国家对我们边民这么好，守边是我们义不容辞的责任与使命。不但我们要守，我的孩子、我孩子的孩子，我们世世代代都要守护在这里。"索朗卓玛严肃地说道。

在脱贫路上，夫妻俩尝试了各种方法。丈夫拖着行动不便的身体到乡里的茶馆、餐馆里做清洁工，索朗卓玛到工地上干体力活。虽然收入有所增加，但仍不足以支撑一家老小的生活开支。

脱贫重在实践、重在落实。2014年，就在这一家为了生计手足无措时，驻村工作队和乡里的扶贫干部来到了她家，针对他们家的实际困难，共同探讨脱贫办法，索朗卓玛提出了想要在乡里开一家小卖部的想法。看到她们一家的决心，乡政府、驻村工作队当即表示支持。2014年年底，位于乡政府旁边的索朗卓玛小卖部顺利开业了，小卖部由索朗卓玛经营，而进货的重担就落到了丈夫拉丝的肩上，拉丝每周都要去县城进货。普玛江塘乡距离县城将近70公里，而那台从亲戚

◆ 索朗卓玛家的小卖部　摄影：梅晶石

家借来的手扶拖拉机就是拉丝唯一的交通工具。小卖部开张以来，无论风雪，每隔一周总能看到拉丝进货的身影。

"家里穷，我一直想通过自己的劳动赚钱，但我是有心无力。由于身患残疾，到牧场放牧的活我干不了，到工地上打工这种体力活我也干不了，妻子一个人为了家里的生计去打工，我是看在眼里痛在心上。在扶贫干部的帮助下，我们的小卖部开张了，这活我能干啊，当时别提我有多高兴。现在妻子经营，我负责进货，碰到刮风下雪，搬运重东西时确实挺苦的，但是想想能赚钱能改善生活，给妻子减轻点负担，我心里还是美滋滋的。"拉丝黝黑的脸上露出欣慰的笑容。

转眼到了2016年，随着国家各项扶贫政策的落实，索朗卓玛和丈夫拉丝都拿到了生态岗位补贴，加上政府下发的各类补贴、小卖部的收入，当年年底索朗卓玛一家就顺利实现了脱贫摘帽。

"脱了贫，我们一家人非常开心。但是转眼想想，这绝大多数归功于党和国家的好政策，我们在感谢党感谢国家的同时，也深知自己更应该脚踏实地努力拼搏，不能总依靠国家，给国家添麻烦。"索朗卓玛说。

正如索朗卓玛所言，脱贫不是终点，而是梦想的起点，脱贫后的他们没有满足于现状，而是有着和全国人民一道实现小康生活的坚定信念。索朗卓玛坚定地说："从脱贫到全面小康，还有很长的一段路，道路崎岖但前途一定光明。我坚信，在党和国家的关怀下，我们也一定能和全国一道实现全面小康。"

浪卡子县十分重视贫困农牧民就业技能培训，2017年，索朗卓玛的大儿子得到了参加县里组织的装载机驾驶技能培训机会，他倍加珍惜，抓住一切时间学习，不会的不懂的虚心向老师和同学们请教。三个月的学习让他从一个对驾驶技能一无所知的"小白"变成了熟练的装载机驾驶员，取得装载机驾照后，他们通过小额信贷贷款购买了一辆装载机。此后，乡里各个建设项目的工地上都能看到索朗卓玛儿子勤劳的身影。

"有了装载机驾驶技能，只要卖力到工地上干活，每天就有700元的纯收入，这是我以前想都不敢想的。要是没有政府举办的驾驶培训，我可能还在放牧呢。"他感激党和国家，逢人便讲自己的故事。

2018年，萨藏村被确定为边境示范小康村建设点，年底一排排的新房拔地而起，索朗卓玛一家如期搬入新房，一直梦想改善住房条件的他们终于实现了心愿。

"我们以前的老房子破旧不堪，盖个新房是我们全家一直以来的愿望，但苦于家里没有什么积蓄，始终停留在梦想中。如今靠着国家的好政策住上了新房，新房宽敞明亮，特别保暖，像在做梦一样。现在从县里到村里我们都有签约医生，身体稍不舒服，村医会上门为我们服务，不严重的话就开点药，村里治不了就去镇卫生院和县医院，健康也有了保障。以前从没见过的新鲜瓜果蔬菜也运上来了，难走的土路也变成了平整的柏油马路，日子过得很美。"索朗卓玛的新家通上了电，通上了水，通上了网络，冰箱、电视、洗衣机等家电应有尽有，还购买了精美的藏式家具。生活便捷了，一家人其乐融融。谈到如今的生活，索朗卓玛总有说不完的话。

萨藏村为了能让本村的村民们过上更有保障的生活、增加更多的收入，还大力发展村集体合作社，每位村民都是合作社的成员，不但方便了村民们就近就便就业，年底村民们还可以拿到分红。2020年，索朗卓玛一家通过经营小卖部、外出务工，加上村集体分红以及国家各项惠民补贴，家庭总收入达到了11万余元，人均收入达到了25233元。索朗卓玛家的生活像草原上争奇斗艳的各色花儿，尽情地绽放着；也像人们劳作的歌声，展开翅膀幸福地飞翔；更像屋顶上鲜艳的五星红旗，向着美好的未来迎风舞动。

作为普玛江塘乡的村民，脱贫后的索朗卓玛一家还在为了更加美好的明天奋斗着。她们一家的脱贫故事告诉我们，国家不会忘记我们任何一个人，海拔再高、国土再远，党和国家的惠民政策都会覆盖。只要自己肯努力奋斗，不但可以脱贫，小康生活也不是什么难事。

一家之主索朗卓玛有话说：

"是党和国家的关心关怀，我们才过上了现在的幸福生活，今后不但要更加努力，还要更加坚定地感党恩、听党话、跟党走。希望我们的孩子大学毕业后回到普玛江塘，为祖国边陲建设贡献出自己的一份力量，如果有机会参军的话，就报名参军，做一名边防军人，守护祖国。"

浪卡子县脱贫攻坚概况

2015年底，浪卡子县紧紧围绕"两不愁三保障"脱贫目标，通过"五查五看、三评四定、两公示一公告一比对"，精准识别年人均纯收入低于2855元的贫困群众2170户7765人，占山南市建档立卡贫困总人数的13.42%。经过全县干部群众齐心努力，2018年经国家第三方机构考核评估，正式宣布浪卡子县退出贫困县，108个乡镇村全部摘帽。2020年，全县建档立卡群众人均可支配收入提升到13693.26元，是2015年识别之初的3倍，其中工资性收入占比51.05%、经营性收入19.45%、转移性收入26.8%、财产性收入2.7%。五年来，浪卡子县始终把扶贫与扶志、扶智相结合，让建档立卡群众既"富口袋"更"富脑袋"，调动广大群众投身脱贫攻坚、乡村振兴的积极性和主动性，凝聚全面建成小康社会的"向心力"。

措美县
小康路上的这家人

梅晶石

　　措美县坐落在哲古湖的下游。地处西藏南部、喜马拉雅山北麓，以畜牧业为主，兼有种植业。今天故事的主人公次仁群觉曾经就是措美县一位地道的农牧民，由于家里耕地面积少、牲畜也不多，多年来处于贫困状态。脱贫攻坚战打响后，次仁群觉一家在国家各项扶贫政策扶持和各级扶贫干部引导下，思想观念有了很大的转变。如今他们靠着自己的努力，不但脱了贫，日子也越过越红火。

　　当我们赶到措美县措美镇当许居委会建档立卡贫困户次仁群觉大哥家时，他正陪着78岁的老岳父次旺平措在家门口散步。见我们来访，他满脸笑容地指着身后的一栋新房高兴地说："以前的老房子破旧不堪，位置既偏远又不方便。这下好了，在国家政策的帮助下住上新房了，再也不用担心害怕了。感谢党感谢政府！"

　　次仁群觉一家6口人，岳父、老伴，还有他的女儿措姆以及两个孙女。他们一家多年来只能靠着放牧和家中不多的耕地维持生活，随着自己年纪越来越大，腿脚又不方便，能干的工作也越来越少，加之岳父年迈体弱，日子过得越来越艰辛。2016年，次仁群觉一家因缺少劳动力、缺少生产资料，被确定为建档立卡贫

◆ 次仁群觉一家（右二为次仁群觉）　摄影：梅晶石

困户。但他们一家并没有向现实和贫穷低头妥协，将这顶"穷帽子"摘下来的信念在次仁群觉的心中牢固树立。"那时候被评为贫困户，好面子的我感觉瞬间颜面尽失，之前看着邻居们去打工，感觉也赚不到钱，还那么累，但是看着人家的生活越过越好，我才明白国家的政策帮了我一时，帮不了我一世，坚定了靠自己努力拼搏才能脱贫的信念。"回忆起过去，次仁群觉感慨道。

由于家中的孩子年龄尚小，又有老人需要照顾，妻子只能在家中照顾家人，无法外出务工，家中所有的重担就落到了次仁群觉一个人的肩上。有拖拉机驾驶技能的他，想到买一辆拖拉机外出务工，苦于家中没什么积蓄，只能四处借钱，最终拼凑了2万元买了一辆二手拖拉机。在扶贫干部的帮助下，他找到了一份在工地运输的工作，每天有150元的收入，家中的日子渐渐有了起色。

采访中，次仁群觉回忆起过往的生活不禁流下了眼泪："以前苦啊，有时候吃饭都是个难题，家中种的青稞不够一家老小吃，也没有钱。有时候还要借钱去买吃的，全家人的收入加起来也就两三千块钱。精准扶贫的好政策实施以来，不仅解决了我们一家人的温饱问题，还帮我找了工作，有了这份工作之后生活有了不少起色。"

2017年，年事已高的岳父，因患多种慢性病住进了医院。好在有医疗扶贫的帮助，住院基本不需要花钱。但因老人频繁住院，给老人购买营养品等开支使家中仅有的积蓄所剩无几，日子刚有所好转的次仁群觉一家再次陷入困境。但这一切并没有将次仁群觉难倒，反而增加了他改变现状的决心。

次旺平措老人对我们说："前两年我总是生病，要不是党的好政策，免费让我住院，真不知道家里从哪弄钱给我看病，有可能我现在还躺在床上。现在我的身体康复了，家里的日子也好起来了，我们很幸运赶上了好时代！"

由于家附近的施工建设陆续完工，次仁群觉为了支撑起这个家便到更远的工地去打工，期间他还跟工地的师傅学起了水电工。次仁群觉虽然不年轻，但他勤快肯学，很快便掌握了水电工技能。除了跑运输之外，他还干水电工的活，收入渠道多了起来。

原先次仁群觉一家老小挤在破旧不堪的土坯房里，生活十分艰辛。2019年，政府实施县城棚户区改造项目，次仁群觉家的房子就在改造区之内。项目统一规划实施后，一栋栋住房很快建成，次仁群觉一家也住上了"别墅"，多年住新房的愿望得以实现。他们一家再也不用担心住房安全，再也不用走几公里的路去背水，也不用再羡慕别人家中有电视机、洗衣机、冰箱等电器了，日子变得像蜜一样甜。

"我们家的新房子就在离县城很近的集中搬迁点上，小孩上学、买生活物资都非常方便。原来的土坯房每年一到雨季就要维修，但也起不了什么大用处，还是会经常渗水，那时候最怕的就是下雨天了。感谢党和国家的好政策让我们住上了新房子，解决了我们多年来的烦心事。"次仁群觉说道。

◆ 措美县全貌

女儿措姆是个孝顺的好姑娘,可遗憾的是高中毕业后未能考上大学。为了帮父母分担生活压力,在乡扶贫干部的帮助下,30多岁的措姆在措美县中学当了生活老师。她的工作是记录学校食品账单,由于学历低,刚开始接触工作就遇到了困难,但她没有向困难屈服,如何科学统计、如何汇总信息,甚至如何制作表格,她都虚心向同事请教。闲暇时间还到网上搜集相关资料,不断充电,用了两个月的时间,她便能得心应手地干好生活老师这份工作,还得到了学校领导和同事的一致好评。

"当初没有考上大学,其实挺愧疚的,觉得太对不起爸爸妈妈了。学上不成了,那就帮他们减轻负担,我经常出去打工,但也没赚来什么钱。后来乡里扶贫干部告诉我县里组织了就业培训,我争取到了培训的机会,才得到了现在这份工作。当时我感觉就像在做梦一样,我太需要这份工作了。以后我要更加努力地工作,珍惜机会,学习更多的知识,改变自己的命运,改变我们家的命运。"措姆坚定地对记者说。

工作中的措姆踏实能干,尽心尽力照顾好每一个学生。"我会把每个学生当成是自己的孩子来照顾。"措姆说。她的付出和努力,学校领导和同事以及学生

◆ 一家三代(右一为次仁群觉)　　摄影:梅晶石

家长们都看在眼里，她的付出也得到了回报，学校跟她签订了长期的劳动关系合同，她终于有了一份稳定的工作，现在每月有3000元的工资。

措姆的孩子一天天地长大，到了上学的年龄。有了国家"三包"政策，在没有任何负担的情况下，孩子便在县小学入了学。"孩子特别喜欢上学，在学校里可以和其他孩子们一起学习、玩耍，学校还根据学生的年龄免费提供营养餐，孩子们吃得好，吃得开心。我经常跟孩子说，你一定要好好学习，不能再吃阿妈没学历的亏了。"措姆深有感触地说道。

2020年，次仁群觉一家总收入达到了43284元，人均收入达到了7214元，是脱贫前的好几倍。今年，次仁群觉还打算在搬迁点开一家零售店，他说他要充分利用党和国家的各项优惠政策，靠着自己的双手来助力家庭甚至同村人致富。

次仁群觉的脱贫历程只是西藏几十万农牧民群众脱贫奋斗史的小小缩影，也是高原大地上无数幸福和谐家庭的代表之一。脱贫后的次仁群觉自发地成为了村里的一名政策宣讲员，他给乡亲们讲国家的好政策，讲自己这几年来的脱贫经历，希望乡亲们也尽快转变观念、增强紧迫感，靠着自己的双手来改变生活。他朴实的语言，鲜活的故事，使那些自主增收意识薄弱的乡亲邻里们听了深受鼓舞。

一家之主次仁群觉有话说：

"在党和国家的关心关怀下，我们享受到了很多惠民政策，现在的吃、住、行都发生了很大的变化，收入也有了很大的提高。2020年搬进新房子是我几年来最开心的事情，我希望更多的乡亲都能过上我们这样的日子。脱了贫我要更加牢记党和国家的恩情，不忘来时路，向着更美好的生活去努力。"

措美县脱贫攻坚概况

措美县2016年至2019年，贫困发生率由27.32%降至零，16个贫困村全部退出。2016年减贫364人，1个贫困村退出；2017年减贫1063人，7个贫困村退出；2018年减贫1902人，8个贫困村退出；2019年减贫60人。因人口自然增减及多轮动态调整，扶贫开发信息系统内建档立卡贫困人口950户3298人已全部脱贫。

隆子县
"菜蓝子"里的脱贫故事

梅晶石

有海拔6000米的崇山峻岭，也有倾斜而下至3000米的山川峡谷，这就是隆子县。隆子县位于山南市南部，属高原温带干旱季风气候区。这里太阳辐射强烈，气温较低，昼夜温差大，全年无霜期只有125天左右，农作物在这里很难存活。

然而，走进隆子县叶巴村的河谷空地，就会看见整齐矗立的200个阳光板温室大棚和两座智能温室大棚，这是隆子县的菜篮子工程。走进蔬菜基地大棚，只见红艳艳的西红柿，鲜嫩的萝卜、小白菜、莴笋、包菜遍布整个大棚，满目青红翠绿，生机盎然，几名工人正忙着进行包菜收割、搬运装车，到处呈现出一派忙碌的景象。

"我们果蔬种植大棚里种了47种蔬菜，整个生长期不施一点农药和化肥，都是使用有机肥料，是真正的绿色有机食品。刚刚采摘的西红柿、黄瓜、可以直接生吃。"一边细心打理着棚内的蔬菜，一边和记者对话的这个笑容爽朗的男人就是故事的主人公——群培。

◆ 温馨满满的全家福（左二为群培）　　摄影：梅晶石

　　今年43岁的群培，曾经被贫困这个牢笼困了38年。易地扶贫搬迁之前，群培是隆子县雪沙乡普卓村村民。远在山沟沟里的家，和整个雪沙乡普卓村一样，远离一切现代社会的便利条件。交通不便，用电、用水等更是无从谈起。一家四口，仅有1亩地来种青稞，最值钱的5头牛有两头瘦弱不堪，群培又患有慢性支气管炎，家里最主要的收入来源是妻子外出打工赚的钱，一年下来，全家最多的时候只有5000元左右收入。

　　由于家里没有稳定收入，加上自己的医药费和家里其他开销，生活的重担越来越重。没有耕地、劳动力有限、缺乏就业渠道，群培家穷了三代，他感到难以突围，生活无望。

　　2016年，群培一家被纳入建档立卡贫困户。被纳入贫困户后，群培心里很不是滋味，他不愿意就这样依靠国家政策过日子。"等我病好了，一定要靠自己的双手尽快脱贫，让你们都过上好日子。"群培常对家人说。

　　2017年9月，群培一家搬迁到了隆子县隆子镇叶巴村，住进了100平方米的独家小院。由于叶巴村的海拔比普卓村低，气候也温暖湿润许多，群培的病情逐渐有了好转。"住进了像宾馆一样好的房子，太幸福了，我们都非常高兴。感谢党的好政策。"群培满怀感激地说道。

　　扶贫重在扶产业，产业"造血"是脱贫攻坚的治本之策。为实现"搬得出、稳得住、能致富"的目标，隆子县依托"十三五"扶贫产业项目，成立了隆子县隆子镇"菜篮子"工程，园区基地占地259亩，项目总投资5160.41万元，现有生产温室244座，采取"公司+基地+贫困户"的运作模式，可实现年生产蔬菜200万斤。2019年，"菜篮子"基地为370名脱贫户每人分红了1000元，帮助98人就业，其中贫困户62人。

当地群众借助产业发展机遇，在"菜篮子"基地努力学习种植技术，用勤劳双手摆脱贫困、增收致富，群培就是其中之一。群培和妻子开始在"菜篮子"基地工作，日子渐渐有了起色。在基地，群培努力学习蔬菜种植技术和农机具使用方法，经过自己的不懈努力，群培在施肥、培土、育苗、操作农机具等方面都十分精通，成为了一名合格的技术人员。

"菜篮子"工程，不仅成为了当地群众脱贫致富路上有力的"助推器"，还丰富了当地群众的餐桌，为群众身体健康提拱了保障。

隆子县属于高寒地区。以前吃蔬菜，很多家都是自己种，本地只能种出萝卜、土豆、白菜之类的简单蔬菜，一年四季餐桌上也就是这"老几样"。要想吃点新鲜的，就得买从外面调运来的蔬菜，因为价格比较贵，很多家庭都买不起，吃不起。

近年来，得益于"菜篮子"基地的建成实施，隆子县的百姓在食用蔬菜方面有了更加多样的选择。"现在我们大家购买蔬菜的首选，就是去菜篮子工程在县综合菜市场设立的销售点，选择多，又便宜，吃着也放心，所有蔬菜施得都是有机肥，一直没有用过农药。我在这里工作，知道的最清楚啦。"群培自豪地介绍道。

产业强劲发展，离不开顶层设计这个"源头活水"。山南市委、市政府高度重视产业扶贫工作，健全工作推进机制，切实提升了工作效率，规范了产业脱贫各项工作；健全资金整合机制。按照"统筹安排、集中使用，渠道不变、各计其功"的原则，山南市整合扶贫、农牧等部门资金用于产业脱贫，加大财政投入力度，市级配套落实产业发展资金1.8亿元；除此外，还健全了金融信贷助力机制，山南市积极与银行对接，有效搭建了多方合作推进金融支持产业项目发展的良好环境。已落实产业扶贫贷款资金5.9亿元，有效推动了扶贫产业项目的实施。

如今，群培家不仅住房宽敞明亮，而且实现了在家门口就业，每个月能拿到5000元工资，妻子能拿到3000元工资。2018年，群培一家自愿申请退出建档立卡贫困户，成为了凭借双手勤劳致富的模范代表。

群培的踏实稳重、勤劳肯干，大家都看在眼里，2019年7月，基地负责人安排群培做小组长，负责指导本组20多名群众种植蔬菜。而群培的热心肠也同样被大家看在眼里，其他人家办户口、转学、家里漏水、清理街道垃圾等这些大大小小的事情，群培总是高高兴兴地愿意帮忙。叶巴村的搬迁户们戏称群培是他们的"百事通"，有困难找他帮忙准没错。

党和国家除了帮助搬迁群众脱贫致富，随迁子女的入学问题也被提到议事日程上。隆子县中学、小学、幼儿园等配套设施齐全，在村干部的积极协调下，随迁子女的入学问题都得到了妥善解决。群培的两个孩子就近在县城上学，他高兴地说："两个孩子上学离家近，学费方面也不用我们操心，孩子们刻苦学习，我们家未来的生活更有奔头了。"

脱贫攻坚战打响以来，隆子县除了切实"扶真贫、真扶贫、真脱贫"，闯出精准扶贫的新路子外，还着力在"绿水青山就是金山银山"上下功夫，求实效，让人们在建设"绿水青山"的家乡中加快走向小康。

2019年11月，隆子县被生态环境部命名为第三批"绿水青山就是金山银山"实践创新基地。而曾经的隆子县，绿色是稀缺的颜色。隆子河谷平均海拔3800多米，冬季寒冷漫长，大风天气更是种树养树路上的拦路虎：头一天挖好的坑，第二天就被沙土掩埋；刚种下去的树苗，转眼就被风连根拔起……

"地上一根草都见不着，风刮起来，拦都拦不住。在房子里呆着，也是灰头土脸的。"一提起那时候，群培的记忆就被拉了回去。一年中近8个月的风沙天气，晴时黄沙蔽日，雨天泥沙横流，冬来寒风逼人，夏来干燥非凡，让老百姓苦不堪言。恶劣的自然环境，庄稼难成活，几近威胁着生存，更别提发展了。

◆ 隆子县隆子镇叶巴村易地扶贫搬迁安置点　摄影：梅晶石

但这里的干部群众并没有屈服：土地不平，就用铁锹、锄头平整土地；种下去的种苗死了，就重新种；没有车运输种苗，就人工扛；干旱缺水，就修水库、挖水渠……"从一开始种树，我们都是参与其中的。这几年间，我也种了不少树苗。我们的家乡走向绿色发展是我们共同的心愿，要拼尽全力改变家乡的环境。"群培说。

西藏和平解放以来，来自隆子县的列麦精神代代相传，一代代隆子人在列麦精神的指引下，艰苦奋斗，创造了人间奇迹。如今站在隆子河谷放眼望去，绵延40公里的沙棘林俨然已是一片绿洲。到了夏秋季，林间绿草青青，牛羊成群，放眼望去让人心旷神怡。沙棘林不但成为了整个隆子河流域一道美丽的风景线，更为改变当地的气候起到了不可替代的作用。

绿色发展，绿色接力，绿树变生态、生态变资源、资源变财富、财富保生态。聚焦群众稳定增收和经济发展，隆子县解决了一个又一个的难题，勇啃各个环节的"硬骨头"，让全面小康的阳光照进每一个家庭，鼓励群众向着美好生活奋力前行。

摘掉"穷帽子"的群培是隆子县脱贫群众的代表之一，在迈向小康路上，群培信心满怀，步履铿锵。群培说："在党的领导下，只要有技术、有干劲，未来的日子绝不会差。小康路上，我一定会奋起直追，绝不掉队。"

一家之主群培有话说：

"党和国家帮我脱了贫，现在我也要为群众办事，因为以前我遇到困难时，他们也帮助过我。下一步，我还想入党，继续为乡亲们服务，把我的家乡建设得更加美丽富饶。"

隆子县脱贫攻坚概况

2016年，山南市隆子县作为全区44个深度贫困县之一，精准识别并建档立卡贫困群众2535户7020人、贫困村79个，贫困发生率为21.5%。经过全县各族干部群众的不懈努力，2019年底，贫困户人均纯收入由2016年底的5443.68元提高到11663.95元，贫困发生率降为零，贫困人口全部脱贫，贫困县实现摘帽，与全市一道实现了消除绝对贫困的目标，取得了脱贫攻坚决定性胜利。

洛扎县
脱贫路上交出精彩的答卷

梅晶石

洛扎县地处西藏南部、喜马拉雅山南麓，藏语意为"南边大山崖"，是西藏自治区边境县之一。

今天故事的主人公——卓嘎拉姆和仁增拉姆母女俩就生活在洛扎县东南部拉康镇门切社区。2002年，卓嘎拉姆女儿8岁时，丈夫因病去世，体弱多病的卓嘎拉姆独自一人将年幼的女儿抚养成人。面对生活的磨难，母女俩相依为命，依靠种植和养殖牛羊勉强度日。2016年，卓嘎拉姆家因缺少技术、缺少劳动力被纳入建档立卡贫困户。但卓嘎拉姆母女俩不仅没有放弃努力，反而借助脱贫攻坚好政策，自力更生、艰苦奋斗，靠着自己的双手努力改变现状，于2018年顺利实现脱贫，逐步走向幸福的小康生活。

"丈夫意外去世，家里的顶梁柱没了，我的天一下子就塌了下来。女儿还小需要我照顾，家里到处都需要用钱，当年还跟亲戚借了不少钱，生活勉勉强强，最困难的时候我们一个月都只吃糌粑。在艰难的时候，我就看看女儿，把女儿养

◆ 幸福的合影（中间为卓嘎拉姆抱着孙女） 摄影：梅晶石

大成人是我当时唯一的信念。女儿没有新衣服穿，吃不上有营养的食品，我的心疼啊。女儿一天天长大了，再后来我们就成了乡里、村里的重点扶贫对象。"卓嘎拉姆回忆起过去，泪水不由自主地流了下来。

被纳入建档立卡贫困户的卓嘎拉姆母女俩常常因"贫困户"这个"头衔"而烦恼。她们尝试了各种办法，但由于没什么文化，没有一技之长，加上体弱多病，适合她们干的工作少之又少，服务员、清洁工……她们尝尽了生活的酸甜苦辣，日子虽稍有改善，但收入还是入不敷出。

这对母女虽然吃尽了现实的苦，但她们仍然热爱生活。她们相互鼓励，把对美好生活的向往化作前行的动力。女儿仁增拉姆说："生活已经苦了，心情再不甜点，那日子就没的过了。脱贫路上无论多苦，我和妈妈每天都保持快乐的心情。我们相互告诉对方，总有一天我们会摘掉'贫困帽'，过上向往的好生活。"

近年来，洛扎县把"双业"培训业务的宣传和落实视为首要任务。女儿仁增拉姆积极申请参加了山南市保育员培训班，由于没有学历，她一直担心自己通不过保育员培训考试。培训期间，她比别人付出更多的精力和时间去学习去请教，逐渐变得自信起来。在老师的帮助和她的努力下，仁增拉姆以优异的成绩通过了所有考试科目，拿到了保育资质证书。2016年，在政府的安排下，她成为镇幼儿园的一名工作人员，月工资2000余元，让这个小家的生活渐渐有了起色，日子一天天地好了起来。讲到如今的幸福生活，仁增拉姆自豪地说："是党和国家给了我参加培训的机会，还给我安排工作，让我可以通过自己的努力丰衣足食。现在我还年轻，我还要学习更多的技能，减轻妈妈的负担。"

2017年，仁增拉姆认识了多吉朗杰，两人从相识到相恋，很快便走进了婚姻的殿堂。这对年轻人的结合，让这个贫困家庭出现了新的活力。

多吉朗杰曾参加过县里举办的大货车驾驶技能培训班，掌握了大货车驾驶技能。他们商量着贷款了5万元再加上家庭积蓄购买了一辆货车，多吉朗杰跑起了运输，也跑向了致富路。2018年，拉康镇小康村建设项目、219国道项目、拉康镇电站等重大项目的建设中，大货车的使用率极高。在这些项目建设过程中，人们总能见到多吉朗杰以饱满的精神忙碌在工地上，他努力、勤奋的样子被很多人看在心里，也在暗暗为他鼓劲。经过努力，一家年收入达到了10万元。2018年底，卓嘎拉姆一家主动递交了脱贫申请书。

卓嘎拉姆家的老房子年久失修，加上长年自然灾害的影响，屋顶、墙面都出现了小裂缝，一到下雨天，屋外下大雨，屋里落小雨。她们努力挣钱攒钱，就是要实现盖新房的心愿。

2018年，村里建设小康村时，一直想改善居住条件的卓嘎拉姆一家主动缴纳了自筹款，一年以后小康村一排排漂亮整洁的新房拔地而起。2019年年底，他们从海拔4100米的门切五组搬迁到"门切次巴鼎"，享受到了第一批小康村搬迁政策。搬进新房后，他们新购置了冰箱、洗衣机等电器。"以前住的地方不仅破旧，也没什么像样的家具，而且交通、生活用水都很不方便，买个东西到乡里，还要走一个小时的路程。每天背水也要走很远的路，现在水龙头一打开，自来水哗哗地就流出来了。"

记者在卓嘎拉姆家里看到，各种现代化的家电应有尽有，家具干净整洁，卓嘎拉姆精神格外好。她说："国家出了大部分钱，为我们盖了新房子，现在回想起来都有点不敢相信。"

脱贫后的卓嘎拉姆一家，并没有因此松懈下来，而是继续朝着更加美好的日子奋斗。女儿在幼儿园当保育员，女婿跑运输，卓嘎拉姆也没闲着，在照顾孩子

◆ 卓嘎拉姆家宽敞明亮的新房　摄影：梅晶石

之余，她还跟着邻居学了手工编织技术，空闲时就跟着邻居一起做手工编织，虽然收入不多但她乐在其中："我们一家虽然2018年底就脱贫了，但并不能因此就降低对自己的要求，决不能再返贫，那样就真的对不起政府了。虽然我老了，能干的活也不多了，但能替孩子们分担一点是一点。"

2019年，卓嘎拉姆家购买了一辆崭新的皮卡车，社区里有困难家庭需要用车，她总是热情地让女婿去帮忙，只收取加油的成本钱。"我以前也是贫困户，我太知道那种没有钱的无助了，伸把手帮个忙自己也没有什么损失，能够帮助有困难的乡亲，我自己非常快乐。"

2020年，卓嘎拉姆一家的总收入达到了12万多元，人均收入达到了30521元，不仅脱了贫，更实现了小康。目前，卓嘎拉姆一家还准备在省道旁开一家社区商店，既方便社区群众，又能增加自己的收入。卓嘎拉姆家的脱贫故事只是西藏几十万贫困人口脱贫的小小缩影，过去几年无数这样的故事在这片高原大地接连上演。

卓嘎拉姆常念"吃水不忘挖井人"，她常和别人讲，她们一家的脱贫致富离不开党的好政策，离不开精准扶贫的好政策。卓嘎拉姆和仁增拉姆母女俩的故事被村民们传到了更远的农牧区,也坚定了更多的群众感党恩、听党话、跟党走的信心和决心。

一家之主卓嘎拉姆有话说:

"特别感谢党和政府,现在的幸福生活都来自党和政府的关心关怀。在政府的帮助下,不但脱贫了,还给孩子们解决了就业问题。今后我们要更加努力工作,听党话、感党恩、跟党走,珍惜现在的幸福生活。等我的孙子长大了要供他上大学,学习科学知识,再不能吃没文化的亏。"

洛扎县脱贫攻坚概况

五年来,洛扎县始终把精准扶贫、精准脱贫作为头等大事和"一号民生工程"来抓,坚持以脱贫攻坚统筹经济社会发展全局,凝心聚力、攻坚克难,采取一系列有力、有效、有针对性的措施,实现建档立卡贫困户1177户3224人稳定脱贫(2016年稳定脱贫1144户3167人,2017年稳定脱贫31户53人,2019年稳定脱贫2户4人)、26个村(居)整村退出贫困,综合贫困发生率下降至零,建档立卡贫困群众人均可支配收入达到16267元,"两不愁三保障"脱贫标准基本实现,精准扶贫工作取得历史性胜利。

扎囊县
携手喜迎幸福新生活

张一帆

清晨,冬日里第一缕阳光掠过雅拉香波雪山、雅砻河谷,洒向扎囊县阿扎乡章达村的大地,整个村庄显得宁静而祥和。阳光透过窗玻璃落满了宽敞明亮的客厅,白玛一家人围坐在火炉旁,喝着香甜的酥油茶,说说笑笑,其乐融融。

"我家曾经是村里的贫困户,受益于精准扶贫的好政策,如今不仅脱了贫,日子还越过越好。有了党和国家的关心,脱贫致富路上,我们夫妻俩信心满满。"白玛感慨地说道。

白玛与丈夫斯达多吉一直生活在山南市扎囊县阿扎乡章达村,和许多雅鲁藏布江沿岸村民一样,一直过着面朝黄土背朝天的农耕生活,日复一日,年复一年,生活单调且贫穷。居住在并不宽敞甚至还有些脏乱的老旧房屋里,上边住人,下边养牲畜,由于贫穷根本无暇顾及卫生。家里耕地也仅有两亩,夫妻二人常常是从年初忙到年尾,收获的粮食仅够当年口粮,遇到收成不好的年份甚

◆ 主人公白玛　摄影：梅晶石

至连口粮都难以自足，忍饥挨饿是常事，需要挨家挨户去借粮食。

白玛说："当时父母年纪都大了，需要照顾，自己只能在周边打打零工，收入微薄。可这仅有的收入还得顾着给父母看病就医。当年，丈夫在外地打零工，月收入也只有两三千块钱，一年忙到头，到了年底却没有节余，那时的确很穷、很苦。"回忆从前，白玛泪珠闪烁。好在村里乡亲们通情达理，加上白玛及丈夫经常去别家帮工，口粮问题能够及时解决。

2016年，白玛一家年收入为11371.7元，生产性收入仅有1500元，被纳入章达村建档立卡贫困户。

女本柔弱，为母则刚。伴随着女儿的诞生，这样的日子让白玛愈加"焦虑"，她时常盘算着如何找到一种办法，过上不缺粮、不缺钱的好日子，让自己的孩子拥有一个快乐的童年，和别家的孩子一样穿着像样的衣服，走进学校的大门读书识字，去外面的世界走一走，看一看，也能成为一名大学生。

人们常说，机会是留给有准备的人的。当机会到来时，白玛和丈夫斯达多吉就牢牢把握住了。2017年，丈夫斯达多吉结束在外打工，带着妻子和女儿回到村里，在村委会和驻村工作队的引导和帮助下，主动报名，积极参与务工，不畏风吹雨打，踏实工作，通过在藏草苗圃基地务工，他们家当年的收入就达到了29644.77元，为脱贫奠定了坚实的基础。

转眼间，时间来到了2018年，白玛的大女儿要去镇上的小学读书了，二女儿也即将进入村里的幼儿园开启人生的第一步，随着两个孩子的渐渐长大，白玛心中对美好生活的向往更加强烈了。这时，章达村2018年江北易地搬迁点正式开工建设,为帮助本村建档立卡贫困户脱贫增收,在阿扎乡党委、政府及章达村委会的协调下,优先安排当地群众在工地务工,于是白玛和丈夫斯达多吉商量,两人一起去工地务工,孩子交给妹妹照看。夫妻俩来到工地后,虚心向工地师傅学习、努力钻研技能,尝到了务工脱贫的甜头,一来二去,斯达多吉心里慢慢有了底。通过夫妻二人的辛勤劳动,2018年白玛家的家庭收入达到了57202元,比2016年翻了5倍。

虽然收入增加了,但是丈夫斯达多吉心想脱贫只是新起点,想要日子过得更好还要多想办法,拓宽增收渠道。这些年走南闯北务工,斯达多吉主动学习了装载机驾驶技术,附近工地老板经常请他去工地驾驶装载机。"这些年来,虽然脱贫致富路不平坦,但我从来没有失去信心。我和妻子勤劳肯干,又有国家政策的扶持,我相信日子一定会越过越好!好日子要靠自己奔,勤劳才能致富,多流汗的日子总会越过越好的。"丈夫斯达多吉说。

此前,白玛一家人"蜗居"在祖上留下的老房子里。因年久失修,遇到雨天屋顶就会漏雨,冬季窗户漏风更是家常便饭,一家人的居住条件特别差。"以前的老房子不大,我和妻子挤一间,父母孩子挤一间。家里一没厕所,只能用村里的

◆ 白玛一家(右二为白玛)　　摄影:梅晶石

◆ 白玛的两个孩子　摄影：梅晶石

公厕；二没热水器，想洗个热水澡都没有办法。当时的老房子墙体开裂，地基沉降，又阴冷潮湿，住起来不知道有多糟心。"谈起过去，白玛的眉头不由地皱了起来。

2019年，白玛一家通过易地搬迁政策，终于住进了梦寐以求的宽敞明亮的二层小洋楼，拥有了干净整洁的小院子、清澈的自来水、24小时不间断的供电。白玛一家如今也开启了幸福的生活模式：一家人坐在宽敞明亮的客厅里，喝着香浓的酥油茶，看着电视，聊着对未来生活的规划。"盼了二十多年，多亏党和国家的好政策，多年的梦想终于得以实现，今年我们可以在新房里过上幸福年了。"谈起新房，白玛掩饰不住内心的喜悦。

党的好政策加上夫妻俩的努力，最终了却了妻子白玛的"心头病"，夫妻二人合力筑就了"幸福巢"。2020年，在扎囊县政府的帮助下，白玛经过培训和考试，成为了阿扎服务区泽贡高速管理局的一名保洁员，每月工资有3500多元，实现了就近就便就业，在保证了家庭收入的同时还可以兼顾孩子的学习成长。白玛高兴地说："是党和国家的好政策帮助我们脱了贫，是驻村工作队一遍又一遍地给我们宣讲脱贫政策，帮我们找到了新工作，我想请各级政府放心，我们一定会继续加油，为了美好的未来奋斗。"

记者留意到，白玛一家现在的新家里电视、冰箱、空调、热水器等家电应有尽有。"现在想洗个热水澡，一打开热水就可以哗啦啦地来；吃不完的饭菜，放在冰箱里，第二天热一下也可以接着吃。这日子，比起以前不知道轻松、舒服了百倍、千倍呢。"白玛高兴地说道。

在新家里过年，一切都是新的开始。说起新年愿望，白玛满怀期待，言语间尽是对眼前幸福生活的喜悦，更有对未来生活的美好憧憬。

一家之主白玛的丈夫斯达多吉有话说：

"孩子是我们夫妻俩奋斗的动力，也是我们家庭的未来，我希望她们好好学习，懂得感恩，将来不管是在哪里学习工作，都一定要感恩，孩子们一定要学会感恩。学会感恩党的关怀，学会感恩社会，学会感恩曾经帮助过我们的所有人。我们现在的幸福生活来之不易，孩子们不知道以前日子过得有多艰难，我是从苦日子中过来的人，明白现在的幸福生活来之不易，我希望孩子们也可以明白。将来成为一名对家庭负责对社会有用的人。"

扎囊县脱贫攻坚概况

2016年以来，扎囊县共减贫1395户5645人，62个贫困村顺利退出，完成易地扶贫搬迁315户、1380人，贫困发生率从2016年年初的21.59%降至零，群众认可度达99.85%；2019年2月，西藏自治区人民政府决定扎囊县退出贫困县。脱贫摘帽后，扎囊县坚持"四不摘"工作要求，聚焦"两不愁三保障"脱贫标准，精准发力、综合施策、标本兼治，2020年脱贫人口人均纯收入达到11200元。

曲松县
"炒"出来的幸福生活

梅晶石　曲珍草

曲松县隶属于西藏自治区山南市，北邻桑日县，南抵隆子县，东靠加查县，西接乃东区。曲松，藏语意为"三河"，即色布河、江扎河和贡布河。因这三条河贯穿全县境内，因此而得名。

从曲松县县城向南3公里，就到了下洛村。宁静美丽的下洛村，2013年曾被评为西藏自治区生态村。下洛村地理位置、旅游条件并不占多少优势，但这里的冬夏商店却远近闻名，其实冬夏商店是间规模并不大的餐馆，每天县里有不少群众不辞辛劳开车来到这里吃饭，或者定好餐食开车过来取。小小村里的冬夏商店如此受"追捧"，这引起了我极大的兴趣。

带着满心的疑惑，我走进了冬夏商店。"您请坐，您想来点什么？"老板白玛卓玛热情地招呼道。我点了餐后，便与白玛卓玛攀谈了起来。"商店的名字是我女儿旦增卓嘎取的，她很喜欢冬天和夏天这两个季节。"白玛卓玛脸上洋溢着

◆ 白玛卓玛（前排右一）和家人在自家商店前合影　摄影：梅晶石

幸福的笑容。

　　白玛卓玛家有五口人，生活虽然清贫，但一家人和和美美。然而，生活总爱开些并不友善的玩笑。2015年，白玛卓玛的儿子洛桑坚参从床上掉下来摔断了腿，在拉萨经过多次治疗才痊愈。母亲随之又诊断出患有白内障，需要马上做手术，两位亲人的治疗费花光了白玛卓玛家里所有积蓄。

　　2016年，下洛村村"两委"了解情况后，将白玛卓玛一家纳入了建档立卡贫困户。针对她家的情况，村"两委"高度重视，及时成立教育引导小分队，通过入户调查、交心谈心、"一对一"教育、跟踪走访，帮助她放下思想包袱，打开思路，积极寻求脱贫路径。经过多次劝导鼓励，白玛卓玛的丈夫洛桑达瓦敞开心扉告诉工作队："被纳入贫困户后常常感到脸上无光，如果自己能有一技之长，日子就会好过些。"根据工作队的建议，洛桑达瓦决定学木匠手艺。说干就干，2017年他拜了同村村民洛桑为师，学习推刨子、拉锯、划线、砍斧等技能，原本有一点木匠手艺的他很快就掌握了操作要领。出师后的洛桑达瓦开始接活儿，他踏实肯干，做出的木工活精细，渐渐地名声传了出去，村民们都纷纷邀请他到家里做工。

　　女主人白玛卓玛在家也没闲着，除了照顾家里的老人孩子外，她还养藏鸡，

藏源山南

做手工活，生活慢慢有了改观。

2018年，白玛卓玛一家自愿申请退出建档立卡贫困户。但两口子清楚，脱贫摘帽不是结束，而是新生活的开始。为了增加收入，2019年，他们拿出这些年的积蓄开了一家餐馆，就是我们前面提到的"冬夏商店"。

"刚开业时，每天只有五六个人吃饭，但是我并没有气馁，每次客人吃完，我都会问问他们对我家饭菜的意见，听听别人的建议。晚上我就琢磨菜品，改进味道，力争每天都在进步。"白玛卓玛说。

为了提升厨艺，2019年，洛桑达瓦报名参加了曲松县人社局组织的农牧民厨艺技能培训。对洛桑达瓦来说，一个月的培训就像在他眼前打开了新世界的大门，使他眼界大开、信心倍增。他分秒必争地学习，反复操作，虚心请教。回家后，又把所学到的全部教给妻子。

"掌握什么火候，何时放调料，放什么调料，何时出锅……这些都是有讲究的，总结起来就是要注意细节，要勤学多练。"谈起做饭，白玛卓玛的眸子熠熠生辉。"我以前只会做面条、炸土豆，现在我都能做砂锅系列、各类炒菜等顾客喜欢的饭菜，而且客人们也都很认可。"她爽朗地笑着说。

夫妻俩每天起早摸黑，辛勤地经营着餐馆，从采购到炒菜，从接待、招呼客人到收拾锅碗，他们都亲力亲为，毫不马虎。功夫不负有心人，在他俩苦心经营下，冬夏商店实现了盈利。"最多时候，一天能有1000多元的收入呢。"白玛卓玛的脸上满是自豪。

"前段时间肉价涨了，好多餐馆都在涨价，但她们家的餐馆一直没有涨价。饭菜既美味又实惠，我们自然爱在这里吃。"正在店里吃饭的村民嘎玛桑旦说。

随着冬夏商店生意越来越红火，白玛卓玛家的日子越过越好。夫妻俩除了自己脱贫，还鼓舞了村里其他人致富奔小康。

"现在我们的生活比起城里也没什么差别。"白玛卓玛骄傲地说。

正如白玛卓玛所说，如今的下洛村旧貌换新颜，美丽乡村惹人爱。过去，下洛村村民喝的都是从山上引下来的山泉水，有时流水中还带着垃圾。冬季寒冷水又结冰，用水更是难上加难。2017年，下洛村实施饮水入户工程，自来水管道修到每家每户，还修建了水塘专供牲口饮水，实现了人畜饮水分离，干净又卫生。村里还设了10个保洁员岗位，专门负责路边树林和湿地的卫生，村里的路面变得干净整洁了。"和以前真是没法儿比了，以前路面上污水横流，还有牲畜的粪便，大家卫生意识差，垃圾到处扔，不知道爱护公共环境。你看现在，这么大的变化，生活在这样美丽整洁的环境中，我们能不开心吗？"白玛卓玛说。

脱贫致富不仅要"富口袋"，更要"富脑袋"。打赢脱贫攻坚战，"扶志"是基础、"治愚"是根本。曲松县落实了农牧民子女上大学资助资金，市十九项教育改革措施和1067万元教育配套经费。"如今上学这么方便，我的孩子们一定要去上学，用知识改变命运，不能像我们这一代人一样浑浑噩噩了。"白玛卓玛说。

曲松县还加大项目资金向贫困地区投入，贫困乡村基础设施不断完善，脱贫"最后一公里"问题逐步解决，交通网络日臻完善。2016年以来投入3亿余元，建设公路里程92公里，乡镇油路覆盖率和行政村公路通达率均达100%；此外，农田水利保障有力，投入5650万元实施了小型农田水利专项项目和农村饮水安全巩固提升工程，行政村安全饮水覆盖率达100%。

如今的曲松县人在家门口就可以就医，这也是白玛卓玛过去想都不敢想的。曲松县医疗保障水平不断提升，健全了县乡村医疗卫生服务体系，实现县有人民医院、妇幼保健院、藏医院，乡乡有规范化卫生院，村村有标准化卫生室。能源

◆ 幸福一家人　摄影：梅晶石

设施加快推进，投资6300余万元的县110千伏变电站建成使用，引进4.2亿元的40兆瓦光伏发电项目竣工发电，投入2825万元实施了农村电网改造升级工程，电力人口覆盖率达到99.3%，36户纳入"三区三州"规划，计划2019年开工，实现电力全覆盖。通讯邮政不断健全，投入2400余万元加大通讯基础设施建设，贫困村移动网络、宽带网络覆盖率达100%。投入120万元建设乡镇邮政服务网点4个和16个村邮站，实现邮政服务全覆盖。

曲松县的发展辐射到了下洛村，下洛村每家每户每天都在发生着变化，人们把这美好的变化转化为脱贫致富的干劲，家家的日子比着红火起来。"下一步，我想学习制作餐馆的菜单，再丰富菜类品种，提高服务水平，把餐馆越办越好。"谈起未来，白玛卓玛脸上洋溢着幸福的笑容。"非常感谢党和国家的各项政策，基础设施建设的这么好，我们还有什么理由不好好干呢？我还要不断提升自身脱贫致富能力和水平，努力带动身边贫困群众脱贫致富，靠双手摆脱贫困，靠努力奔小康，未来一定会更好！"这些朴实的话语，正是白玛卓玛一家奋力脱贫致富奔小康的最好诠释。

一家之主白玛卓玛有话说：

"曾经一度以为日子就要这么艰苦地过下去了。感谢党和国家的关心和支持，为我们创造了今日的幸福生活。我们也要坚定地靠着双手奋斗，未来在我们的努力下会越来越好！"

曲松县脱贫攻坚概况

2016年初，曲松县经过识别确定建档立卡贫困户1080户3224人，贫困发生率为21.6%。通过动态调整，确定全县建档立卡贫困户807户2763人。经过全县各族干部群众五年不懈努力，所有贫困群众人均可支配收入超过国家现行脱贫标准，21个贫困村有序退出，顺利实现脱贫摘帽，贫困发生率降至零。2020年，贫困群众人均可支配收入达到11045元，较2015年（2855元）末增加8190元、增长286.9%。曲松县脱贫攻坚工作连续三年获得自治区优秀等次，并荣获全国扶贫系统先进集体等各项荣誉称号。

贡嘎县
巾帼不让须眉

梅晶石　曲珍草

如果你在贡嘎县江塘村见到拉珍，第一眼看到的一定是她脸上洋溢着的笑容。这个典型的藏族妇女身穿藏装，一看就是个干练、乐观的人，但她的背后却有一段心酸又励志的往事。

拉珍居住的江塘村位于雅鲁藏布江南岸，是贡嘎县的深度贫困村，由于土地贫瘠，当地的农业产出一直处在极低的水平，仅仅能够满足基本的温饱问题，当地村民不得不背井离乡，外出打工维持生计。

多年前，丈夫外出打工，拉珍在家抚养孩子、照顾老人，丈夫打工的收入是家庭唯一的收入来源。靠着丈夫微薄的打工收入，一家人生活并不富足但也平安。然而2009年夏天的一场意外事故，彻底打破了他们平静的生活。

2009年夏天，对于拉珍来说，是不愿再回忆的往事。丈夫索朗在外打工突然发生意外，虽未伤及性命，但下肢瘫痪，失去了大部分劳动能力，同时也无情夺

◆ 拉珍一家人在自家院子里合影（后排右一为拉珍）　摄影：梅晶石

走了这个家庭唯一的经济来源。一时间，年迈的母亲、在读的两个孩子以及需要照料的丈夫……生活无情地把家庭重担压给了她一个弱女子。眼瞧着一家弱小老少，贫困的阴霾笼罩在拉珍心头，令她无法喘息，倍感迷茫。

在农村，失去劳动力往往意味着这个家庭失去顶梁柱。由于农村常见散活多以体力活为主，女性往往难以胜任。此时的拉珍一家，生活的希望如同大海捞针般渺茫，更谈不上脱贫了。很长一段时间，拉珍以四处借钱为生，拆了东墙补西墙，家庭生活捉襟见肘。

丈夫的医疗费、俩孩子的生活费、年迈老人的就医费、家庭日常开支、邻里间你来我往……重担像雪片般朝拉珍袭来，无助的她渴望着命运的眷顾、生活的改变。

2015年，随着贫困识别工作的开展，拉珍一家被确定为建档立卡贫困户。一系列优惠政策阳光般照耀到了这个挣扎在贫困边缘的家庭：丈夫的医药费得到了报销，两个孩子的学费也被减免，困扰他们6年的生活压力像冰雪被渐渐融化。

党的脱贫政策重振了拉珍改变现状的信心，拉珍觉得光享受政策，自己不努力脱贫，这绝不是长久之计。她是这么想的，也是这么做的。

2016年，在当地扶贫干部和村"两委"的鼓励下，拉珍参加了贡嘎县组织的厨师培训。通过为期30天的职业技能培训，拉珍学会了20多道菜的烹饪方法。此次培训，为拉珍敞开了一扇门，帮助她找到了解决贫困问题的新思路。

培训结束后，拉珍通过银行的小额贷款贷到了5万元，在当地开办了"江塘羊卓藏餐馆"。和大多数初闯市场的人一样，由于没有经营经验，餐馆开办初期，人员管理和财务管理都遇到了很多问题。

"日子虽然很苦，也常感觉势单力薄，但我的餐馆是家里仅有的收入来源，看到一家老小我实在没办法放弃。"拉珍咬着牙，一次次地把眼泪咽到肚子里，像个男人般站在生活的大风大浪中。

黑暗过后，总会迎来黎明。拉珍坚持诚信经营，改进经营方法，保证食材质量，她的藏餐馆逐渐赢得了村民们的信任，村里人都称赞她家的茶好喝，饭好吃，价格公道，服务周到。随着经验的积累，拉珍的藏餐馆慢慢步入正轨，她也开始招募人员，以腾出精力更好地平衡家庭和事业。

拉珍对美好生活的执著和对家人的牵挂，也使她赢得了家人的爱戴，特别是丈夫的理解。家和万事兴是亘古不变的道理，也在这个高原普通农户家庭中得到了最好的印证。

多年后，丈夫索朗回想起当时妻子所受的苦，无比感动："当年她一个女人家，家里只能指望着她，一定特别苦，我们也帮不上她。多亏她一直在坚持。如果没有她，这个家早就散了。她的坚持慢慢地让我们有了勇气和信心，也让我们

◆ 幸福一家人（右二为拉珍） 摄影：梅晶石

看到了生活的希望。"

　　过硬的手艺和诚信的服务，再加上良好的口碑，拉珍的餐馆生意越来越好，她不仅还清了贷款和之前欠下的债务，还将家庭从入不敷出的境地解救了出来，过上了略有盈余的生活。拉珍的家人从理解她到支持她，积极帮助她经营餐馆，照顾家庭，一家人一扫往日的阴霾，变得相亲相爱。

　　"看到拉珍那么努力，我们的心里也很受触动。"回忆起过往，索朗眼里闪烁着点点泪花。"我就觉得，她那么难却还在坚持。我的腿不好使了，但有手，我做些力所能及的事，一定能帮到她一些。"

　　长大了的两个女儿开始在拉珍的餐馆帮忙，行动不便的丈夫也力所能及地承担起一部分生活事务，拉珍的努力让整个家庭的面貌得到了极大的改变，家庭的鼓励和支持更加坚定了拉珍全力以赴搞好经营，早日脱贫致富的信心和决心。

　　众人拾柴火焰高。2017年，拉珍家的人均收入达到了5400元，相比前一年增长了近两倍。2018年年初，拉珍一家自愿提出脱贫，摘掉了贫困的帽子。

　　拉珍一家的脱贫故事在贡嘎县江塘村引起了巨大反响，作为脱贫妇女的典型代表，她自力更生、艰苦奋斗的脱贫事迹被人们逐渐传开，拉珍也获得了"2018年度西藏自治区脱贫攻坚奋进奖"。

　　时光荏苒，拉珍的大女儿师从母亲，学得一手好厨艺，成了拉珍的好帮手。小女儿也考上了大学。在欣慰生活的回馈之余，这位母亲还有展望："看到家里的后辈如此争气，我真的很高兴，以前的辛苦都有了回报，未来的生活也一定会越来越好的。"

　　如今，江塘村已经建成了江塘新村，宽敞明亮、干净舒适的二层藏式小院成了村民的新家。"江塘羊卓藏餐馆"已经成为了江塘新村里最火的餐馆之一，每天一早，餐馆热闹非凡，人声鼎沸，前厅和后厨都有拉珍忙碌的身影。

　　脱贫后，村干部说服拉珍担任了当地的"四讲四爱"宣传员，拉珍把她脱贫的经验分享给了更多的人。她讲的最多的是：不能光依赖补贴收入，而是要靠自己的双手创造幸福生活。

　　"以前，大家以为我家缺了'顶梁柱'，日子肯定没法过了。但是在党和国家的帮助下，我们家不仅摆脱了贫困，日子也一天天好起来了，我一个文盲都能成功，何况大家呢？我相信只要大家努力奋斗，就一定能创造美好生活。"拉珍的宣讲是具有感染力的，聆听者们很难想象一个失去劳动力的家庭如何改变生活状态，摆脱贫困，拉珍的亲身经历给了他们很大的鼓励。

随着宣讲范围的不断扩大，和当年拉珍家境相似的更多人得到鼓舞。聆听了拉珍的故事，他们坚定了改变贫困、走向富裕的信心。贡嘎县的扎西多布深有感触地说："我以前听说过江塘妇女脱贫的故事，想着一定是夸张宣传的，但是这次听到宣讲的细节让我很受鼓舞。我家的条件比她好多了，没有年迈的老人，也没有人失去劳动力，听她的宣讲对我帮助很大，我相信未来只要我们努力学习新技能，生活一定会越来越好的。"

对于已经成为致富带头人的拉珍而言，现在的宣讲既是帮助其他村民，也是对自己脱贫的回顾和对未来的激励："每次讲完我的故事，我都会和村民进行交流，从他们那里得到启发，也能让我更清楚自己该做什么，未来该怎么做。"

2020年，45岁的拉珍被评为劳模。拉珍认真地说："我希望有更多的人知道，'等靠要'解决不了贫困，自力更生的生活是最稳固的。"

一家之主拉珍的母亲云旦德吉老人有话说：

"人在任何时候，都不能失去信心，只要愿拼、愿干，日子会越来越好！党的扶贫政策这么好，我们心怀感恩。我们既要摆脱思想上的'贫'，更要踏踏实实勤劳苦干，用自己的双手创造出好光景。"

贡嘎县脱贫攻坚概况

2016年贡嘎县识别建档立卡户2276户7799人，深度贫困村（居）14个，深度贫困乡（镇）4个，贫困发生率为20.5%；经过全县各族干部群众的不懈努力，2016年，238户985人脱贫，5个行政村规范退出；2017年，311户1156人脱贫，8个行政村规范退出；2018年，760户2717人脱贫，23个行政村规范退出，全县实现脱贫摘帽；2019年1月29日自治区下达批复，贡嘎县正式退出贫困县序列；2019年，剩余贫困户34户103人全部脱贫，贫困发生率降至零，并平稳保持至今，建档立卡户全面稳定实现"两不愁三保障"。经多次动态调整，截至2020年12月31日，全国扶贫开发系统内建档立卡脱贫户1236户4556人（以上数据均不包含系统内浪卡子县的43户163人）。

琼结县
团结之家的甜蜜致富路

普 珍

"吐蕃故都,雅砻绿谷",这样同时涵盖历史渊源与自然风光的美称形容的就是山南市琼结县。谈到琼结县,一定绕不开藏王墓——吐蕃第29代赞普至第40代赞普、大臣及王妃的墓葬群。吐蕃著名的政治家、军事家松赞干布和从千里外大唐而来的文成公主,带着一段流传千古的民族团结佳话长眠在这里。

千百年前的藏汉联姻佳话在雪域高原口口相传,今天这片历史悠久的土地上仍在上演民族团结的动人故事。在琼结县加麻乡扎西村,一对藏傣结合的夫妻不仅将民族团结、勤劳踏实等美德传承了下来,还带动当地群众增收致富,一时传为美谈。

从拉萨出发,经过山南市区,一路干净整洁的硬化公路给记者一行留下了深刻的印象。大约三个小时的车程,就来到了扎西村。伴着爽朗的笑声,尼玛曲宗前来迎接记者,"请来我办公室坐坐吧,我倒杯酥油茶给你们喝。"今年32岁的尼玛曲宗精神焕发,满面笑容,浑身充满了力量,她现在可是平若水磨糌粑加工

◆ 幸福同框（前排右一为尼玛曲宗）　摄影：西热多久

专业合作社的负责人。如果不提，没有人会想到她曾经的生活经历。

"小时候我们家里的条件非常差，真的是想起来就很难受。"1992年，尼玛曲宗4岁，她的父亲就因病去世了。母亲一人辛苦抚养着四个孩子，起早贪黑到地里干农活、到山上放羊，家里的酥油都不舍得吃，攒一些就卖给村里或乡周边的人，一家人常常吃了上顿没有下顿。11岁时，为生活所迫，尼玛曲宗被母亲送去拉萨做保姆，以此讨生计，"那户人家自己也不富有，我还是很少吃饱。"她摇摇头，不想再谈起那段不美好的记忆。

16岁时，尼玛曲宗独自来到青海格尔木打零工，"什么活儿都干过，后来主要在做采摘红枸杞、黑枸杞的工作。从饭馆打工到建筑工地干活，两年时间就这样过去了，也没能给家里寄什么钱。但是我不甘心，想去找一些其他活儿干。"她回忆道。于是，有想法有干劲的尼玛曲宗开始了数年的漂泊生活，"先在郑州呆了三年，卖咱们西藏的土特产，全国好多地方我都去过。"她爽朗地笑起来，"然后就认识了我老公白龙刚，他是云南傣族人，我们俩很合得来，就在一起了。"

在外闯荡数年，尼玛曲宗夫妻有了想稳定下来的念头。二人便来到青海，靠这些年赚到的钱承包了几亩地，想种植黑枸杞和红枸杞，可惜天公不作美，遇上了天灾,夫妻俩赔进去许多钱,以失败收场。

2019年,尼玛曲宗夫妻回到琼结县的家中。本来只是小住,但年事已高的母亲拉着尼玛曲宗的手,讲这些年来家里的事,也讲近年来党和国家带来的好政策,让她留下来。"我确实被好政策打动,和丈夫商量后决定留下来自主创业。"她说。但是创业具体应该做什么呢?夫妻俩犯了难。

挫折和问题难不倒有心人。尼玛曲宗四处考察后发现,本村有数年糌粑加工历史,积累了较丰富的加工经验,甚至尼玛曲宗的舅爷都会这一技能。方向终于确定下来,同年8月,在县委、县政府和加麻乡党委、政府的支持下,尼玛曲宗牵头创立了平若水磨糌粑加工专业合作社。

合作社创立伊始,就遇到了许多困难。首先是经费问题,尼玛曲宗夫妻从银行贷款30万,加上县政府和乡政府支持的13万元,终于建起了厂房,买到了机器。"建厂房那段时间正好遇上天天下雨,有一天晚上厂房的墙倒了,我感到很不顺,就哭了一场,赌气地想干脆就不做了。"尼玛曲宗回忆道,"但哭过之后想想现实,还是咬咬牙坚持做下去。"

2020年,厂房与机器解决了,新的问题又接踵而至:水磨糌粑做出来了,却

◆ 平若水磨糌粑商店　摄影:西热多久

没有像样的包装，这当然对糌粑的销售有着很大影响。"我不得不拿出结婚时候丈夫送的金项链、金手镯这些首饰，打算去卖。但一开始不舍得呀，去市里的首饰店晃了一圈又回来了。"说起这件事，尼玛曲宗眼角泛起泪光，"后来想想产品包装需要资金，想想我们带动大家致富的愿望，我又咬咬牙去了。当时还不敢告诉丈夫，骗他说我去市里开会，就把这些首饰都卖了，靠着这一小笔钱终于解决了这个问题。"

"后来丈夫知道了吗？他是什么反应呢？"听了这个问题，尼玛曲宗噗嗤一声，不好意思地笑了，"他当然还是知道了，但是没说什么，他还是支持我的，只说到时候带我回云南的时候得准备一点首饰，免得家里人伤心。"家人的支持永远如此温暖，丈夫白龙刚除了在合作社的工作上默默支持尼玛曲宗，还靠自己电焊的技能外出接零工，为家里带来一年8万余元的收入。

困难就像风雨，乌云压境的时候固然逼得人喘不过气，但风雨过后就会见彩虹。如今的合作社集农业生产资料供给、农作物生产技术指导、农产品销售、新品种试产于一体，采取营销+加工的经营模式，以售卖水磨糌粑和本地豌豆制作的"高原黑豆面"为主，合作社办得有模有样。

尼玛曲宗和本村的群众建立起了稳定的合作关系，以比市场价略高的价格收购青稞和其他作物，还招聘了村里曾经是贫困户的11人来到合作社工作，并和他

◆ 琼结县全貌

们签订分红协议。"风险自己担,利润大家享,这是我的一点心意。我们赚到多少钱,就要用这些钱帮助大家增收致富奔小康。"尼玛曲宗坚定地说。

琼结县政府和乡政府也积极扶持自主创业的尼玛曲宗,拨款支持、提供培训、免费送来青稞种子、时刻关注合作社需求……"要想富,先修路"。交通瓶颈是制约琼结脱贫攻坚的最大短板,为拔掉这个穷根,琼结县不断加大公路建设力度,修建了一条条"发展路""富民路",获得"四好农村路全国示范县"荣誉称号。"我们这里的公路修得可好了,柏油路铺到合作社门前,还带动了路过的游客和本地人来买糌粑。"尼玛曲宗和身边人都自豪地挺起胸膛。

在山南市委、市政府的坚强领导下,在山南市生态环境局的关心和指导下,琼结县以湿地保护建设管理工作为契机,进一步加强环境综合治理,不断创新完善生态环境保护各项工作。在垃圾分类和处置方面,琼结县也走出了新模式,那就是户分类、村收集、乡运输、县处理,加之环保基础设施的不断完善,琼结县的人居环境整治工作十分亮眼。"现在我们的卫生环境好多啦,你看这路又干净又整洁,大家的卫生、环保意识也大大地增强了。"尼玛曲宗说。

如今的尼玛曲宗一家,生活稳定幸福,创业干劲十足,"我接下来最大的愿望就是继续把合作社做得更好,带动更多人增收,为家乡发展尽自己的一份力。"尼玛曲宗坚定地说道。

一家之主尼玛曲宗的母亲索朗曲珍老人有话说:

"感谢党和国家的好政策,我的儿子女儿都回到了我身边,女儿的事业发展得越来越好了,两个本来游手好闲的儿子也回来安心工作。家里的日子越来越好,特别幸福。"

琼结县脱贫攻坚概况

2015年底,琼结县精准识别建档立卡贫困群众745户2389人,家庭人均可支配收入2161.72元,贫困发生率达14.35%。2017年顺利通过区、市两级脱贫验收。2018年顺利通过国家专项评估检查,实现脱贫摘帽,贫困发生率降至零。

加查县
脱贫路上齐心奋斗

张一帆

从山南市市区往东行驶，经过近3个小时的车程便来到了平均海拔2300多米的加查县冷达乡共康村。不同于西藏传统村落名音译的习惯，共康村这个名字来源于"感谢共产党，同步奔小康"。

共康村于2016年9月开工建设，项目总投资约2.1亿元，房屋占地面积708亩，总建筑面积36342.8平方米。2017年12月，369户1296人（其中建档立卡贫困户248户842人）陆续从山南市加查县、曲松县、措美县等地搬迁至此。

自建村以来，共康村以建强基层战斗堡垒为抓手，加强群众自治体系建设，坚持扶志和扶智相结合，带领群众发展高原特色农牧业，拓宽增收渠道。2019年，共康村被认定为"全国乡村治理示范村"，年人均收入达到11039元。

我们记者一行来到共康村时，索朗格桑乐呵呵地站在家门口，欣赏着自家漂亮的新房子，房前种植的核桃树、花椒树也在这个温暖的春天，悄悄吐出了新

◆ 幸福一家人（左三为索朗格桑）　摄影：梅晶石

芽。然而，2016年他家被确定为建档立卡贫困户时，人均收入只有2600余元，家庭总收入也不到10000元。

2018年之前，索朗格桑一家人还居住在日达村的土房子里，曾经的土房子修建在大山的山坡上，山坡下就有一条水流湍急的大河。"出一趟家门非常不方便。曾经土木结构的老房子也比较破旧，一家七口人只能挤在两间房里，住的地方不通电，路难走。每逢雨天，外面下大雨，屋里下小雨。吃水要到河边去提水，看病得到特别远的县城，当时的生活真地非常艰难。"说到这里，索朗格桑不禁哽咽起来。

脱贫致富的路上一个都不能掉队。共康村党支部第一书记边巴次仁，多次来到索朗格桑家中进行扶贫政策宣讲，鼓励他树立信心，索朗格桑终于下定决心要改变贫穷落后的生活状态，他也意识到，要改变现状、脱贫致富，不能"等靠要"，一定要靠自己勤劳的双手脱贫致富。于是在2017年，索朗格桑开始学习养殖技术，饲养藏鸡等家畜，家里的经济条件便一天天地变好。与此同时，索朗格桑也做起了脱贫宣讲员，空闲时就向家人转述驻村干部和第一书记讲述的脱贫故事。我作为家里的长辈，更应该知党情，感党恩。"感恩共产党，感谢总书记。"这样的话语总是挂在他嘴边。每天晚饭后，索朗格桑还不忘给家里的晚辈们上一堂"家庭党课",教育后辈要牢记党的恩情,做党的政策的传播者、推动者、践行者,永远感党恩、听党话、跟党走。

大女儿平措曲珍在他的影响下,坚定了脱贫致富的想法,在2017年4月份,她主动响应村里外出务工的号召,走出了高山峡谷,前往隆子县务工。"当时工作的地方海拔有点高,刚开始去的时候自己挺不适应的,时间长了以后发现自己还是学到了不少的东西,但让我最开心的是能够看到外面的世界,每天还有300多元的收入。"平措曲珍说道。

就这样,一家人齐心协力,努力奋斗,终于在2018年住上了新房子,一家人也从日达村的老房子里搬迁到了加查县冷达乡共康村的藏式楼房中。现在居住的房子是独家独院的二层藏式小楼,占地面积200多平方米,家里的彩电、冰箱、藏式沙发等家电、家具一样不落。"共康村基础设施配套齐全,小孩在本村就能上幼儿园,村民生病了有卫生院,村里还有超市、茶馆、餐馆,以前买东西要去县里,现在一般的生活用品不出村就能买到。这都得益于党的好政策,我们老百姓现在生活很幸福。"索朗格桑高兴地说道。现在,索朗格桑已经实现"脱贫梦",告别了贫困。

在搬入新房子之后,索朗格桑还积极参与村里的生态农业综合开发和土地流转项目,每年都能拿到3000余元的村集体分红。2018年,索朗格桑所在的共康村成立了产业发展有限责任公司,通过设立生态养殖互助组、经果林种植与销售互助组、农畜产品加工与销售互助组、劳务输出互助组、农机推广互助组,推动

◆ 宽敞明亮的新房　摄影:梅晶石

◆ 村里的幼儿园　摄影：梅晶石

农牧业规模化、集约化、标准化经营，将459.6亩耕地由村集体经营，村民可以按生产要素参与分红，实现了收益最大化。共康村党支部第一书记边巴次仁告诉记者，"共康村所在地叫莫热坝，2016年8月，这个地方定为加查县冷达乡精准扶贫易地搬迁集中安置点。目前，共康村有369户1269人，易地扶贫搬迁项目占地面积708亩，项目总投资约为2.1亿元。"在共康村的村民中，来自加查县的搬迁户有333户1121人、曲松县的搬迁户有25户102人、措美县的搬迁户有11户46人，他们在共康村都有了自己的新家。2017年，共康村实现了全村贫困人口全部脱贫摘帽。2018年，全村人均收入达到7016元，贫困发生率降为零。2019年，共康村"两委"通过发动当地群众以犏牛、牦牛"入股"，搞集中养殖，生产加工销售酥油、奶渣等畜产品；栽种核桃、樱桃、桃树等经济林700.9亩，培育"增长源"，发展特色产业，让全村574名劳动力真正做到了人人有平台、人人有事做、人人有收入。

如今的共康村，为了让搬迁群众搬得出、留得住。共康村加强创新群众自治体系建设，将全村分为7个小组、36个联户单位；广泛开展生态文明村、文明家庭等创建活动和丰富多彩的文化娱乐活动，增强群众的认同感和归属感；塑造"红心向党、协力齐心、和谐稳定、崇尚科学、勤劳致富"的精神风尚。

"我妈妈身体一直不太好，但现在参加了医保，看病几乎不花什么钱，感谢党的好政策，帮我们家解决了看病的难题。"索朗格桑的大女儿平措曲珍说道。据了解，如今的共康村村民全部都参加了医保，村民的子女也都享受到了义务教育阶段及高中阶段农牧民子女在校补助的"三包"政策,全村在校大学生全面享受自治区大学生资助政策。截至目前,共康村适龄儿童入学率达到了100%。

伴随着共康村日新月异的变化,索朗格桑一家人的日子也是过得越来越红火。大女儿平措曲珍在工作之余主动报名参与了加查县举办的厨师培训班,在培训班里,她经过刻苦努力的学习,熟练地掌握了各式烹饪技能,取得了综合成绩第一名的好成绩。在经过培训考核后,成为了共康村幼儿园的一名保育员,现在每个月都有3000余元的工资收入。平措曲珍高兴地告诉记者:"如今,我们家享受着党和国家的好政策,家里人住上了两百多平方米宽敞明亮的房子,不仅有生态岗位补助、虫草收入,还有外出打工的收入,生活过得开心幸福,我们一定会铭记党的恩情!"二女儿白玛卓嘎,在大学毕业后没有选择留在城里,而选择回到家乡就业,成为了一名乡村振兴专干。她说,当时也没想太多。一方面,是要照顾家人;另一方面,在家乡工作也是不错的选择。现在也没觉得后悔,共康村的乡亲们都很淳朴,比起留在城里的同学也不差。

一家之主索朗格桑有话说:

"感谢党的好政策,我家才能够从贫困的生活中解脱出来,过上现在的好日子。我以前做梦也没有想到自己能住上这么好的新房子,我们一家人现在的生活很幸福!说实话,现在这样的生活,就是我以前向往的生活。我坚信,在党和国家的帮助下,通过我们自身的努力,日子还会越过越好!我希望自己的两个女儿也能够珍惜现在的幸福生活,努力工作,我相信我们以后的生活会越来越红火!"

加查县脱贫攻坚概况

2016年,加查县精准识别建档立卡贫困群众813户1870人,贫困村77个,贫困发生率为9.2%。经过全县各族干部群众的不懈努力,2017年加查县实现脱贫摘帽,77个贫困村全部退出。2020年,贫困户人均纯收入由2016年底的低于2800元提高到11556.12元。2016年至2019年,累计实现减贫813户1870人,贫困发生率降为零,贫困人口全部脱贫。

错那县
从地道农牧民变身为民宿老板

梅晶石

位于山南市错那县境内波拉山南侧的勒布沟,是喜马拉雅山东段的一条南伸式大峡谷,从高寒的世界屋脊陡降到亚热带湿润地区,犹如小墨脱。勒布,藏语意为"好的地方"。这里气候宜人、物种丰富、山川秀美、鸟语花香,一年四季盛开着美丽的杜鹃花、茉莉花、月季花和各种野花。在古木与竹林相间的神秘的原始森林中沿公路穿行,随处可见峭壁悬崖,以及嬉闹的猴群和飞鸟。随着江水穿过一道峡谷口,绕过几道弯,眼前豁然开朗起来。边境小康村依山而建,错落有致,鸡犬相闻,胜似陶渊明笔下的世外桃源,让人不觉闯入了另一个世界。

索朗巴珠一家就居住在这山清水秀的"人间仙境",去年还吃上了旅游饭,一家老小日子过得红红火火。而就在几年前,他们一家还被贫困的阴影所笼罩。受气候影响,当地青稞产量很低,仅够一家人吃,加之一家人又没什么劳动技能,因此,2016年被识别纳入了建档立卡贫困户。

早年索朗巴珠一家住在海拔超过4000米的觉拉乡,粮食产量低,牲畜也少,

◆ 主人公索朗巴珠　摄影：梅晶石

加之思想保守不愿外出务工，一家人日子过得紧紧巴巴。2013年，乡里、村里的扶贫干部对他们进行了帮扶。索朗巴珠为了让青稞产量高一些，便租了邻居家的几亩地，辛勤地给青稞施肥、浇水，并且向相关的科技特派员虚心讨教相关种植技术，一年下来粮食产量比以往多了不少，填饱肚子的前提下还可以卖一些。空闲时间，索朗巴珠还到附近的工地上打打零工，以此来贴补家用，日子渐渐有了起色。

然而天有不测风云，人有旦夕祸福。2013年底，一场意外事故导致索朗巴珠久病在床，不仅不能再出去干活赚钱，甚至把家里的积蓄都花光了，所有的重担全都压在了妻子身上。最困难的时候，甚至买生活必需品的钱都需要找亲戚借。2016年，索朗巴珠一家被纳入了建档立卡贫困户。扶贫干部根据实际情况，还把他们夫妻俩都纳入了生态岗位，每年他们一共多了6000元的收入。在政府的帮助下，他们渡过了难关，索朗巴珠的身体也渐渐康复了。"如果没有国家的免费医疗以及各项惠民政策，我可能现在还躺在病床上，感谢党和国家为我们做的这一切。"索朗巴珠感激地说道。

康复后的索朗巴珠对未来的生活充满了希望，干劲十足。久病初愈的他有很多种致富想法。但由于身体刚刚恢复，村干部便安排他做了一名村级卫生清洁员，每个月有了1000元的稳定收入。"虽然我干劲十足，但那时候久病初愈，干不了重活，正当我一筹莫展的时候，乡里和村里的扶贫干部告诉我，为我安排了在家门口清洁员的工作，我当时激动坏了，这份工作不但给我家增加了一笔收入，还坚定了我的信心，非常感谢他们的帮助。"

2017年，是索朗巴珠一家不同寻常的一年。儿子高中毕业后外出打工，由于没有专业技术，他便到工地上做小工，每天有180元的收入，脏活、累活他都是抢着干。他吃苦耐劳的精神感动了一名拖拉机驾驶师傅，老师傅决定收他为徒，教他拖拉机驾驶技术。他对学习技术充满了期待，因为在工地开拖拉机的工资是每天250元，还相对轻松。由于他从小就看着爸爸开拖拉机，便充满了信心，认为很快就可以学会，然而专业技能的学习不是一蹴而就的，学习过程中各种困难接踵而至，但他没有向困难低头，他的所有空闲时间都在跟着师傅学习，几个月下来他"驯服"了拖拉机，学会了驾驶技能，考取了资质。在师傅的推荐下，他在工地上成为了一名建筑材料运输员，家里闲置的拖拉机也派上了用场，每天的工资收入也多了不少。"当初没能考上大学，很难过，不知道自己以后能干啥。后来学了拖拉机驾驶技术，我也有能力为我们家赚钱了，我很自豪。将来我还想学习大货车驾驶技能，赚更多的钱改善家里的条件。"对未来有着美好憧憬的他，信心满满地说道。

索朗巴珠和妻子德吉还在政府的帮助下，学习了藏式卡垫编织技术，他们利用闲暇时间在家编织，他们编的卡垫非常精美，受到了乡亲们的喜爱。一对卡垫

◆ 幸福一家人（右一为索朗巴珠）　　摄影：梅晶石

可以卖到3000元的高价，索朗巴珠很自豪地告诉记者："2017年，光是编织卡垫，我家就赚了一万多块钱。"2017年底，他们家人均收入远远超过了国家规定的脱贫标准，夫妻二人庄重地在自愿脱贫申请书上按下了红手印，并交到了村"两委"，他们终于实现了自己的愿望——脱贫！

日子到了2020年，村里宣传鼓励抵边搬迁，索朗巴珠跟家人商量后主动申请抵边搬迁，守边固

◆ 索朗巴珠在整理自家民宿床被　摄影：梅晶石

土，于是他们把家搬迁到了位于勒布沟的麻麻乡。如果说2017年是他们家不同寻常的一年，那么2020年就是他们家转折更大的一年。

搬迁到麻麻乡后，居住条件有了很大的改变，从原来的土坯房住进了二层的"别墅"。搬迁房设计之初，政府相关部门就为他们增收致富想好了出路，房子一楼是供家里居住使用，二楼是三间招待客人的民宿。"我们搬家几乎就是拎包入住，国家把能想到的都给我们准备好了，不但居住条件大为改善，这里的气候也很湿润，比之前的旧房子好太多。"索朗巴珠激动地告诉记者。

搬到新家的索朗巴珠一家，十分期待吃上"旅游饭"，楼上三间民宿客房在他们的布置下显得格外温馨。然而从农牧民变身民宿老板不是一件简单的事，民宿开业之初他们就遇到了很多困难。经验不足、普通话不好、客源不足，都是一道很大的门槛。经验不足，他们便到勒布沟的酒店去讨教经验，客源不足，乡里出面，将旅游团的游客分流到各个民宿，客源解决了，最大的难题就是和客人的沟通，为了学普通话，索朗巴珠甚至制订了"家规"——在家里必须讲普通话，几个月下来，索朗巴珠的普通话就说得十分流利。"由于我家民宿开业的时候已

经过了旺季，2020年只有几千元的收入，但是客人们都非常认可我们的民宿，说以后要把亲戚朋友都介绍过来，我十分高兴，我要学习更多的经营经验，明年争取多赚点钱，让我们家的生活变得更好。"

抵边搬迁后的索朗巴珠还常常回到原来住的地方，自发地做起了一名宣讲员，他把搬迁后的幸福生活讲给乡亲们，把党的好政策讲解给乡亲们，希望有越来越多的人搬迁到小康村，不但可以改善居住环境、增收致富，还能为祖国守边固土。如今，村里越来越多像索朗巴珠一样的人搬到了勒布沟，和他共同吃上了"旅游饭"。

错那县还十分重视集体经济发展，开办了很多合作社，本县的居民身份就是入股的"资本"，县里所有的乡亲们都可以拿到分红。2020年，索朗巴珠一家人均拿到了2500元分红。2020年，索朗巴珠一家总收入达到了65319元，人均收入达到了13039元，过上了原先想都不敢想的幸福生活。2021年，索朗巴珠还打算去参加厨师技能培训，在开好民宿的同时，再开一家饭店，利用好勒布沟的旅游资源，吃好"旅游饭"。

一家之主索朗巴珠的岳父达瓦顿珠老人有话说：

"能活到我这个年龄，在我年轻的时候是想都不敢想的，那时候的社会十分黑暗，我们受尽了苦难，如今在党的光辉照耀下，我们过上了幸福的生活。共产党真的是处处为老百姓着想，在真正为人民服务。我常常教育家里的孩子们，要珍惜眼前的幸福生活，坚定地感党恩、听党话、跟党走，努力学习，成为对家庭、对社会有用的人。"

错那县脱贫攻坚概况

2015年底，错那县精准识别贫困群众1178户3142人，占山南市建档立卡贫困总人数的6.1%。经过全县齐心努力，2017年经国家第三方机构考核评估，错那县退出贫困县，10个乡镇全部摘帽。2020年，全县建档立卡贫困群众人均可支配收入提升到12373元，是2015年识别之初的1.61倍。

乃东区
奋斗铺就幸福路

张一帆

山南市乃东区结巴乡滴新村有这样一个脱贫户,户主叫查斯。近年来,他依靠党的扶贫政策和自己的辛勤努力,成功走上了一条致富的幸福路。

2013年,查斯家就被认定为乡里的贫困户。查斯说:"当时的收入很低,家里的人均收入只有两千多元。由于住的地方离山南市较远,去市里的交通不便,就医、就学、出行等都很困难。当时住的房子也很狭小,一家人住得比较拥挤。除了种地,也没有其他工作可做。"说起过去,查斯皱起了眉头。他告诉记者,过去想吃新鲜蔬菜很不容易,只能到山南市里买。家里虽然有水井,但一到冬天,就冻住了,只能从河里砸冰块运到家里,储藏备用。查斯说他有个三轮车,冬天的时候就用三轮车运冰块到家里。

被确定为建档立卡贫困户后,乡村两级的扶贫干部多次到他家中,宣讲扶贫

◆ 主人公查斯　摄影：梅晶石

政策，一方面积极鼓励他重拾对生活的信心；另一方面为查斯一家申请医疗、教育等扶贫补助，降低查斯一家生活支出，为其打牢新生活的"地基"。就这样，查斯也在扶贫干部的帮助下，逐渐有了脱贫致富的想法。

为了让全家人的生活过得好一些，经过再三思虑，查斯决定出去闯一闯。就在查斯决定外出务工时，正好赶上了山南市农民施工队正在招聘材料管理员，于是查斯抱着试一试的心态报名参加了材料管理员的培训。

查斯说，刚参加工作时遇到的最大困难就是不认识汉字，对施工队各种材料的种类认识不全。为了尽快地适应工作，查斯每天都要翻阅大量的工具书，向施工队里有经验的老师傅学习，每天早上6点起床开始学习普通话和汉字，经常是学习到凌晨12点。经过努力，查斯最终通过了公司的测试，成为了山南市农民施工队的一名优秀材料保管员。2013年，查斯有了每月三千余元的工资，但生活还是过得入不敷出。2014年，父亲病重，让一家人的生活一下跌入了谷底。给父亲看病花去了一家人多年的积蓄，生活又开始变得紧张起来。然而就在这时，村"两委"向查斯伸出了援手，为了帮助查斯家渡过难关，村委决定给查斯安排生态岗位。收入虽然不多，但在党的各项扶贫政策的扶持下，查斯家的生活也有了很大改善。

为了让一家人过上更好的生活，查斯决定继续钻研提高自己的能力。2015年，查斯学习了驾驶技术，成为了山南市农民施工队"双重技能型"的人才。天道酬勤，付出终有回报。公司领导看到查斯的进步和努力，决定给查斯提高工资待遇，查斯的工资也提高到了6000余元。

2016年，查斯积极响应村"两委"的号召，积极参与村级产业合作社的筹建工作，并开始给妻子做思想工作，妻子也在查斯的影响下主动报名参加了村里合作社的工作，成为了村养牛合作社的一名工作人员。现在妻子每年都有12000余元的工资收入。就这样，2016年查斯家顺利脱贫，当年全家年收入为83865元，人均收入16773元。查斯激动地说道："我家曾是村里的贫困户，依靠党的好政策和村里的产业分红，如今我家不仅脱贫，日子还越过越好。这也受益于国家的精准扶贫政策，一路上总会得到支持与关心，让我们坚守脱贫信念，对奔小康充满信心。"

2018年，查斯主动参与了乡里的旧房改造工程，一家人搬进了150余平方米宽敞明亮的新房。"早在新房子动工前，我就拉着泥水匠一起商量，挖多深的地

◆ 幸福满满的一家人（前排左一为查斯）　摄影：梅晶石

藏源山南

◆ 查斯夫妇　摄影：梅晶石

基，弄多宽的客厅……一定要把自己的房子搞得漂漂亮亮。"查斯变身"工程师"，亲自参与了房屋建设的全过程，几乎所有材料也都是他选购的。"这样一来省钱，二来自己亲自参与，心里踏实、高兴。现在最开心的事情就是和家人一起生活在宽敞明亮的新房子里。这几年国家的政策好，搬到这个好地方，到山南市里也非常近，交通非常方便，我们乡里就有医院和农贸市场。有个头疼脑热，都可以去医院，也不用跑很远的路。"最让查斯满意的是，家门口有了学校，孩子们上学方便了，现在大家过好日子的信心更足了。

在冬日暖阳的照射下，查斯家里显得格外亮堂。坐在查斯家宽敞明亮的新房里，听他讲述以前的生活境况。"以前我们住的是土木结构的老房子，房子不大，我和妻子孩子挤一间，父母挤一间。家里一没厕所，很不方便；二没热水器，想洗个热水澡都洗不了。老房子阴冷潮湿，住起来不知道有多糟心。"从查斯的旧房子走到新房子虽然只有百来米距离，但这一"走"，就"走"了许多年。"前些年，全家人的日子过得并不轻松。父母都有病，离不开人照顾，全家人只有自己在外面工作，收入也不是很高，还得供着两个娃娃读书成长，那时的确很艰难。"回忆起以前，查斯眼睛里闪烁着泪花。

查斯家能脱贫摘帽且日子越过越好,一方面受益于党的好政策的持续帮扶,一方面还在于他自身勤劳肯干。在脱贫的路上,查斯与妻子始终没有停下脚步。他们坚守脱贫信念,从不叫苦叫累,努力奋斗,才有了今天的幸福生活。如今查斯脱贫致富的劲头十足,他经常给子女说:"好日子要靠自己努力,勤劳才能致富,多学习,日子总会越过越好的!"

查斯家的家庭变化,是全区建档立卡贫困人口实现脱贫摘帽的一个缩影。如今,在青山绿水间,在雪域大地上,无数的脱贫户们用实际行动激励后人,一个个感人的脱贫故事,化作一张张笑脸,成为脱贫攻坚路上美丽的风景。

一家之主查斯的父亲格桑有话说:

"以前的生活很贫困,家里只有查斯一个劳动力,日子过得很不富裕。正是因为有了党和国家的关心和帮助,我们一家人才过上了幸福的生活,在我有生之年也还能住上如此宽敞明亮的房子。希望家里的年轻人好好学习,感党恩、听党话、跟党走,珍惜现在的幸福生活,肩负起建设美丽家乡的重任。"

乃东区脱贫攻坚概况

乃东区精准扶贫工作开展以来,通过精准识别、精准筛查,共确定建档立卡贫困户1943户5324人,占农村总人口的14.22%。2016年年底,乃东区脱贫攻坚工作顺利通过了国家第三方评估和自治区交叉考核验收,1942户5323人(其中1户1人是学生)建档立卡贫困群众达到退出标准,被自治区确定为全区申报脱贫摘帽的五个县区之一。2017年7月,乃东区通过了评估检查,建档立卡贫困户全部达到贫困人口脱贫标准。

桑日县
边巴的奋斗日记

张一帆

在山南市桑日县桑日镇颇章村，村民边巴正在自家新房子前擦拭着刚买不久的汽车，他憨厚的脸上洋溢着自信幸福的笑容。

今年36岁的边巴曾是一名建档立卡贫困群众，他和许多雅鲁藏布江沿岸村民一样，一直单调地过着面朝黄土背朝天的农耕生活。曾经的边巴对未来充满了焦虑，由于家庭贫困，2012年同妻子边巴曲珍结婚一直到2015年，都没有自己的住房，只能和妻子孩子们住在租赁来的一间约50平方米的客房中。那时的边巴常常说："做梦都想拥有一间自己的房子"。因为要照顾生病的父母还有两个要上学的子女，边巴与妻子只能放弃外出务工的念头，在附近打零工，日子过得十分艰难。

桑日镇颇章村的村"两委"班子、驻村工作队及结对帮扶责任人了解到边巴家的情况后，多次到家中进行扶贫政策宣讲，鼓励他树立信心，还根据实际情况将他纳入扶贫对象，为他一家人申请医疗、教育等扶贫补助，降低生活支出。

"幸好有扶贫干部帮忙，我们才撑过了那段艰难时期。"边巴红着眼圈说道。来到我家的扶贫干部常常对我说："现在日子也越过越好，我们可以帮你申请一些补贴，你们再出点钱，修个漂亮的新房子。"扶贫干部的话，一下子说到了边巴的心坎上。"苦日子好不容易熬出了头，我又是在农村生活了这么久的人，最大的心愿就是修个新房子，一家人住得舒舒服服。"边巴说道。"家庭会议"上，这个想法也得到了家人的支持。

2014年底，在国家扶贫政策的大力支持下，当地政府成功为边巴家申请到了建房补贴资金2万多元，他们一家也掏出几年来省吃俭用存下来的积蓄，又向亲朋好友借了一些，最终启动建设这个一家人期待已久的"大工程"。

2015年，房子建成，边巴一家人开心地搬进了新房，开启了新生活。但面对盖房子所欠下的外债，边巴又一次觉得困难重重。就在这时，颇章村"两委"的村干部、驻村第一书记及桑日县、桑日镇扶贫办的扶贫干部与帮扶责任人，针对边巴家的情况组成了帮扶小组，多次到边巴家和他谈心，为他想办法、出主意，

◆ 边巴夫妇　摄影：梅晶石

◆ 宽敞明亮的新居　摄影：梅晶石

鼓励他人穷志不能穷，树立了他坚决要脱贫的信心。村"两委"的工作人员也先后通过安排生态岗位、参与桑日县扶贫宾馆分红等帮扶举措，解决了边巴家的困难问题，边巴一家的生活条件也得到了极大改善。2016年，通过扶贫生态岗位、采挖虫草、务工等多种举措，边巴家庭纯收入首次达到6000元。

帮扶小组的工作人员还鼓励边巴要加强技能培训，外出务工实现增收。同桑日县人社局"双业办"联系后，推荐边巴参加了桑日县电焊工培训班，推荐他赴湖南参加汽车美容专业培训，经过技能帮扶、扶智等举措，边巴一家人也在2017年实现了脱贫，边巴也成为了村里远近闻名的致富能手。现在边巴和妻子边巴曲珍幸福地生活在新房里，由妻子照顾两个上学子女的生活。边巴家能脱贫摘帽、日子越过越好，一方面受益于党的惠民政策，一方面还在于他勤劳肯干。在脱贫的路上，边巴始终没有停下脚步。

作为共产党员的边巴不惧艰辛，经常到偏远地方务工，技能娴熟的他，成了一名合格的技术工人，他过硬的专业技术本领，得到了务工单位的一致认可。尝到挣钱甜头的边巴，越干劲头越足。在扶贫政策的引导下，边巴组织本村困难群众，通过外出务工，实现增收。边巴说："与其喊破嗓子，不如做出样子。"2018年,在他的组织下,31名村民(其中建档立卡贫困户3户3人)来到拉萨市柳梧新区务工。刚开始到拉萨工作并不轻松,村民们普通话讲得不好、生活不习惯,遇到不少困难,先后有多人想打道回府。边巴说:"刚开始自己也犹豫过,但后来一想,如果自己放弃了,乡亲们怎么办?必须坚持下来,不能让他们失望。"下班后,他就在工地宿舍门口给大家做思想工作,鼓励大家克服困难坚持下来。有些是上白班的就白天去,有些是上夜班的就晚上去,那段时间他几乎没有睡过一个安稳觉。在拿到第一个月工资后,乡亲们纷纷打电话回家报喜,因为他们拿到的工资是不少家庭一年的收入。

边巴在脱贫攻坚中,奋发图强,努力拼搏,走上了脱贫致富的道路,成为颇章村自力更生脱贫的模范。但作为党员的边巴更是心系家乡,自己脱贫致富的同时还不忘带动颇章村的贫困乡亲们脱贫致富,带领他们外出务工,创出了属于自己的致富新天地。在边巴的带动下,越来越多的乡亲们勇敢地走出高山峡谷,来到拉萨务工。"这3年,我们村和周边村的乡亲们出来务工的不少,2018年有31人,2019年42人,2020年46人,我估计明年会更多。"边巴笑着说,"这次回家,我还要向更多的人宣传外出务工的好处,用自己的亲身经历继续动员、带领

◆ 其乐融融的一家人(右一为边巴)　　摄影:梅晶石

大家出来务工。"边巴真正成为了名副其实的致富带头人!

2019年,边巴外出务工,家庭收入也是翻了一番,人均收入达到1.9万元。2020年,边巴购买了梦寐以求的汽车。

在工作生活中,边巴也时刻牢记自己是一名光荣的共产党党员,如今自己脱贫致富了,也一定要帮助乡亲们脱贫致富,发挥党员的先锋模范作用。从2018年至今,他开办脱贫技能"培训班",教授乡亲们电焊技能。与此同时,边巴还积极帮助左邻右舍完成一些力所能及的事情,发扬党员为人民服务的作风,经常主动帮助贫困户接送子女上学、外出采购等,并现身说法,教育身边贫困群众感党恩、听党话、跟党走,改变"等靠要"思想观念,引导乡亲们要主动加强技能培训,通过转移劳动力外出务工,实现稳定就业。在乡亲们的心中,边巴已经成为了自力更生、发家致富的典范。

如今的边巴脱贫劲头十足,他经常说:"这些年来,我一直忙于工作,亏欠了家庭和孩子。但我最开心的是家乡已经退出贫困,变得越来越美,乡亲们的日子也越过越好。"边巴感慨地对记者说。

一家之主边巴有话说:

"非常感谢党和国家的好政策,让我家也过上了幸福生活,接下来我还要继续努力,不光要让自己的小家庭过上幸福生活,也要帮助乡亲们过上幸福生活。我希望以后孩子们也要像我一样珍惜现在的幸福生活,努力学习,长大以后报效祖国。"

桑日县脱贫攻坚概况

2016年,桑日县退出100户342人,18个村退出。2017年,全县退出707户1892人,24个村居退出。2018年,退出13户36人。2019年,退出23户59人。2020年贫困人口全部脱贫,因人口自然增减及多轮动态调整,目前桑日县扶贫开发信息系统内建档立卡贫困人口686户2176人已全部脱贫。桑日县2016年至今,综合贫困发生率由13.91%降至零,42个贫困村全部退出。

林芝市一隅（摄影：栾远春）

灵秀林芝

西藏脱贫影像志
XIZANG TUOPIN YINGXIANGZHI

巴宜区
靠双手过上幸福生活

普 珍

林芝市巴宜区地处西藏东南部、念青唐古拉山东南麓，雅鲁藏布江与尼洋河在此相汇。这里拥有独特的气候条件和自然环境，雪山、深谷、森林、草甸，构成了林芝与众不同的自然景观，素有"西藏江南"之美誉。

沿着318国道一路前行，就来到了巴宜区百巴镇色贡村，故事的主人公仁增拉姆一家就生活在这里。曾经仁增拉姆一家人省吃俭用，才勉强得以度日。2010年，仁增拉姆的丈夫多吉向银行贷款15万元，买了一辆运输车用以外出务工赚钱，却不料在出车后下落不明，至今未归，丢下3个孩子和15万元的巨额债务。大女儿还在上小学，二儿子嘎玛肢体残疾四级，小女儿还没满月，这无疑为本就风雨飘摇的家庭雪上加霜。

丈夫失踪后，仁增拉姆曾一度对生活失去信心，对人生感到绝望。百巴镇党委、政府和色贡村"两委"得知消息后，与她促膝交流，帮她排忧解难，为她

◆ 幸福一家人（正中间为仁增拉姆） 摄影：梅晶石

出谋划策，仁增拉姆在党和国家的支持与鼓励下，重拾了对生活的信心，很快擦干眼泪，一个人扛下了15万元的债务，并承诺："他的债，我来还；孩子，我来养。我一定可以带着这个家渡过难关。"

为了这个承诺，仁增拉姆的生活彻底变了样，为了还债，为了谋生，仁增拉姆坚强地撑起了整个家，虽然有政府的生态岗位补助等资金扶持，她依旧凭着勤劳的双手和坚强的毅力，四处打零工以维持生计。日复一日年复一年，生活慢慢好了起来。仁增拉姆什么脏活累活都干，从无怨言，让大家心生敬意。

精准扶贫工作开展以来，百巴镇、色贡村"两委"以及驻村工作队把国家各项惠民政策送到仁增拉姆家，也把"一定会富起来"的信心传递给她，帮助她树立自力更生、勤劳致富的观念，并帮她修建了新房屋，落实了教育帮扶政策，彻底解决了仁增拉姆一家住房难、上学难的问题。住上了新房子，孩子们的上学之路也走得顺畅了。但收入渠道的匮乏，依然沉甸甸地压在仁增拉姆的心头。

2016年，仁增拉姆看到周围的村民靠着合作社入股等方式，一家家富了起来，再看看自己家，依旧靠着打工所得谋生，她心里像吞了一枚青果，感觉苦涩涩的。要强的仁增拉姆说道："我记住了之前政府工作人员说过的话，脱贫攻坚千难万难，最难的就是贫困群众自己的内生动力不足。我可以自己创业谋生，不甘心自己家成为全村为数不多垫底的家庭，一定能找到出路的。"她坚定地说。

一旦用心寻找，创业的机会就在眼前。林芝市风景秀丽，旅游业十分发达。2019年，林芝市接待游客突破864万人次，旅游收入72亿元，更多群众吃上了"旅游饭"。色贡村处于318国道旁，正是自驾游客进藏的必经之路。"好多游客自驾来玩，一路有风沙，那他们一定需要洗车。"经过认真地考察和分析后，仁增拉姆决定在高速入口和318国道交叉口处租一间门面开洗车场，并向百巴镇政府申请了项目资金。

创业是充满希望的，但也是艰辛的。拉姆洗车场创办伊始，因为大女儿、小女儿要上学，儿子有残疾，她每天天不亮就得起来，为孩子们穿衣、洗漱、做饭、送上学。白天洗车一人忙上忙下，非常辛苦，但为了增加家庭收入，压缩成本，她还是坚持自己干。"多雇一个人就要多发一份工资，虽然轻松了，但家庭收入减少了，还是不能成功地脱贫致富。"仁增拉姆说道。

虽然每天累得双腿像灌了铅，可仁增拉姆丝毫没有放松对技术的学习，经常钻研怎样能把车辆洗得更干净，让客户更满意。这时，巴宜区制订了转移就业培训工作计划，邀请专家、专业技术人员授课，提高建档立卡贫困户就业率，仁增

◆ 正在洗车的仁增拉姆　摄影：梅晶石

◆ 在雪山和国旗下留下幸福的瞬间（正中间为仁增拉姆）　摄影：梅晶石

拉姆积极报名参加了培训。很快，熟能生巧，她全面掌握了整套洗车技术，车洗得干净，清洗速度也练习得飞快。色贡村的驻村工作队员也积极伸出援手，经常帮衬她，给她介绍客户。"拉姆洗车场"的名气逐渐传了出去，大家都愿意到她家去洗车，生意日渐红火，仁增拉姆一家人的生活也慢慢好转。

自主创业让仁增拉姆走上了一条脱贫致富的道路，她靠自己勤劳的双手，真正做到了一人就业全家脱贫。目前，整个巴宜区农村公路通达率达100%；农牧区水利设施建设全面进入巩固提升阶段，通电、通邮、通讯覆盖率均达100%。色贡村的基础设施也不断完善，村庄面貌"大变样"，村民的精神面貌也焕然一新。

同时，巴宜区的教育事业也欣欣向荣，学校标准化建设全面推进，各阶段农牧民学生全面享受"三包"政策；基本公共卫生服务均等化深入推进，县乡村三级医疗服务体系不断健全，群众更加便利享受医疗服务；公共文化体系建设全面推进，"三馆一站"文化设施不断完善，群众精神文化生活日益丰富多彩。"现在大家都迈上了致富小康路，村里条件越来越好，看病呀，孩子上学呀，这些方面都让我们所有人感到很幸福。"仁增拉姆感慨道。

2020年，仁增拉姆一家的收入达到了4万余元。这个曾经柔弱无助的女人，硬是用自己坚持与努力，脱贫不等不靠，致富敢闯敢干，生动演绎了"生命以痛吻我，我要报之以歌"的现实剧目。她用"尽本分、守信用"的信念照亮着自己人生的道路，用自己勤劳的双手谱写了一首动人的致富曲，托起了全家的脱贫致富梦，也为身边人树立了好榜样。

一家之主仁增拉姆有话说：

"脱贫先立志，致富靠自己。以前我们家住在活动板房，欠着钱，生活非常贫困。现在政府帮助，住进了新房子，开起了洗车场，欠的钱也还清了，一切都好起来了。我现在一边干活还一边学习知识给孩子们补课，希望孩子们都能越来越好。我们真心地感谢党和国家！"

巴宜区脱贫攻坚概况

2016年以来，巴宜区精准识别并建档立卡贫困户583户1621人。截至目前，退出贫困村67个；583户1621人实现脱贫；贫困发生率由2016年的8.89%降至零，实现了贫困户的"动态清零"，建档立卡贫困群众人均纯收入由2015年的不到2855元提高至2020年的1.3万元。2017年8月，通过国务院扶贫开发领导小组组织的第三方专项评估检查，11月获得贫困县摘帽批准。

波密县
"冰川之乡"生长出的逆境之花

普 珍

林芝市波密县地理条件优越,既是林芝东大门,又是318国道上的交通枢纽和商贸重镇。春日桃花灼灼,冬日气候温和,雪山森林怀抱中的波密县风景秀丽,向来为人所称道,素有"藏王故里""冰川之乡""桃花世界"等美誉。

阳光照射下,一座处在雪山森林怀抱中的村镇逐渐显露容颜,宽敞整洁的硬化路面、鳞次栉比的藏式小楼、鱼贯进出的车辆,这就是波密县扎木镇东若村,西北边临着波密县城,南边帕隆藏布江奔腾向西,进出西藏的主干道——318国道穿村而过。

东若村的布穷一家人,居住在这样令人称羡的美景之中,却由于缺乏劳动力和就业技能等原因,一直拮据度日。家里虽有21亩牧草地与近10亩耕地,却不知如何物尽其用,只会依靠传统方式种植小麦和青稞,没少投资也没少流汗,就是增产不增收,常年入不敷出。2016年,布穷一家被纳入了建档立卡贫困户。

◆ 幸福一家人（左二为布穷）　摄影：梅晶石

困境中生长起来的花朵更加美丽。布穷一家就是这样，他们没有被贫困的日子磋磨的失去动力，在纳入建档立卡贫困户后，依旧坚定着靠努力让自家脱贫的信心，"那时候我们始终相信，好日子正在等着我们主动奔向它。"这位精神饱满的藏族阿妈满怀感慨地说。

精准扶贫政策实施以来，当地政府以强化技能培训实现就业、奖励激励稳定就业、政策帮扶拓宽就业，组织开展了装挖机、藏餐烹饪、驾驶等实用技能培训。布穷与儿子积极报名参加培训，有机会就外出务工，跑运输、打杂工，赚取的收入日渐增长，大大缓解了家里的经济压力。

要顺利而稳固地脱贫致富，光靠打零工是不可行的，必须要敢于摸索新路子、探索新方法、拿出新举措。"带你们去看我们村有名的脱贫产业！"在布穷一家人的热情带领下，我们来到了东若村生态采摘园。当问起这个采摘园的由来时，东若村的村民们争先恐后地在一边讲解起来，原来这个故事还要从几年前说起。

扶贫工作不光是写在墙上、说在嘴上、印在书上，更要体现在具体的扶贫产业项目上。东若村坚持抓产业发展促进贫困群众增收致富，按照科学发展、市场主导、因地制宜的原则，立足东若村实际，采取"党支部+党员+贫困户"集体经济发展模式，积极发展起了扶贫特色产业生态采摘园。村干部分头到每家每户劝说以土地或资金入股，到年底可以拿到分红。在大家的努力下，建成了当地第一座生态采摘园。

园区于2017年、2018年投入资金50万元分两期建成，主要种植草莓、西瓜、香瓜、黄番茄等经济果蔬。随着林芝桃花节的品牌效应和波密桃花知名度的提高，越来越多的游客走进东若村，甘美多汁的草莓西瓜等水果采摘吸引了众多游客慕名而来。"游客自己在园子里采摘草莓，可以体验采摘的过程和乐趣，感受田园生活，采摘下来的草莓50元一斤，有时还供不应求。"布穷乐呵呵地说。凭借生态采摘园，2019年布穷一家分红近4000元。

除此之外，波密县于2019年实施了高原特色化产业园羊肚菌种植项目，流转东若村土地30亩。通过出让土地、园区务工，让村民获得一份土地流转收入、一份务工收入、一份分红收入。布穷家的土地也在其中，除了一年能够赚取近8000元的土地租金外，村民们还可以自行去种植基地打工，依靠劳动力赚取收入。

回首过去，布穷一家的脱贫之路与党和国家的大力支持密不可分：草场补贴、林业补贴、种粮补贴等帮扶政策。"我和大儿子在生态岗位上每人每年都补贴，加上草补和生态补偿一万多元，而且能够通过生态岗位脱贫的方式参与到环

◆ 波密县全貌

◆ 布穷和孙子　摄影：梅晶石

境保护的队伍中，我们觉得很知足。每天上午9点到12点，下午2点到7点上班，主要是负责巡山，一旦在岗云杉林发现乱砍滥伐、狩猎等现象，就马上把情况汇报给村'两委'班子。这份工作既改善了我个人的生活，也很好地保护了环境，让我觉得很有价值。"布穷满意地说道。仅仅用了一年时间，布穷一家就退出了贫困户的行列，成为了远近闻名的幸福家庭。

吃穿不愁了，政府还贴心地为村里的贫困户们申请了修缮房屋的补贴，每户有5万元，贫困户们可以自行选择新建或装修旧房。布穷一家就在原来的房屋旁建起了温暖明亮的新房。

"除了脱贫致富，我们村的环境卫生也变得非常好。"布穷高兴地说，"以前，自家的生活垃圾都是随便倒在路边，村里很不干净。现在，家家户户都有垃圾桶，人人都养成了好习惯，加入了美丽乡村建设的行列，村里变得更美了。农闲时，我们跳跳舞、唱唱歌，生活越来越好，感觉很幸福。"

处理垃圾问题，是东若村美丽乡村建设的又一抓手。党员干部充分发挥先锋模范作用，利用党员志愿活动日、党员联系农户等载体，广泛开展房前屋后卫生整治、清理卫生死角、清除杂草等活动。在党员干部的带动下，青年团员、妇女、老年人群体也主动加入进来，营造了全员参与美丽乡村建设的良好局面。

在"党建+"工程引领下，东若村走出了一条富民强村、和谐发展的好路子，党组织成了群众有事想得起、有难靠得住的"主心骨"，村庄破茧成蝶、华丽蜕变，这里的人主动追求幸福生活的愿望越来越强烈，脱贫攻坚的内生动力十足。一幅产业兴旺、生态宜居、乡风文明、治理有效、生活富裕的美丽乡村画卷正在东若村徐徐展开。"这样的幸福生活真是以前做梦也想不到呀！"布穷一家人脸上无时无刻不洋溢着幸福满足的微笑。

一家之主布穷有话说：

"现在回想起从前的生活，就像一场噩梦，全家人最基本的吃喝问题都非常困难，更别说能穿上漂亮的衣服，住上宽敞明亮的房子了。现在的生活在我们看来，简直没有任何不满足的地方。我们对未来充满了信心与希望！"

波密县脱贫攻坚概况

2015年底，全县建档立卡贫困户972户3778人，贫困发生率11.8%；2016年减贫255户1026人；2017年减贫653户2572人，圆满完成减贫任务，被自治区党委、政府评为13个脱贫攻坚优秀县之一；2018年8月，全县84个贫困村成功退出，贫困发生率下降至0.68%，如期实现脱贫摘帽；2019年，剩余64户180人全部脱贫，全县建档立卡贫困户实现动态清零。

察隅县
龙古村的华丽变身

普 珍

林芝市察隅县地处西藏东南,曾经属于西藏深度贫困县,贫困面积大、贫困人口多、贫困程度深,公共基础设施薄弱。但察隅县拥有温和的气候和充沛的降水,被誉为西藏"小江南"。它还拥有着重要的地理位置,是新的川滇藏交通大环线的必经之处和必停地点。

一副佝偻的身躯,一张饱经风霜的脸庞,瘦瘦小小的个子,走起路来一瘸一拐,但脸上总挂着自信和善的笑容。她就是察隅县竹瓦根镇龙古村家喻户晓的自主脱贫先进户户主——索朗拉姆。

由于交通闭塞,产业落后,2015年,龙古村全村人均收入不足2000元,是一个典型的贫困村。索朗拉姆的丈夫潘应中先天肢体残疾,并长期受慢性病困扰,学龄期的女儿需要照顾。家中没有青壮劳力,仅有3.8亩耕种土地,受到劳动力和生产资料的限制,一家人仅能依靠惠民资金艰难度日。

2016年,精准扶贫的春风吹进了察隅县,也吹进了索朗拉姆的家中。为了转

◆ 丰收的喜悦　摄影：梅晶石

变索朗拉姆夫妇的消极思想，增强自我致富意识，村"两委"及驻村工作队多次来到索朗拉姆家中宣讲产业扶贫、易地扶贫搬迁和贫困家庭助学等政策。在乡镇扶贫干部和驻村工作队的帮扶和鼓励下，索朗拉姆和丈夫的思想发生了转变。

被列入建档立卡贫困户的那晚，她和丈夫一夜未眠，看着熟睡的孩子，"一定要脱贫，一定要致富"的决心在两人心中扎下了根。夫妻俩终于克服了对贷款的恐惧，鼓起勇气向银行申请了小额贷款，开始了自己的脱贫之路。

贷款下来后，丈夫潘应中利用自己的专长，动手搭建了简易大棚种植果蔬十余种，实现了蔬菜自给自足。另外，他还主动向乡镇申请了藏鸡养殖，在村干部和驻村工作队的帮助和支持下，建起了鸡舍，拿到了60只小鸡苗。"我做梦都不敢想，自己家能有这么大的鸡舍。""谢谢！谢谢！……"鸡苗发放的当天，索朗拉姆紧紧拉着扶贫干部的手久久不肯松开，她知道这带来的不仅是鸡苗，更是生活的希望。

2016年底，小鸡仔们在一家人的精心照料下发展到200只。这年，索朗拉姆家的人均可支配收入达到了7419元，比上年翻了2.7倍，顺利摘掉了贫困的帽子。这一晚，夫妻俩又是彻夜未眠，这一次是欣喜和激动导致的无法入睡。脱贫不是终点，而是新生活的起点。一夜的辗转反侧，伴随着清晨的鸡鸣，更多致富的想法在夫妻二人心中孕育而生。

"我想种苹果""有技术""不要乡里的钱,我自己有钱"。一大早,索朗拉姆和丈夫早早等在文化室的门口,带着腼腆的笑,红着脸、搓着手、用一口"川普"和"藏普"满怀希望地向驻村工作队诉说着新的致富思路。

　　在村干部和全体村民的支持下,两人踏上了新的"开荒"路。夫妻二人起早贪黑,在一块集体闲置地上默默耕耘,翻地、施肥、除草。前前后后,夫妻二人栽种了苹果、油桃、李子等百余株果树,用自学的农业知识按时修剪枝叶,防治虫病。功夫不负有心人,看着不断挂果的枝头,两人露出了欣慰的笑容。

　　由于果树生长周期长,见效慢,夫妻二人就在果树地里套种蔬菜,蔬菜成熟了就骑着从邻居家借来的三轮车跑到县里售卖。索朗拉姆一家还搭好了棚圈养起了藏猪。夫妻二人一心扑在生产上,鸡舍、大棚、猪圈、家之间,来回忙活,有时候顾不上自己吃一口热饭,也要先让果树喝饱、小猪吃饱。

　　虽然辛苦,但两口子知道,现在辛苦的每一滴汗水都是为了以后红火的日子。2019年,索朗拉姆家的人均可支配收入达到12113.49元。2020年,家庭总收入达到近5万元,人均可支配收入达到16620元,其中生产经营性收入近2万元,早已是家喻户晓的脱贫户了。安居才能乐业,有了稳定的收入,索朗拉姆一家在小康村建设资金的扶持下也住上了宽敞漂亮的新房。

　　脱贫走上奔小康的道路,鼓起来的不只是腰包,村民的爱国意识也得到了提

◆ 索朗拉姆(左二)一家　摄影:梅晶石

◆潘应中在自家鸡舍忙碌着　摄影：梅晶石

升。"我们现在的好生活虽然大部分是自己奋斗得来的，但政策和环境都是党和国家给的。"索朗拉姆说道。

虽然脱了贫，但索朗拉姆一家并没有改变过去的勤朴作风，也没有忘记帮助过她的人们。每到大棚里蔬菜成熟时，她总是热情地邀请大家来采摘新鲜蔬菜；她将自己掌握的果树嫁接、修剪技术无偿教授给村民；担任科技特派员期间，她更时常主动入户帮助群众修剪果树，到田地里察看病虫害防治情况。

在技术指导和团结互助下，村民家中的果树和小麦都有了喜人的长势。龙古村是察隅县的生态宜居示范村，长期以来，村内突出生态理念宣传，推进耕地保护，遵循绿色优先，着力实施人居环境整治，因地制宜发展农牧经济。如今，在索朗拉姆一家人的带动下，每年8-10月，村里总有吃不完的李子、梨子和苹果，"龙古村"成了出名的"龙果村"。

"天亮起来爬坡坡，爬了一坡又一坡，过江滑溜索，运输靠人背。"这是从前居住在察隅县的群众出行的真实写照。因地处偏僻、经济落后，这里的基础设施建设滞后，交通不便，群众出行难，是当地经济发展落后和群众致贫的重要原因之一，"要致富先修路"这个理念始终刻在了察隅县人民政府和群众心里。脱贫攻坚开展以来，察隅县大力实施"村村通""提质改造"等农村公路发展规划，扎实推进"四好农村路"建设，累计投入37.31亿元实施交通项目建设52个。如今，察隅县6个乡镇96个行政村全部通车，形成了内联外通、覆盖城乡、功能完善的综合交通路网，促进了资源信息等生产要素高速流动。随着察隅交通条件的极大改善，产业发展逐步壮大，抵边力量持续增强，不仅从根本上改变了察隅贫穷落后的面貌，打牢了群众持续稳定增收的基础，夯实了稳边戍边根基，更增强了贫困群众自我发展、自主脱贫的信心和决心。"柏油路通了，现在二三个小时就能到县城。路通了对我们影响特别大。"潘应中说，"除了交通方便了，现在我们还学会了网购，生活方便了好多。"

随着国家不断加大对察隅县教育的投入，县教育事业也发生了翻天覆地的变化，教育资源已覆盖全县。"我家的孩子去上学啦，现在孩子们还可以去西藏班（校）上学，和我们那时候真是不一样了。"索朗拉姆感慨道。

目前，龙古村新型农村合作医疗参保率达100%，新型农村社会保险参保率达100%，适龄儿童入学率达100%，群众的吃、穿、住、行都得到了充分的保障。旧貌换新颜，龙古村群众的生活越过越红火。

还是那副佝偻的身躯，黝黑的面庞，瘦弱的身形，不同的是笑容更自信，步子更坚定。在龙古村，有一户索朗拉姆，但脱贫攻坚工作开展以来，却有着千千万万户索朗拉姆，察隅县的未来就由这千千万万户普通而幸福的家庭描绘而成。青山巍巍，绿水滔滔，春风吹进了这座雪域边城，察隅正在成为真正的西藏"小江南"。

一家之主索朗拉姆的丈夫潘应中有话说：

"回想起从前，生活条件差，村里的卫生条件也不好。多亏国家给我们通了公路，交通方便了，环境干净了，现在我们的生活像树上的苹果一样甜了，我们还要继续撸起袖子加油干！"

察隅县脱贫攻坚概况

察隅县经过全县上下五年团结奋战，实现减贫1519户6350人，96个贫困村全部退出，贫困乡村基础设施和公共服务水平明显改善，贫困群众生产生活条件和稳定脱贫基础大幅提高，干部队伍综合素质和精准扶贫工作能力得到有效提升。2019年2月，自治区公布察隅县脱贫摘帽，现行标准下贫困人口实现动态清零，脱贫攻坚取得决定性胜利。

工布江达县
搬出来的幸福生活

普 珍

林芝市工布江达县，平均海拔3600米。东邻林芝市巴宜区和波密县，北接那曲市嘉黎县，西毗拉萨市墨竹工卡县，南连山南市加查县和桑日县，是联结西藏这几个市的交通枢纽。

出国道，入省道，再乡道，就到了工布江达县江达乡昂巴宗村。冬季的正午时分，温暖的阳光下，远有雪峰入云，近有苍松翠柏林，充满了浓浓工布风情的一排排两层小楼映衬其间，平坦整洁的水泥硬化路面贯穿其中。老人们在门口支起了桌椅，一边闲话一边晒太阳，勤劳的妇女们提着劳动工具或是刚洗好的衣物进进出出，孩子们嬉戏打闹的声音远远传来，一切都显得和谐而幸福。

看着这样的美好画面，谁又能想到，曾经的昂巴宗村远不是如今的美好模样。住在这里的阿洛一家人，曾经因为缺少劳动力，夫妻二人每年拼死拼活打零工，也只能获得约2000元的收入，生活十分窘迫。"从前我们住在又狭窄又昏暗

◆ 主人公阿洛　摄影：梅晶石

的旧房子中，人和畜混居，非常不卫生。一到夏季，村里的道路就全是泥泞，未及风化的粪便横流，村里常常是污水横流、恶臭熏天。村里从前的集中住处还常年遭遇泥石流，大家要出个门都非常不容易。"阿洛回忆道。

灰暗穷困的日子总会有迎来曙光的时刻。当"一方水土养不活一方人"，最好的办法就是易地搬迁。2016年，易地搬迁政策落实到了昂巴宗村。工布江达县针对昂巴宗村常年遭遇泥石流灾害的情况，投资259.96万元，通过集中安置的方式进行整体搬迁。搬迁项目于2016年11月完工。2017年3月28日，在"百万农奴解放纪念日"当天，村里举行了群众入住仪式，9户56人全部乔迁新居。阿洛一家人也欢欢喜喜地搬进了新家。

新居是宽敞明亮的砖混结构二层小楼，明镜般的实木地板，做工精致的藏式家具，空调、电视机等各式电器一应俱全。"想不到我们也有住上好房子的一天，简直像做梦一样，太幸福了！"阿洛激动地说道。

当时的阿洛没有想到，搬进新家并不是昙花一现的幸福，而是好日子的开始。工布江达县大力推进村级合作组织建设，打造"党支部+合作社+贫困户"的产业扶贫模式，增强服务带动能力，在发展壮大村级经济合作社的过程中，发挥龙头引擎作用，走出了一条"党支部跟着扶贫走，贫困户跟着支部走"的脱贫致富新路子，为村民提供创业就业机会。昂巴宗村借此成立起了牦牛养殖合作社，搞起了畜牧养殖及畜产品加工销售，以此对村民们进行产业扶持。该项目总投资760万元，年利润20万元，带动了本村建档立卡贫困户21户104人增收。阿洛一家人以劳动力的形式入股，享受到了这份红利。"我们刚开始不知道合作社是什么，更不敢相信可以用自己的劳动入股，就有分红可以领，感觉太厉害了。"阿洛回忆起当时的感受，忍不住笑了起来。

此外，通过政府和企业租借村内土地以供项目使用的形式，工布江达县共实施产业项目100个，涉及特色产业、商贸流通、文化旅游等领域，总投资6.0341亿元，实现贫困群众全覆盖、全县群众共增收。昂巴宗村提供的空闲土地能为村里带来每年共约20万元的租金。于是，曾经让阿洛一家"吃得上饭"的3亩土地有了用武之处。"只要把自家的土地租出去，就每年都有钱拿，而且是政府牵头，这样租地我们都非常放心。"阿洛说。

县政府还精准开展技能培训，积极组织农牧、教育、卫生、文广、人社等部门到贫困村送科技、送技术，结合市场需求举办技能培训班，阿洛和妻子在进

◆ 阿洛的新家　摄影：梅晶石

◆ 幸福一家人（后排中间为阿洛）　摄影：梅晶石

行了一系列技能培训后，通过闲暇时间外出打工的方式也获得了不少收入。2017年，阿洛一家终于摘掉了贫困的帽子。

"最近我们家贷了5万元的小额信贷，打算在村里开一家茶馆，可以增加收入。"阿洛喜气洋洋地说。原来，工布江达县还成立了以金融部门下派副县长为组长、扶贫办主任为副组长的专项金融工作组，成立了工布江达县扶贫开发公司，并与中国建设银行林芝分行、中国农业银行工布江达县支行、中国邮政储蓄银行林芝分行合作，开设精准扶贫专户，现已完成贷款8000万元，正在洽谈并达成贷款意向资金共计1.8亿元（4个项目），切实落实金融信贷优惠政策。2016年至今，已为187户贫困群众发放扶贫小额信贷950.6万元，有效解决了贫困群众的创业资金需求。"2020年我们家一共收入了5.2万元，再加上贷款，开茶馆的事可以开始着手准备起来啦！"阿洛和家人聚在一起商量着，每个人的脸上都充满了对未来的美好期待。

现在的昂巴宗村已实现通水、通电、通路，还实现了手机信号和互联网全覆盖。为了让村民们过上真正无忧满意的生活，工布江达县推进低保与扶贫标准"两线合一"，确保贫困人口按期实现整体脱贫，为全县659名建档立卡贫困户统一办理就医绿卡，贫困户在定点医疗机构治疗时，可享受优先安排就医，并先入院治疗、后结算医疗费用。在门诊费用上，本人合作医疗账户透支的情况下可以累计挂账，限额6000元；住院费用按正常报销手续办理完后，剩余部分由政府兜底全额报销，实现建档立卡贫困户免费医疗。

治贫先治愚、扶贫先扶智。为通过加大教育补贴"拔穷根"，工布江达县出台《教育精准扶贫工作方案》，依托县内300万元贫困生助学基金，对该县全部贫困户学生发放补助，其中小学生每人每年补助1000元、中学生每人每年补助1200元、高中生每人每年补助1500元，大学生实行学费和交通费实报实销，生活费每年补助3000元，教育助推扶贫成效明显。借助好政策，阿洛家的孩子在县城里上学，学习努力成绩优异，全家人都以此为荣。"希望孩子们好好读书，将来接力为国家社会做哪怕一点点贡献，不要像我们这一代人一样被文化水平低拖累了。"阿洛的父亲、62岁的南卡老人喃喃道："以前的苦日子还历历在目，现在就好像在梦里一样。"

如今的昂巴宗村，村头巷尾处处欢声笑语。"脱贫摘帽不是终点，而是新生活、新奋斗的起点。我们村子里大家互相帮助，一起脱贫致富，这真的是特别棒。"阿洛面带笑容，边说边竖起了大拇指。

一家之主阿洛的父亲南卡老人有话说：

"以前的苦日子还历历在目，现在就好像在梦里一样，过上了这么幸福的日子。非常感谢党和国家的恩情，我们工布江达的老百姓们一定都靠着自己的双手继续努力，过上更加美好幸福的生活。"

工布江达县脱贫攻坚概况

2015年底，工布江达县共识别建档立卡贫困户1275户4065人，贫困发生率为13.7%。经过4年的不懈努力，全县79个贫困村全部退出。2019年底实现贫困人口清零，贫困群众稳步实现"两不愁三保障"。

朗县
幸福阳光照耀朗县

普 珍

朗县位于林芝市西南部，平均海拔3700米。朗，藏语意为"显现"。在汉语中，"朗"也有"明亮"的意思。恰如其名，朗县年日照时数2512小时，是林芝地区日照时数最长的县。

凌晨六点，天刚微微亮。朗县金东乡东雄村村民其律已经起床做完早饭，检查好车辆，七点就得赶到几十公里外的取料场……"运输这件事，半分也耽误不得。"傍晚时分，收工回到家里吃一顿饱饭，换下早已被汗水打湿的衣裤，其律的一天忙碌而充实。

"幸福是奋斗出来的，人生没有捷径，只有脚踏实地，才会有稳稳的幸福。"来到其律家，可以看见两层砖石结构的藏式小楼，一楼用作储存物资的仓库，踏着楼梯来到二楼，迎面是铺着毛茸茸人造草地毯的小阳台，藏式小方桌上摆着各式水果零食，一只猫咪正在懒洋洋地晒太阳。走进屋里，宽敞明亮的客厅

◆ 幸福的一家三口（左一为其律）　摄影：梅晶石

和设计精美的藏式家具相映成辉，家里的幸福气息扑面而来。今年33岁的其律，凭着吃苦耐劳、永不服输的韧劲，带着全家人过上了幸福的生活。

3年前，其律还是东雄村出了名的贫困户。家中6口人住着破旧的房屋，上有体弱年迈的母亲需要照顾，下有年幼的女儿嗷嗷待哺，加上妻子和妹妹无谋生技能，家中的希望全寄托在其律身上。一家人拮据的生活给原本就收入渠道单一的其律带来了巨大压力。

人穷志不短，在挣脱贫困牢笼的道路上，其律从来都不安于现状。2016年以来，借助深厚的文化优势和区位优势，金东乡党委、政府积极探索新举措、落实大项目、培育新产业。金东乡边境小康村、219国道等大型建设项目相继实施。面对如此好的机遇，头脑灵活的其律开始思考如何从中获益，他找到本村的扎西罗布、桑珠等人商量筹措资金，最终以分期付款的方式合伙购买一辆挖掘机，租赁给219国道项目部。这一年，他们的总收入达到了17万余元。

随着项目建设中货运车辆需求增大，2017年底，其律通过银行贷款、向亲朋借款等方式筹资43万元，再次购买了一辆大型运输车，投入了219国道建设项目，负责运输沙石土方等工程材料，不到三年的时间，累计收入50余万元。

闲暇之余，其律也在积极拓宽收入渠道，干起了虫草买卖和保险业务。忙碌的生活为他带来了足够的安全感，也为他一家人脱离贫困生活带来了希望。手中有了钱，家庭生活水平也跟着发生了变化。2017年底，其律一家实现了脱贫摘帽。破旧的老房子被拆除，在原来的房址上新建成了182平米的新房，还买了一辆家用的小轿车。

　　扶智扶志面貌新，内生动力拔穷根。产业扶贫不仅让当地群众不离乡不离土发展产业，实现稳定脱贫、持续增收、长久致富，还帮助大家树立起摆脱困境的勇气、扶起脱贫的志气、挺起脱贫的腰板，让群众越干越有劲头。2018年，金东乡全乡开复工建设项目37项，总投资7.73亿元，计划完成2.29亿元。其中，续建项目17项，新建项目20项，包括边境小康村、219国道、村级公路等项目，使全乡657户1743人受益。由于上过高中，其律的普通话水平不错，在219国道项目建设期间，其律充分利用起了自己的优势，主动担任起了东雄村与相关施工单位之间的协调员和翻译员，帮助本村群众调解矛盾纠纷、寻求劳务输出平台和转移就业岗位，在自己富裕的同时，带动其他群众共同增收致富。

　　曾经的其律，做梦都在想着多赚一些钱，让全家过上好一点的生活。如今的其律，成功脱贫，生活稳定幸福，他便开始积极学习，随着"四讲四爱"群众教育实践活动的深入开展，其律不仅在物质上脱了贫，精神面貌也焕然一新，参与村集

◆ 其律家的客厅　摄影：梅晶石

◆ 其律一家（中间抱孩子的为其律）　　摄影：梅晶石

体活动的积极性越来越高，与周围群众相处得也越来越融洽。在2017年村级组织换届时，其律被推选为村务监督委员，这让他的自我"价值感""认同感"提升了不少。2019年，其律主动向党组织递交了入党申请书，成为一名入党积极分子。

在近一年的入党积极分子考察期间，其律主动担当、积极作为，帮助其他无劳力的贫困群众修建房屋；面对疫情防控，其律毅然奔赴在村级疫情防控一线，严格排查过往车辆，宣传疫情防控知识，服务疫情防控大局，并为武汉募捐献爱心。"小时候经常唱'没有共产党就没有新中国'，但那个时候还不知道作为共产党党员有什么样的责任和担当。"工作之余，其律还积极认真学习党的理论知识，"通过学习和身边党员同志们的言传身教，我树立了正确的世界观、人生观和价值观。增强了党性观念，坚定了理想信念。作为一名入党积极分子，我一定时刻以党员的标准要求自己。"其律说道。

近年来，金东乡党委、政府严格按照朗县县委总体工作思路，以219国道、边境小康示范村建设为契机，大力实施以"神圣国土守护者、幸福家园建设者"为主题的乡村振兴战略，努力践行以人民为中心的发展理念，团结带领全乡干部群众，破瓶颈、谋发展、强党建、夯基础，开创金东乡经济社会发展新局面，逐步实现从交通不便、贫穷落后的边缘小乡向通达便利、和谐稳定、业兴民富的美丽边境乡镇的巨大蜕变。

脱贫不只是其律一个人在战斗,也不只是金东乡在战斗,全国脱贫攻坚战进行得如火如荼,贫困地区群众出行难、用电难、上学难、看病难、通信难等长期没有解决的老大难问题普遍得到解决,义务教育、基本医疗、住房安全有了保障。

如今,其律一家已经是远近闻名的"幸福家庭",2020年仅仅到了11月,其家庭收入就已超过9万元,还有跑运输的收入暂时未入账。当问起其律2020年跑运输收入预计会有多少时,他憨厚而幸福地笑着挠了挠头:"我干活非常努力,最少也有个六七万元吧!"

党的十八大以来,习近平总书记亲自指挥、亲自部署,全国上下一心、苦干实干,脱贫攻坚取得了前所未有的成就。脱贫攻坚战,如史诗般波澜壮阔,人类减贫史上的"中国奇迹"在中国大地上书写。其律一家在短短几年间从贫穷落后到如今的"小富之家",正是中国脱贫奇迹的一个具象化例子,也是千千万万脱贫人家的缩影。

一家之主其律有话说:

"回想从前,我们家只有我一个劳动力,妹妹眼睛有问题,母亲身体一直不好,如果没有党和国家的好政策,我们家还不知道要奋斗到什么时候才能脱贫。我觉得,无论日子现在过得多好,都不能忘记党和国家的恩情,不能忘记走过的路。接下来我会继续努力,撸起袖子加油干,一路奔着小康去。"

朗县脱贫攻坚概况

朗县是林芝市深度贫困县之一,共有52个行政村,均为贫困村。2015年底,根据建档立卡标准共识别出建档立卡贫困户1061户2853人,贫困发生率为19.9%。2016年脱贫268户885人,2个贫困村实现脱贫摘帽;2017年脱贫376户999人,27个贫困村实现脱贫摘帽;2018年脱贫397户929,23个贫困村实现脱贫摘帽;2019年脱贫16户28人,贫困发生率降至零,实现全县贫困户全部脱贫。

墨脱县
"秘境莲花"中的脱贫致富榜样

普 珍

身处西藏,却有热带雨林的气候,森林和瀑布就在眼前。一抬头,是皑皑白雪,山峰棱角历历分明,7000多米的雪山近在眼前。一低头,奔涌的江水在你面前流淌而过,在世界上最大的雅鲁藏布峡谷间倾泻、咆哮,一路蜿蜒而去。这些美丽的景色共同存在于林芝市墨脱县。这个被称为"秘境莲花"的地方,是西藏海拔最低、气候最温和、生态保存最完好的地方,也是中国最后一个通公路的县。

"蜀道难,难于上青天。"诗人李白如果能够来墨脱看看,就会发现这里与他诗中的蜀道之难不分伯仲。墨脱县山势陡峭,河谷深切,相对高差达3000～4000米,出入需要翻越海拔4200米的多雄拉雪山,穿过密密麻麻的雨林蚂蟥区,还随时要应对塌方和泥石流,艰难的交通条件将许多人拒之门外,也使现代化的"东风"迟迟未至。2013年10月,墨脱公路正式通车,结束了"高原孤岛"的历史。

墨脱县德兴乡文朗村的村民风产,为人勤劳朴实,踏实肯干。但由于风产文化水平低,缺乏技术和致富门路,只能靠务农和开小卖部维持生活。再加上两个

◆ 幸福的风产一家（右二为风产）　摄影：梅晶石

儿子都在内地上大学，"再穷不能穷教育"，风产坚持供孩子们读书，对本就不富裕的家庭无异于雪上加霜。

2015年，风产家被确定为建档立卡贫困户。脱贫先要转变思想观念，这是当地驻村工作队和村"两委"班子确立的脱贫攻坚思路之一。为帮助风产一家改变贫困现状，驻村工作队和村"两委"班子从思想观念入手，深入风产家，拉家常，话生活，用接地气的话语讲解脱贫攻坚相关政策。风产及其家人逐渐转变了思想观念，下定决心要靠自己勤劳的双手早日实现脱贫致富，坚决不给全村脱贫致富奔小康拖后腿。

2016年之前，德兴乡主要以种植玉米为主，由于农业技术落后、管理不善，玉米种植产量低、收益差，当地群众的日子过得并不宽裕。了解到这一情况后，县里专门请来了农业林业专家。"德兴乡山地多、平地少，土壤多沙、粘性低，雨量充沛，非常适合种植茶叶。"在专家的帮助指导下，德兴乡党委、政府决定大力发展高山有机茶种植业。

"茶苗、肥料等都由政府送货上门、免费提供，前3年政府对茶园给予每亩4000元的补贴，我们除草、施肥、剪枝，都能拿到工资。茶叶采摘完后，茶叶公司直接与农户电话联系,并直接到茶叶产地进行收购,打消了销售困难等顾虑。政府还请了专家担任技术顾问,把一些村民培养成技术能手……"这一系列举措让不少村民吃了"定心丸",信心满满走上了种茶路。风产一家人也决心抓住这一难得的致富机遇,积极开展茶叶种植。

事实证明了种茶叶这个决策的正确。墨脱茶叶成型佳、品质好,经农业部茶叶质检中心检测,各项指标均符合国家有机茶标准。2017年,墨脱红茶、绿茶亮相成都国际茶博会,凭借其自身独特优势脱颖而出斩获金奖。"清明前后,独芽160元一斤,一尖一叶40元一斤,一尖两叶35元一斤。算下来一个月我们家茶叶就能赚2000元。"风产掰着手指算道。

此外,通过政府推动、援藏驱动、主体带动、市场拉动,德兴村围绕特色"生态"做文章,利用村民房前屋后,大力种植枇杷、蜜柚、香蕉等果树,打造亚热带经济林"庭院产业",走出了一条特色产业转型升级的路子。"去年,全村村民光房前屋后种植枇杷的收入都从几百元到几千元不等,人均收入达到1000元。大家种植果树的积极性更高了。"风产笑着说。

2015年底,风产的大儿子扎西次仁大学毕业,参加了林芝市人社局举办的高校毕业生就业创业培训。培训结束后,他申请了10万元创业担保贷款,返乡创业,成立了墨脱县德兴乡嘎西日建筑工程有限公司,公司持有农牧民施工队资

◆ 墨脱县全貌

◆ 墨脱县德兴乡文朗村　摄影：梅晶石

质，并开起了砂石加工厂，全家经济收入逐步增加。

辛勤的劳作和努力换来的是丰硕的回报。2016年，风产一家顺利脱贫。小儿子次仁江措也从大学毕业归来，目前在德兴乡幼儿园当老师。2018年，风产家的砂石厂收益20万元左右，施工队收益15万元左右。从前的拮据生活不复存在，未来的生活充满了希望。

20世纪90年代末，墨脱当地居民还保留着"刀耕火种"的传统——每年三四月份，趁雨季还没到来，把山坡的乔木砍倒，点火烧山，然后在过火区域播种高粱、荞麦等作物，导致人口聚居区域的森林植被破坏严重，泥石流、塌方等自然灾害频发。为了完整保留这里上万年历史的生物链，党和国家加大环境保护力度，吸纳更多有劳动能力的贫困人口参与生态建设与保护，增加建档立卡贫困人口担任生态岗位职责，借此还能增加贫困人口收入。2000年，墨脱县开始实施退耕还林。现如今，墨脱县各村村民几乎人人都是生态护林员，定期对各村的山林进行巡逻保护。每个公益岗位每年有3000元左右的政府补贴。"加上其他惠民政策，我们每年可得到近万元的政府补贴。"风产说。

自家脱贫不忘乡邻，"自家富不算什么，一起富才是真的富。"近两年，德兴乡乡村道路硬化项目工程较多，驻村工作队、村"两委"班子积极组织村民开动员会，鼓励村子里有能力的家庭搭伙买大车，从风产家的砂石厂运砂石料。在风产一家成功脱贫致富的影响和带领下,全村共买了七辆大车,仅仅用了一年的时间,就将买车的本钱全部赚了回来,成功地带动了贫困户创收致富。

风产一家人还经常鼓励村里的其他贫困户到砂石厂务工。2018年,共有6户贫困户到砂石厂务工,每人平均收入3600元,文朗村贫困户的增收渠道进一步拓宽。

如今的墨脱,再也不复过往的艰苦。走进德兴乡文朗村,一排排门巴族特色的小楼依山而建,错落有致。村内挖掘机、搅拌机隆隆作响,"魁星阁"等旅游项目正在加紧施工。墨脱以其独特的自然景观和门巴族、珞巴族聚居区的少数民族风情吸引了大量游客,并在一定程度上带动了当地群众致富。2018年以来,中国移动已在墨脱县铺设光缆176皮长公里,4G基站20个,城区基本全覆盖。

基础设施完备了,生活条件也好起来了。文朗村村民用实际行动走出了一条致富路。

一家之主风产有话说:

"我们墨脱现在路也通了,水电什么都不用担心了,基础设施也完备了,日子过得一天比一天好,真心感谢党和国家给予我们的一切。"

墨脱县脱贫攻坚概况

2015年至2019年,墨脱全县生产总值从4.16亿元增长至6.86亿元,增长64.9%。累计实现687户2737人脱贫(2016年脱贫137户676人,2017年脱贫145户622人,2018年脱贫378户1397人,2019年脱贫27户42人),46个贫困村退出贫困村序列(2017年退出7个,2018年退出36个,2019年退出3个),贫困发生率降至零,并于2019年初顺利实现脱贫摘帽。

米林县
夫妻同心　致富为民

达娃玉珍

热嘎村位于林芝市米林县米林镇，气候舒适，地理位置优越，紧靠拉林公路，毗邻林芝机场及林芝南伊沟和雅鲁藏布大峡谷两大旅游景区。

走进村庄，一栋栋工布民居错落分布，水泥硬化路面通向家家户户，规划建设的卫生院、村民活动室等配套附属设施一应俱全。

亚登和达林的家就在村口，家里窗明几净，茶几上早早摆上了风干肉和香甜的酥油茶。开朗热情的亚登一边笑着和记者介绍村里的情况，一边为记者递上刚从树上采摘的青苹果。

担任过9年村委会主任、24年村妇女主任、5届米林县政协委员的亚登，是热嘎村一位既普通又处处不平凡的珞巴族农村妇女。几十年来，亚登靠着踏实能干和开拓进取的精神，为她生活的这方热土不断贡献着自己的力量。

◆ 亚登一家在自家客厅里合影　摄影：达娃玉珍

　　亚登敢想、敢干、敢拼，还非常有经济头脑。一次偶然的机会，亚登作为米林县政协委员代表去别的村庄参观，当看见许多村庄靠大棚种植药材带动农户增收，她意识到生活不能再像以前一样，依靠国家的惠民资金只能解决家庭温饱，必须要靠自己的双手，创造更多的财富，让生活富裕起来。于是亚登立刻萌生了一个想法：依靠土地资源优势种植中药材。她向当地政府咨询政策后，一家一家去劝说。

　　"亚登也真是的，自己折腾就算了，还把其他几户人家钱都揣进自己腰包。如果合作社失败了，别说让那几个贫困家庭脱贫，今后的生活都成问题，那叫别人怎么活啊！"每当听到村里的这些闲言碎语，亚登只能苦笑不语。

　　2015年5月，她与村里的其他8户共同筹集3万元成立了热嘎村亚登藏药材种植合作社。即使基础设施建设相对简陋，也挡不住亚登带领大家勤劳致富的热情。

　　梦想的实现是一个过程，有顺境也有逆境。亚登的合作社选定种植灵芝、天麻、木耳等药材。摆在眼前最迫切的困难是资金、专业的种植技术……

　　米林县妇联在得知这一情况后，不仅免费给他们提供了种子，而且派技术人员全程技术帮扶，几个月的学习时间，磨砺的不仅是亚登的意志，更坚定了她开创未来的决心。

　　埋头苦干胜过万语千言，累累硕果可以证明一切。烈日晒黑了脸庞，汗水浸透的衣服湿了又干，干了又湿，辛勤的劳作终于换来收获的喜悦，大棚里的一株株灵芝小苗露出了头。一株株灵芝小苗既给大家带来了惊喜，又敲开了大家期盼已久的希望之门。转眼，收成之际，大家都热切地期盼着自己劳动的成果能带来丰厚的好收入，但是销路又成一大问题，亚登想到了在南伊沟旅游景点摆摊出售。于是，她尝试着先迈出了第一步，每天把收好晒干的灵芝、天麻拉到景区零售。现实远比预想得要残酷，一个月下来，所售无几。

　　米林镇政府了解到亚登合作社的难处后，不仅帮她们解决了产品销路问题，还改进了温室大棚的建筑设施。慢慢地，亚登合作社逐步成熟。2016年，亚登又争取到两座温室大棚的帮扶项目，合作社规模不断扩大，不仅种植药材，还种植一些特色农产品。在她的带领下，合作社日渐壮大，从最初的6户发展到12户，每户每年平均增收1万多元，极大地激发了大家的积极性。亚登合作社成了村里的"致富合作社"，同时亚登藏药材种植合作社也成了米林县妇联"巾帼创业示

◆ 幸福一家人（左一为亚登）　　摄影：达娃玉珍

范点"。随着合作社的发展和收入的不断增加,大家纷纷甩掉了贫困的帽子,走上了致富路。

  国家电子商务进农村综合示范项目实施以来,米林县申报了国家电子商务进农村综合示范项目,通过组织电子商务扶贫专题培训,亚登也加入了电子商务的行业,通过电商基础培训、站长培训和电商提升性培训,她学会了开店、上架产品、客服服务、订单处理、发货、售后等流程,她也开通了合作社的淘宝店铺,销售合作社的灵芝、木耳等米林县特色农产品,大大提高了合作社的农产品销售量。热嘎村的幸福日子,越过越红火。

  "喂,阿佳,这里要一份咖喱饭,三磅甜茶""这里要碗藏面""这里要份土豆牛肉盖饭"。

  临近中午,热嘎姐妹茶馆里用餐的人也陆续增多,茶馆里变得热闹非常。在甜茶的袅袅香气中,姑娘们热情地招呼着茶馆里的顾客,忙前忙后,不亦乐乎。这家米林热嘎姐妹茶馆,是2018年亚登和村里的8户人家一起开办的,当时亚登想着村里的地理位置优越,临靠公路,等到了旅游旺季的时候沿途路过的游客增多,生意一定不错。果然,一切都在亚登的意料之中,茶馆生意红火,每年每户平均增收2万多元。

  爽朗的笑声、矫健的身影是她的标志,"幸福生活是奋斗出来的"是她的座右铭。脱贫不等不靠,幸福生活自己创造,亚登常说:"依靠党和国家精准扶贫的好政策固然重要,但精准脱贫终究得靠自己的双手。"同时,她是大家最信任的大姐,也是全村最"爱管闲事"的大姐。村里困难户边巴生病,无钱医治,家里人正愁眉不展时,亚登拖着两裤脚的泥巴来到了家里。原来她正在田里干活,听到边巴生病的消息,顾不得洗手换衣,急忙拿着积攒了几个月的2000元钱送到了边巴的家里,催促边巴家人赶紧带边巴到医院治疗;小亚白生病住院,亚登又奔走邻里乡间,带头筹集资金2万多元,帮助他渡过难关。她总是微微一笑,说:"一个村的人嘛,都是左邻右舍,谁没有困难的时候,能帮一把是一把。"亚登的热心肠温暖了村里许多遇到困难的人。谁家有了难事,第一个想到的就是亚登。

  如今,亚登又在忙着带领本村妇女,开了一家草莓采摘基地。怀着对美好生活的憧憬,怀着对未来无限的展望,亚登胸有成竹,信心百倍地和记者聊起了自己的计划。

◆ 新居　摄影：达娃玉珍

　　看到妻子的努力，身为村长的丈夫达林也同心奋进。2012年，达林和村民们集资修建了两座蔬菜大棚。然而，达林和村民们吃了不懂技术的苦头，两个大棚的蔬菜因管理不善，亏损严重。

　　西藏地处高原，白天日光照射强烈，晚间气温又很低。而蔬菜瓜果非常娇气，大棚里温度过高就发蔫，温度过低就会被冻死。同时，大风等自然灾害也影响着蔬菜大棚的经营。

　　达林说："因为技术的欠缺，没有大棚的话，好多蔬菜都种不出来，只能简单种植点土豆、萝卜和白菜，就这几样。"

　　吃了亏的达林和村民们决定聘请县农牧局的技术员来指导。米林县农牧局得知这一情况后，不仅免费给他们提供了蔬菜种子，而且派技术人员全程技术帮扶。

　　在米林县"菜篮子"工程负责人陈真的指导下，达林和村民们成立了热嘎村蔬菜大棚合作社。合作社成立了，扩大蔬菜大棚的土地又从哪里来？达林和村民们经过商量决定每家每户出几亩地流转到新成立的蔬菜大棚合作社。

　　于是，200多亩土地就这样以每亩每年800元的价格流转到合作社。为了解决蔬菜的销售问题，米林县政府推出优惠政策，推进合作社与多个超市、菜市场建立供应合作关系。

　　通过种植大棚蔬菜，村民们每年不仅能获得土地流转的费用，还能获得蔬菜销售的固定分红。合作社给村民，尤其是贫困户家庭提供了很多工作岗位，不仅解决了就业问题，而且村民们还学到了科学种田、勤劳致富的技术。

青春因磨砺而出彩，人生因奋斗而升华。亚登和达林夫妇靠着一股吃苦耐劳、敢拼敢干的精神，用自己的努力和奋斗，书写着幸福的生活。他们不负韶华不负时代，在党的富民政策帮扶和自身努力下，带领着村民奋力奔跑在脱贫致富的道路上。

一家之主亚登有话说：

"现在的美好生活，离不开党和国家的关心支持，我们群众也要学会自力更生，用自己的努力创造幸福生活。未来我还会继续带领着大家，一起把增收致富的路越走越宽。希望儿女们能够努力学习，长大后去大城市里看看精彩的世界。"

米林县脱贫攻坚概况

2016年，米林县精准识别建档立卡贫困群众816户2522人，贫困村66个，贫困发生率为14.26%。经过不懈努力，2018年米林县实现脱贫摘帽，66个贫困村全部退出。截至2019年底，贫困户人均纯收入由2016年底的4517.46元提高到13743.84元，贫困发生率降为零，贫困人口全部脱贫。

昌都市夜景(摄影:土旺仁青 由昌都广播电视台供图)

西藏脱贫影像志
XIZANG TUOPIN YINGXIANGZHI

传奇昌都

八宿县
奋斗的人生最幸福

王 涛

八宿县位于昌都市东南部，地处怒江上游。全县所属的三江流域高山峡谷地带，涵盖了高原大陆区、高山峡谷区和高山峡谷过渡区。这里高山环绕，江河交错，峡谷相间，地形复杂，形成了八宿县"七山二水一分地"的地理特点。

脱贫攻坚战启动前，八宿县的大多数农牧民群众依旧因循传统，居住生活在偏远的高山峡谷间，这给他们的交通通行、生产生活和脱贫致富带来了极大不便。

四德出生于1999年，19岁之前，一直与家人生活在距离八宿县城400公里外的拥巴乡娜帕村，那里是群山环绕的怒江河谷深处。

因山高谷深，缺少平坦的土地，娜帕村村民们的房屋都是修建在半山坡上。迈出家门，满眼都是大山。

干热的河谷中，雨水稀少、土地贫瘠。在实施易地扶贫搬迁前，娜帕村30户

◆ 四德一家（左一为四德）　摄影：西热多久

村民，没有几个人走出过这里的连绵大山。

现年22岁的四德说，家里的山坡地干旱缺水，能种植的农作物并不多，只有种植相对耐旱的青稞。在他的记忆中，全家人忙碌一季，整整10亩坡地能打出的青稞最多也就1000多斤，而这，就是一家人一年里最重要的口粮。

2015年，因为家庭贫困，四德一家被精准识别为建档立卡贫困户。认定当年，四德全家依靠国家政策托底，全年的总收入加起来也只有13404元，平摊到每个家人，相当于每人收入仅有2234元。

为什么会贫困？怎样摆脱贫困？这一切萦绕在四德的脑海中，也深深地刻入了他的心田，刺痛着这个懵懂的青年。

一心想改变自己和家人命运的四德，在19岁那年第一次走出了拥巴乡娜帕村的大山，踏上了前往林芝市的打工之路。

四德还清晰地记得，走出故乡的路，他用了整整三天时间。"第一天，我要从村里赶到相邻最近的同卡镇；第二天，再从同卡镇搭车赶到林芝市波密县的扎木镇；第三天，才能坐车到林芝市巴宜区。"

连小学都没有读完，又一直生活在偏僻的娜帕村，对于缺少一技之长的四德而言，他的打工路注定从一开始就困难重重。

没有熟人引路，四德只能有样学样地跟着其他散工站在马路边揽活，看见招工老板就像其他工人一样学着谈工钱,没有技术就从小工开始干,挖沙、搬砖、和水泥……年轻的四德不知疲倦,不怕吃苦,他很快适应了建筑工地里忙碌又辛苦的工作。

短短三个月的时间,四德不仅看到了外面的世界,也学习了一些建筑施工技术;更重要的是,通过劳动,他赚到了人生第一笔劳务费。

"干满三个月,刨除在林芝的日常生活开销,我第一次赚了有7000多元,这可比我们一家人一年的现金收入还多,对于我们家来说这可是一笔大钱了!"谈起第一次的务工经历,四德的脸颊依然洋溢着成功后的喜悦。

迈出了外出打工的第一步,四德更加深刻地理解了没有一技之长的艰难,要想改变自己和家庭的命运,就需要学习和掌握更多的工作技能,要靠技术吃饭,才能让一家人的生活过得更加殷实。

结束了三个月的打工生活,就要踏上返乡之路,四德发现同在工地的工友们都有自己的手机,不仅方便联系家人,还可以直接联系招工人员,能快速地掌握企业招工信息。四德做出了一个决定,他要为自己买一部手机。

不久后,四德重新回到拥巴乡娜帕村熟悉的生活中,而好消息也很快传到了村里,八宿县拉开了"夏里三乡"整乡搬迁的序幕,这让四德看到了未来一家人脱贫致富的新希望。

面对沟壑纵横的故土,吃尽了发展短板和交通不便苦头的娜帕村民早已翘首期待着改变命运。从八宿县动员搬迁开始,全村30户村民没有一个人提出"不搬迁"的意见,164名乡亲一致要求搬出大山,搬进由政府统一规划建设的扶贫搬迁安置点。

易地搬迁后,四德一家入住到八宿县城所在地白马镇的乃然安置点,这里是全县规划的16个易地扶贫搬迁安置点之一,安置小区内集中建设了12栋6层公寓楼。

四德家分到的新房,建筑面积75平方米,小区水电路讯配套齐全,便民大厅、休闲书屋、健身器械等设施一应俱全,为搬迁群众提供了更加便利的生活环境。

为了能让搬迁群众既安居又乐业,解决好群众的就业增收成为了当地政府思考的重要课题。八宿县人社部门把就业创业同提升技能紧密结合,专门为搬迁群众举办有针对性的基础培训,帮助大家学习一技之长。

得知县里举办农牧民免费培训,四德在第一时间就报名参加了建筑施工技能的培训,经过施工企业的专业教学,四德如愿以偿取得了盼望很久的"施工员岗位"证书，成为了一名获得人社部门认证的技术工人。培训后，四德又通过县人社部门的劳动就业推荐，就近就便在县城找到了满意的工作。

为了帮扶四德一家人解决后顾之忧，实现稳定增收，打开幸福的大门，拥巴乡和娜帕村两级组织还经过民主评议，为四德的母亲、哥哥、妹妹以及四德安排了公益性生态岗位，又解决了他姐姐的村级科技特派员岗位。一家人享受着公益性岗位的政策托底，还有国家提供的农牧民粮补、草补等各项政策补贴，生活条件有了很大改观。

解决了一家人的后顾之忧，但四德也清清楚楚地意识到，政策托底不能代替个人奋斗，还需要在这个基础上付出自己的辛勤劳动，通过奋斗创造出属于自己的幸福生活。而自力更生、苦干实干、勤劳致富正是四德想要追寻的路。

自从搬迁到县城后，"见过世面"的四德成为了家里的"主心骨"，也开始承担起与他年龄并不相仿的家庭重担。为了更快增收致富，四德积极在县城周边寻找务工机会，他还带着哥哥、姐姐和妹妹一起打工。四德说，在工地上打工，虽然很多时候很辛苦，但能学习技能，又能增加收入，感觉特别踏实。

随着一家人都转变观念主动务工，四德一家的收入开始大幅增长，家庭纯收入也从2015年的1.3万多元增长到了2019年的5万多元。生活慢慢富足起来的四德一家，开始主动申请要求退出贫困户序列。

2020年，一直主动寻找机会的四德，变身成为了一位带领乡亲们脱贫致富的"引路人"。因为踏实肯干，很多项目负责人都愿意联系四德，请他做工或者联系施工队。随着四德掌握的务工信息越来越多，他也现身说法鼓励乡亲一起打工增收，在他的帮助和带领下，有21位娜帕村搬迁群众找到了工作。四德自豪地说："能带着大伙儿一起务工创收、共同致富，心里别提有多高兴了。"

"一家人的生活富裕，不算好；大家的生活好才是真的好。有党和国家的惠民好政策，有县里的贴心帮扶，我们更要自己加把劲，一起过上幸福、美好的生活。"

"到2020年11月为止，我们大家伙儿已经实现了总共12万元的打工收入，看到大伙儿都能赚到钱，就觉得自己做的事情特别有意义。"四德微笑地述说着，眼底透着一股不服输的坚定。

做一份力所能及的事情，能够帮助到乡亲们增收，让自己的内心变得更加充实，在努力实现增收致富的道路上，四德找到了越来越多的同路人。致富路上，大家也满怀信心，携手同行。

奔波忙碌的同时，四德并没有忘记学习，他希望通过不断提升劳动技能让增收步伐走得更快更坚实。就在2020年9月11日，四德顺利通过了八宿县建筑行业工程机械施工作业培训，取得了挖掘机操作证书，这也意味着四德的致富之路越走越宽了。

◆ 县易地搬迁安置点　摄影：西热多久

2021年，四德有很多美好的心愿，他希望自家收入能够实现新的跨越，把日子过得更加红火。他还想带领更多乡亲共同致富，一起奔向小康。

一家之主四德有话说：

"一家人的生活好不算好，大家的生活好才是真的好。有党和国家的惠民好政策，有县里的贴心帮扶，我们更要自己加把劲，一起过上幸福、美好的生活。"

八宿县脱贫攻坚概况

八宿县位于西藏东部，全县辖4镇10乡，总人口10643户48989人，其中农牧民有8415户44626人。2015年底，八宿县精准识别建档立卡贫困人口3170户15372人，综合贫困发生率达到34.52%。2016年以来，八宿县举全县之力，攻坚克难，全力推进脱贫攻坚，截至2019年底，实现3107户15922人摆脱贫困，109个贫困村脱贫退出，14个乡（镇）脱贫出列，全县脱贫摘帽，建档立卡脱贫人口人均可支配收入达到5737元，与2016年初相比增长61%。

洛隆县
乘着"东风"奔上致富路

王 涛

汽车驶入昌都市洛隆县孜托镇新区,阿托卡易地扶贫搬迁安置点映入了我们的眼帘,400多套极富藏东特色的安置房错落有致,依山排列。

格亚村阿旺次仁和向巴卓玛的新家,是一栋临街而建的二层小楼。一层除了厨房和卫生间外,还建有两间门面房。拾级而上,二层是巨大的露台与一家6口人生活起居的客厅和卧室。客厅里的实木藏式家具和家用电器应有尽有,女主人向巴卓玛把房间收拾得整洁有序。

新房的正对面,一辆红色的东风牌载重卡车停在空地上,这是搬迁到县里后,阿旺次仁一家添置的最重要的生产资料。如今,正是靠着这辆货车跑运输,一家人的生活一天比一天好。

"搬迁前,我们居住的格亚村是一个依靠种植青稞的农业村。"阿旺次仁端

◆ 阿旺次仁和他的爱车　摄影：西热多久

着茶碗打开了话匣子，"那时候，妻子患有慢性病，没办法从事重体力劳动，孩子们还都在上学，我是家里唯一的劳动力。"

洛隆县地处藏东横断山脉和怒江中游流域，在这里，念青唐古拉山与他念他翁山平行而过。洛隆的光照充足，属于高原温带半干旱气候。

洛隆县域呈扇形向东北方向倾斜，地势呈现出南北高、中部低的特点。在沿怒江河谷的地区，气温较高、降水量丰沛，农作物的返青期明显早于昌都其它地区，区域小气候特征明显。

一直以来，洛隆县都是西藏重要的商品粮种植基地县之一，经济以农牧业为主，这里出产的糌粑和酥油倍受区内外群众欢迎。

"我们县的糌粑很有名，一直很畅销！但是我们家里地太少，又缺少劳动力，所以我们种植青稞的收入并不多！"阿旺次仁当面给我们算了一笔账，他们家庭只有他一个强劳力，一家6口的耕地面积不到九亩。忙碌大半年下来，每亩地即便选用最好的青稞良种，产量也只能达到500多斤，平均下来总产量不到5000斤，一个人种地的收入还不到一万元，而且这大半年的时间都被拴在土地上。阿旺次仁说："那个时候，家里一年到头都没有什么活钱，一家人经济上挺困难！"

阿旺次仁告诉我们，2016年，即便是算上了国家给予农牧民发放的政策性补贴，全家的纯收入也只有19203元，算下来每个人才3800多元，根本达不到政府的脱贫标准。当时，最小的女儿达瓦拉姆即将出生，阿旺次仁却一筹莫展，他感受到一种从未有过的经济压力。

就在这一年，阿旺次仁一家被洛隆县精准识别为建档立卡贫困户。为了帮扶阿旺次仁一家，洛隆县"县乡村"三级脱贫攻坚组织和驻村工作队深入调研阿旺次仁家的基本情况，根据他们的家庭实际，鼓励一家人积极响应易地扶贫搬迁安置工作，搬迁到生产资料富裕、就业渠道多样、基础设施完善和生活更加便利的城区安置点生活。这样，不仅夫妻俩都会有份工作，还可以将自己的土地流转增收。

看到县里积极落实产业政策帮助农牧民就业，扶贫安置点规划合理，生活便利，各项公共服务配套齐全，阿旺次仁和向巴卓玛这才吃下了"定心丸"。

易地扶贫搬迁后，阿旺次仁一家也迎来了彻底改变他们命运的机遇。回想四年前，女主人向巴卓玛感叹道："要不是有党和国家推出的脱贫攻坚和易地搬迁好政策，我们一家到现在都还住在格亚村的大山沟里呢！"

"听说政府要让我们建档立卡的群众搬迁到新房子，我当时想都不敢想，

◆ 洛隆县全貌

◆ 幸福一家人（左二为阿旺次仁） 摄影：西热多久

就感觉自己是在做一场美梦！"回忆搬迁前的时光，阿旺次仁依旧难掩心里的喜悦，"全家人直到搬到了县城里，住进了建设一新的安置点，我才相信这一切都是真的。"

新建的安置点里通水通电通路，还为搬迁群众配套了幼儿园、卫生院、菜市场、活动广场等生活便民服务设施，让搬迁户们喜出望外，从心底里感谢党和国家的好政策。

自从2018年搬到了县城里的安置点，阿旺次仁和向巴卓玛一家的生活也开始发生翻天覆地的变化。干净整洁的居住环境，让全家人十分满意。"搬进了好房子，也迁来了好日子！"向巴卓玛的脸上笑容绽放，"我们一家人不仅住上了新房，孩子们上学也方便了。孩子们以前上学要走10多公里，路上的安全最让人担忧。"

"现在，孩子们在县城里就能读小学、中学，最小的女儿在安置点就可以上幼儿园。"阿旺次仁补充道，搬到安置点，孩子们上下学都不用操心，心里的担忧放下了，我们也就可以安心工作、努力致富了。

向巴卓玛抢过丈夫的话茬，"搬过来以后，劳动就业部门就组织我们参加了技能培训，大家可以根据自己的实际能力和爱好进行培训，培训完还能拿到县人社部门的结业证书，方便我们在家门口就近就便找工作，就业的路径多了，不仅增加了家里的收入，还更加稳定了。"

有国家的政策帮扶，更要有自力更生的努力。解除了一家人的后顾之忧后，爱动脑筋的阿旺次仁也开始谋划自家的小康梦。

阿旺次仁看到洛隆县城日新月异的变化，同时也看到了建筑施工中的无限商机。考虑到县里基础设施建设对施工运输车辆有巨大需求，运沙石、跑运输一定是目前最好的增收途径，两口子商量后决定买辆车。

通过洛隆县人社部门的牵线，阿旺次仁完成了运输车辆驾驶技术的统一培训，顺利考取了机动车驾驶证。随后，小两口又通过农业银行的精准扶贫无息贷款，借贷4万多元钱购置了一辆二手东风牌运输车。

很快，阿旺次仁还通过驻村工作队的帮助，获取了县城各个工地上的运输信息，一家人就这样乘上"东风"，奔上了增收致富路。

这一年算下来，光是运输建筑沙石，阿旺次仁一家就成功赚到了5万多元，把小两口都惊到了。还完贷款，还剩7000多元钱纯收入，这也让阿旺次仁和向巴卓玛更加坚定了感党恩、听党话、跟党走的信心决心。

为了给搬迁群众创造更多增收渠道，洛隆县还推出了多项举措实施转移就业，为易地搬迁群众提供稳定的工作岗位。

向巴卓玛说："经过劳动部门培训，自己也在县里的物业管理公司找到了一份工作，每个月可以拿到3000多元的工资，这样家里又增加了一项稳定收入。"

"以前在老家，自己什么重活都干不了，只能在家带带孩子。搬到县城安置点以后，家里的经济条件和生活条件变得越来越好。现在家里人想吃什么就吃什么，想要什么就买什么，这些都要感谢党和国家的扶贫政策，才让我们过上了今天这般幸福的生活！"向巴卓玛心怀感激道。

如今，阿旺次仁一家还成为了阿托卡易地搬迁群众学习的榜样。他们也通过自己的亲身经历，给周边的搬迁群众现身说法，让大家牢记党的恩情，借助政府的利民惠民政策，通过自己勤劳的双手走向致富的道路。

对于未来，向巴卓玛充满期待："现在的幸福生活，是我们以前想都不敢想的，如今却都变成了现实。所以我们更加坚信，在党和国家这么好的政策指引下，只要我们自己辛勤努力，日子还会越过越幸福！"

对于拼搏努力的阿旺次仁而言,搬迁让他变得越来越自信,他希望2021年能为自己换一台更大的运输车,也有望赚到更多的钱,带着一家人在奔小康的道路上跑得更快更幸福。

一家之主阿旺次仁有话说:

"党和国家为我们农牧民群众提供了这么好的利民惠民政策,我们搬迁群众一定要团结起来、邻里互助,通过自己的双手、依靠劳动技能撸起袖子加油干,共同奋斗出属于家家户户的幸福日子。"

洛隆县脱贫攻坚概况

洛隆县是西藏自治区确定的44个深度贫困县之一。2016年初,全县精准识别建档立卡贫困群众达到3639户18258人,县域综合贫困发生率达到28.44%。2016年以来,洛隆县通过扎实工作,全力推进打赢脱贫攻坚战。2018年,洛隆全县脱贫摘帽,实现65个贫困村居全部脱贫退出。截至2019年底,洛隆县建档立卡贫困群众人均纯收入从2016年底的3324.1元提高到了8435元,贫困发生率降至零,洛隆县贫困人口全部稳定脱贫。

边坝县
脱贫路上的温暖故事

王 涛

从边坝县城西北的若堆达山观景台放眼望去,边坝县城面貌一览无余,因为县城所处的地势狭长等原因,边坝县城只能夹山而建,蜿蜒的麦曲河穿城而过,一路向北汇入怒江。

如果要问现在边坝县城哪里房子建的最好,无论你从县城哪个角度放眼望去,最显眼的建筑一定是民族路上新建不久的易地扶贫搬迁安置小区,藏东的橘黄配上高原的棕红,那明亮的色彩瞬间就能映入你的眼帘。

就在2019年的下半年,来自边坝县草卡镇苏东村的龙青一家与县里其他200多户建档立卡群众相继迁入民族路易地扶贫搬迁安置小区,从此开始了他们崭新的生活。

平均海拔在4000米以上的边坝县,位于昌都市西部,东连洛隆县,北接丁青县,南邻波密县,西靠嘉黎县,这里曾经是昌都通往那曲连接拉萨的重要驿道。

◆ 温馨满满的全家福（右一为龙青）　　摄影：西热多久

而念青唐古拉山脉也在边坝县横切出一道南北分水岭，在边坝县域上下形成了怒江和雅鲁藏布江两条重要的水系。

在过去，由于受到历史、地理和区域等多重因素的影响，边坝县一直是昌都市一个欠开发也欠开放的县。全县经济发展水平极不平衡，农牧业发展相对缓慢，当地的农牧民群众增收渠道狭窄，贫困群众点多面广。就在2015年年底，国家脱贫攻坚战全面打响之初，边坝县的综合贫困发生率高达36%。

就在这一年，刚刚分户单过不久的龙青一家，被纳入了建档立卡贫困户。

正值34岁的龙青，怎么也不会想到自己一家人就这样成为了大家口中所说的建档立卡贫困户！

早在几年前，龙青和妻子顿珠刚从家里分出来单过时，两口子没有从家里带走一件值钱的东西。分家之后，两口子带着两个女儿的生活也并不容易。但在龙青的心里，他一直想要依靠自己的聪明才智和勤劳的双手，让妻子和女儿们过上幸福的生活，始终期盼着能够拼搏出属于他们一家的精彩人生。

分家之初，小两口既没有房子，也没有多少存款，一家四口人只能暂时租住在边坝县草卡镇一间十来平米的小屋里。夫妻二人没有工作，手头拮据，只能东拼西凑地借钱买了一辆二手的小货车。

分家之前，龙青就考察过市场，也经过了深思熟虑。在那时候，他已经开始留意到县城里的日用百货零售生意。当时他就发现，由于边坝县所属的各个乡镇、村庄，大都分隔在怒江上游的大山之间，村民要想出趟远门购买日常生活用品很不方便，既耗时间也耗精力。龙青经过反复思考，认识到只要百姓有需求就一定会有市场，要是自己能把这些日用商品和百货服装送到农牧民群众的家门口，不仅可以方便群众生活，自家的收入也不会差，便认准了经营日用百货生意的路子。

购买了货车后，龙青说干就干。从了解群众所需，到挑选日用百货，龙青都是亲力亲为，他要摸清边坝县百货市场和农牧民的真实需求。准备好各色百货商品，龙青开上他的小货车，开始了自己走村入户的生活，他也变身成为了一名行走在乡间的卖货郎，把各种各样的小商品和服装送进了离县城偏远的山村里。

"起初，因为我们没有经验，感觉便宜就买了一辆二手车。小货车只开了不

◆ 龙青在边坝县城展销街盘的商铺里　摄影：西热多久

到一年时间，车辆总会出现各种各样的故障，导致赚来的钱都用去修车了！"送货下乡的生意没办法继续做了，无奈之下，龙青只能卖掉货车。这样一来，一家人的生活仿佛又在那瞬间回到了当初分家单过的时日。

这一次，一直自信的龙青也开始犯起了难，虽然能清楚地看到边坝县百货市场上的商机，可手里却缺少做生意的启动资金。

伴随国家脱贫攻坚战的深入实施，驻村工作队和草卡镇也了解到了龙青创业中的困难，在他们的帮助下，龙青开始了解到国家推出的诸多扶贫惠民政策。通过不断地学习，龙青也逐渐关注到县里配套出台的针对建档立卡群众的相关产业扶贫政策，敢想敢干的龙青又一次看到了一家人通往增收致富道路的希望。

如何才能借力政策东风？如何申请帮扶资金？又该如何用好贷款，让家里尽早脱贫？龙青反反复复地思考着，他开始主动寻求边坝县和草卡镇各级党委、政府的帮助与支持。

2018年，在边坝县草卡镇民族路社区的大力支持下，龙青成功申请到了一笔10万元的精准扶贫专项贷款。正是利用了这一笔贷款，龙青在边坝县城的展销街盘下自己的第一家商铺，而60多平米的铺面也足够他大展拳脚了。

为了能进到价廉质优的百货，吃苦耐劳的龙青会驱车800公里，到拉萨市场亲自挑选日用小商品和服装。通过两年多时间的悉心经营，熟谙销售技巧的龙青把自己的生意做得风生水起。

"现在，每个月光是百货店的纯收入，已经可以达到6000多元了，我们家里的生活也一步步富足起来，越过越好！"龙青开心地说道。

生意迈上正轨的同时，龙青一家人又收获了第二件喜事。一直没有住房的龙青，这一次享受到了国家实施的易地扶贫搬迁好政策。

"120平方米的大房子，坐着电梯就能到家门口，有三间卧室和大客厅，还有独立的厨房、餐厅和卫生间……"说话间，开心的龙青一直笑得合不拢嘴。当龙青一家人拿到新房钥匙的那一刻，他们开心得像个孩子。龙青笃定地说："要不是有党和国家的易地扶贫搬迁政策，我们想都不敢想能住上这样的好房子，这都是托了共产党的福！"

自家的生活状况越来越好，但龙青并没有忘记其他那些生活还不宽裕的搬迁群众。只要他一有时间，就会主动和大家唠家常、聊想法。更重要的是，龙青还当起了脱贫攻坚的义务"宣讲员"，给大家讲解党和国家的脱贫攻坚惠民政策，

◆ 民族路易地扶贫搬迁安置小区　摄影：西热多久

他希望能带动身边人一起转变观念，共同勤劳致富。

了解到一部分搬迁群众思想转变比较慢、观望等待的心态还很重，想创业又怕失败，龙青就主动参与到民族路社区开展的"身边人讲身边的致富故事"主题教育活动中，他不仅为社区群众讲述自己的创业经历和经验教训，还会帮助大家一起梳理创业思路、寻找不同的就业创业项目。

2020年初，百货生意已经越来越稳定的龙青又一次主动找到民族路社区，并通过社区聘请了两位搬迁群众到自己的百货商店工作，他想用自己的实际行动来带动周边搬迁群众共同增收致富。

2021年，龙青又开始筹划自己更大的梦想，他希望年内能扩大自己的门店，在县城再开一家百货店，把生意做大做强。同时也可以尽自己所能，为更多群众提供就业平台。

面对未来，龙青更期待自己的三个孩子努力学习，能够依靠知识的力量走出大山，到更广阔的世界去看一看。他还希望孩子们用知识去改变命运，能够过上自己向往的幸福生活。

一家之主龙青有话说：

"我们要知足，更要懂得感恩！党和国家为我们老百姓提供了这么多好政策，帮我们易地扶贫搬迁，解决大家的后顾之忧；为我们提供扶贫贷款，创造脱贫致富的好机遇，我们更要努力劳动，用自己的双手勤劳致富，尽早过上幸福的生活。"

边坝县脱贫攻坚概况

2015年，边坝县精准识别建档立卡贫困人口12924人，综合贫困发生高达36%。2017年12月被自治区列为深度贫困县之一，全县10个乡镇被列入深度贫困乡镇、71个村被列为深度贫困村。经过全县干部群众的不懈努力，边坝县累计减贫3017户15381人。2018年12月，边坝县脱贫攻坚工作通过了自治区第三方评估验收。2019年1月，经自治区人民政府批准，正式退出了贫困县区序列，提前两年实现脱贫摘帽。

丁青县
绿色希望"种"出幸福生活

王 涛

进入冬季,昌都市丁青县县城周边的山峰已经被白雪覆盖,丁青的室外温度降到了零度以下,漫长的冬日开始取代这里温润、凉爽却又短暂的夏天。

丁青县地处昌都市西北,西连那曲市的巴青县和索县,是国道317线上的重要站点。夏季,丁青是绿色的、富足的,盛产各色高原物产;但冬季,丁青又回到了白色的、匮乏的季节,大地仿佛进入了封冻期。国道线就成为丁青县最重要的生活物资和蔬菜补给线。

不过如今,丁青缺少蔬菜的冬日开始渐行渐远,人们通过现代科学和技术手段,在冬日的丁青种植出了蔬菜,也改变了过去干部职工吃不上新鲜蔬菜的历史。

丁青县城西,一眼望去是一排排映衬在雪山和蓝天下的温室大棚,这就是协雄乡农业生态产业园区。一走进温暖如春的大棚,内外温差会在瞬间给相机镜头

◆ 罗布巴旦一家（后排右一为罗布巴旦）　　摄影：西热多久

玻璃蒙上一层白雾。

大棚内，各色新鲜蔬菜鲜嫩翠绿，娇艳的圣女果开始成熟，易地搬迁户罗布巴旦在和村民一起采摘分装，不久之后，这些有机圣女果就会被送上丁青县城的各个销售柜台，县城里的各族干部群众就可以买去尝鲜。

罗布巴旦自豪地告诉我们："农业生态产业园里现在可以种植近20多种蔬果品种，一年四季可以源源不断地为县城和周边乡镇群众提供新鲜蔬果。"

今年33岁的罗布巴旦，是穹娜村易地扶贫搬迁安置点的安置户，也是丁青县津鹏农业发展有限公司的农技管理员，还是县惠民蔬菜种植合作社的主要成员和协雄乡农业生态产业园的种植组长。

2009年，20出头的罗布巴旦喜欢倒腾机械，也开始学习驾驶技术。一年多后，顺利取得了机动车驾驶执照，便开始给别人打工跑长途。对他而言，那段时光开心懵懂，没有压力。

2013年，罗布巴旦在县城认识了现在的妻子扎西措姆，他也从生活了20多年的协麦村父母家搬了出去，开始独立生活。成家后的罗布巴旦，没能迎来立业，却走到了自己的人生低谷，开始了一段没有目标的混沌时光。

"婚后,我们没有自己的房子,只能租住在丁青镇上。那一年,妻子已经怀上了大女儿,小家里到处都需要用钱,我们俩的日子一下子变得入不敷出了。"罗布巴旦看着扎西措姆回忆道。

"最穷的时候,我的口袋里只有80多元钱,连房租都掏不出来了!"罗布巴旦只好靠着四处寻找亲戚朋友借钱,才勉勉强强渡过了家里的难关。

日子苦归苦,可生活还要继续。2015年底,随着小女儿的出生,罗布巴旦家的经济彻底走入低谷,被确认为丁青镇精准识别的建档立卡贫困户。

罗布巴旦一家的命运转折,是从2017年悄然开始的。这一年,罗布巴旦先是成为了丁青县津鹏农业发展有限公司运营的农业生态产业园的帮扶对象;随后,他们家又成为了协雄乡穹娜村易地扶贫安置点搬迁的第一批成员。

作为丁青县的招商引资项目,津鹏农业发展有限公司入住后,就与丁青县惠民蔬菜种植合作社达成了劳务合作意向,他们优先选择有意愿的建档立卡群众进行培训,帮扶困难群众学习种植技术,罗布巴旦也是从这时开始接触温室大棚,学习蔬菜种植繁育技术。

"虽然没吃过猪肉,但怎么也见过猪跑。"罗布巴旦在心里暗想,"不就是种蔬菜嘛,这多简单!就跟种青稞一样,到季节种到地里不就能长出来嘛!"

学习种植的第一年,"轻敌"的罗布巴旦吃尽了各种苦头。原本想着种菜就像种土豆、种萝卜一样简单的他,好像怎么也伺候不好这些"金贵"的蔬菜苗。罗布巴旦笑着回忆道:"最难的时候,都已经打起了退堂鼓,总觉得自己学不会

◆ 丁青县全貌

◆ 在温室大棚里忙碌的罗布巴旦　摄影：西热多久

了，想要放弃学习种植技术了。"

好在聪明好学的罗布巴旦没有放弃，通过公司外请的蔬菜专业技术人员耐心细致的讲解和手把手地传授，罗布巴旦开始爱上了蔬菜大棚，也迷恋上了绿色的种植世界。

看到种苗繁育室里那些奇奇怪怪的试管和瓶瓶罐罐，看到精心挑选的植物种子破土而出，看到一棵小小的幼苗长出不一样的果实，看到蔬菜大棚内的温度还能够人工控制……惊喜之余，罗布巴旦一点一滴地努力积累着栽培知识。

一年多的努力学习和坚持，也换来了罗布巴旦的成长。如今，罗布巴旦已经成为津鹏公司在当地聘请的农业技术管理人员，开始带领着其他员工一起耕耘，一起收获。

随之而来的，还有罗布巴旦个人收入的稳定增长。他说："没有学习蔬菜种植前，我们家的年收入总是徘徊在1万到2万元；学习种植后，别人一个月挣3600元，我能挣到4200元。加上公司在虫草采摘季给予管理岗位的奖励工资，我现在一个人的年收入就已经超过了5万元。"

成为技术管理员后，罗布巴旦在工作中更加勤奋认真，只要有时间他就会找技术员请教学习，钻研栽培新技术。"现在只要有时间，我就愿意在老师的指导下做一些栽培试验,看着一株株破土而出的绿色生命,就仿佛看见了自己悉心带大的孩子,心里特别高兴。"

罗布巴旦思考着说:"我们现在种植的很多蔬菜品种,过去在丁青县城大家都没有见过,更不要说是品尝了。现在,我就想把更多蔬菜品种引进到丁青,待栽培成功,就能让大家的餐桌变得更加丰盛。"

自从学习了蔬菜种植,全家人也爱上了大棚里培育的各种蔬菜,"现在家里人都爱吃蔬菜,基本上顿顿都要吃上一两种蔬菜,特别是我的两个女儿都爱吃我种的菜。"

如今,小有所成的罗布巴旦,已经不再满足于只是自己学好种植技术了,他变身成为了一名乡村技术员,会到周边乡镇传授蔬菜种植技术,希望能把自己学到的知识传授给更多的乡亲。

2020年,罗布巴旦主动开始学习有机蔬菜的种植和管理技术。2021年,他希望自己能再接再厉,把学习到的有机蔬菜种植管理知识运用到目前的生态产业园里,把蔬菜种植得越来越好,把产业园管理得越来越好,让大家吃到更多放心蔬菜,也让每一位参与其中的人收获到更多绿色红利。

一家之主罗布巴旦有话说:

"过去,自己开车跑长途,要经常往来于丁青和拉萨之间,不仅辛苦,而且危险,即便如此,家里的收入也不稳定。现在,我在家门口就能上班,不仅收入高,还稳定,也有了更多陪伴家人的时间。我们真切感受到了党和国家好政策带来的幸福与甘甜!"

丁青县脱贫攻坚概况

2015年底,丁青县精准识别建档立卡贫困户2867户10886人,全县综合贫困发生率13%。脱贫攻坚战打响以来,丁青县立足本县实际,不懈努力。2017年底,如期实现全县脱贫摘帽;2018年8月,丁青县通过了国家"第三方"评估验收。2019年底经过动态调整,全县3166户14051人全部实现稳定脱贫,贫困发生率清零,基本消除绝对贫困。

类乌齐县
"爱管闲事"的帅小伙"踩实"脱贫路

王 涛

贡嘎郎加的新家窗明几净，面积足足有100平方米，他和爱人把客厅装饰得漂漂亮亮，两口子还为家里添置了多用途的电视柜以及柔软的沙发和卡垫床，藏式的茶几上早早摆上了风干肉和卤牛肉，还有散发着油香的炸面果，燃烧的炉火使冬日的屋内暖烘烘的。"这可是入冬前宰杀的新鲜牦牛肉，我自己煮的，炸油面果也是自己做的。"又高又帅的贡嘎郎加边说边为我们斟上自家打的酥油茶。

贡嘎郎加有着藏东汉子典型的壮硕体魄，黑红的脸庞也藏着高原人的内秀与淳朴。他们一家所在的卡玛多新村，是类乌齐县结合国家新型城镇化和新农村建设而规划实施的易地搬迁扶贫安置新村，村庄紧邻317国道。

走近卡玛多新村，一栋栋新建的藏东民居错落有致，水泥硬化路面通向家家户户门口，村委会、卫生院、村民活动室等配套附属设施一应俱全。

但在2017年之前，贡嘎郎加生活的卡玛多村可不是现在这个模样，那时的小村庄村民房屋布局杂乱、村容村貌陈旧衰败、群众的居住环境也相对落后。

◆ 贡嘎郎加一家（后排左一为贡嘎郎加）　摄影：西热多久

　　昌都市类乌齐县地处藏东北，紧邻昌都市府所属的卡若区。类乌齐属于典型的高山峡谷地貌，这里风景优美，河网密布，澜沧江的支流吉曲、柴曲和格曲贯穿全县，还有怒江、金河、昂曲等水系经县域流淌，独特的自然环境和地理地貌不仅孕育出类乌齐县丰富的野生动植物资源，也造就出这里非常良好的自然生态环境。

　　虽然自然禀赋优渥，但是在2015年之前，类乌齐全县产业发展仍然相对滞后，当地农牧民群众增收渠道狭窄单一，广大群众缺少劳动技能，自身发展能力不足、思想观念依旧落后。在精准扶贫工作开始的2015年底，类乌齐县综合统计的全县人均可支配收入仅有2500元，全县县域内综合贫困发生率接近29%。

　　与类乌齐县众多建档立卡户相似，贡嘎郎加一家五口人，主要是依靠夫妻二人从事牧业生产，由于家庭豢养的牲畜并不多，他们家的畜产品产出也十分有限。除了传统的牧业生产以外，贡嘎郎加一家人的其他收入来源，主要是依靠他们所在的卡玛多乡的山林和草场资源，增收不仅季节性很强，而且收入也不稳定。

　　由于自己家有三个孩子，贡嘎郎加虽然早早就动了外出务工的心思，却又

◆ 独具特色的民居　摄影：西热多久

无法长时间出远门务工。贡嘎郎加笑着回忆说道："当时，家里最大的孩子才7岁，最小的只有1岁，三个孩子年纪都还小。如果我外出打工，白玛拉措既要顾牧场，又要顾小孩，还得独自操持家务，一个人根本忙不过来。"

除了需要照顾家人，其实在他心里还有个最大的顾虑，因为自己很早就辍学了，贡嘎郎加除了掌握一部分牧业生产技能外，其它劳动技能都很欠缺。如果外出务工，不仅不好找工作，也找不到什么好工作。用贡嘎郎加自己的话说：找到的工作不仅不满意、工资也低，自己一个人在外的花销也大，更别提要增收致富了。

为了能改变一家人的境遇，早在2013年贡嘎郎加就开始谋划做些力所能及的小生意。就在这一年，贡嘎郎加和妻子四处筹钱，在卡玛多村紧邻的卡玛多乡里办起了一间小卖部，两人都期待着通过经营生意，能够让自家的小日子变得红火起来。

初入商海，贡嘎郎加并没有太多的经验。而卡玛多乡所处的地理位置并不优越，乡镇人口也十分有限，加之夫妻二人售卖的商品种类并不丰富，小卖部的生意总是起起落落。

就在经营生意的同时，"爱管闲事"的贡嘎郎加很多时候还会操心其他事情。大家发现，他家的小卖部时不时就会闭门歇业，贡嘎郎加一定又跑回村里调解乡亲们的家长里短去了。

贡嘎郎加喜欢"管闲事、话公道",是受到了村里老党员们的"言传身教"。在他眼里,老党员们总是先人后己,热心为村民服务,调解村民矛盾,帮助大家解决生活里遇到的各种实际问题。渐渐地,老党员们的一言一行,也在贡嘎郎加的心底埋下了一颗"种子",他是真心实意想要为乡亲办事、为群众服务,也希望大家能够共同努力,让卡玛多村变得越来越好。正因为如此,在贡嘎郎加25岁生日刚过不久,他就向党组织递交了入党申请书。三年后,贡嘎郎加得偿所愿,光荣地加入了中国共产党。

也因为热心村里的事儿,贡嘎郎加却荒废了自家的"正事儿"。两夫妻的小卖部开了三年多,因为多种原因导致经营不善,他们的小卖部被乡里新开的一间小超市"挤垮"了生意,没赚到钱的夫妻二人只能关门歇业。

小卖部关了门,贡嘎郎加家里的日子也依旧没能富裕起来。但平日里,他却变得越来越忙碌。因为为人处事公正,又敢讲真话"得罪人",村里找他话事儿的群众越来越多,从村容村务、牧草纠纷,到邻里关系、家长里短……只要村里人找到了贡嘎郎加,他总是会倾尽全力来帮助大家。

到了2016年,贡嘎郎加一家五口的全年总收入依旧徘徊在1.6万多元。虽说在当时,以他们家的收入水平,已经超过了当地很多的村民,但如果平摊到贡嘎郎加五口人头上,就变成了3300元钱的人均收入,一家人的生活还是很拮据。

伴随国家脱贫攻坚工作的全面启动,经过县、乡、村精准识别,贡嘎郎加一家被类乌齐县识别为建档立卡贫困户。

爱助人为乐的贡嘎郎加变成了被帮扶的对象,这让好强的贡嘎郎加心里五味杂陈。但转念一想,如果要想更好地帮助村民们谋发展、增收入,自己不是首先

◆ 类乌齐县全貌

应该自力更生、带头作出表率吗？他要用实际行动，带领卡玛多村的乡亲们脱贫致富，更想成为大家伙儿都认可的带头人。

从那以后，贡嘎郎加和白玛拉措开始更加主动地学习知识、了解国家政策。看到国家给予建档立卡群众那么多精准扶贫的好政策，他也开始和妻子主动寻找学习机会。

他们积极参与到县人社部门组织的各类技能培训中。几年间，贡嘎郎加和白玛拉措相继参加了厨师技能、施工技能、旅游酒店技能等培训，妻子白玛拉措还取得了"国家新型职业农民"的培训证书，两人也暗下决心要用自己的双手创造更加美好的生活。用真心努力付出，就有点滴积累回报，他们一家人的生活开始一天天变得红火起来。

贡嘎郎加在增收致富中的热心、努力和改变，都被村民们看在眼里。就在2017年，卡玛多村举行村民委员会换届选举，助人为乐、为人正直的贡嘎郎加被村民们推选为了全村的村务监督委员；之后，妻子白玛拉措也被乡里选聘为乡镇特设的科技特派员。

如今，富裕起来的贡嘎郎加，把自己的更多精力投入到了卡玛多村的村务工作中，他认真听取广大村民的意见和建议，主动带领大家学习政策、谋划发展。

一家之主贡嘎郎加有话说：

"乡亲们现在的美好生活，都离不开党和政府的关心与关爱，我们更要学会自力更生、勤劳奋斗，用自己的辛勤努力去创造更加幸福的生活。"

类乌齐县脱贫攻坚概况

2015年底，类乌齐县初始识别建档立卡贫困人口达到3481户14519人，当年全县的人均可支配收入仅为2500元，综合贫困发生率达到了28.83%。五年来动态调整后，类乌齐县共计实现3672户17809名贫困人口和82个贫困村（居）全部脱贫，并于2018年顺利通过国家第三方评估考核验收，贫困发生率降至零。2020年，类乌齐县建档立卡人均纯收入已经实现7104元。

卡若区
用画笔带领大家描绘幸福模样

王 涛

冬季里的昌都市卡若区卡若村静谧安详，村民们沿坡修建的新房鳞次栉比。而卡若小伙洛松郎直的新家就在村子的半坡上。

如今，经过重新规划建设的卡若村面貌焕然一新，也有了一个响当当的名字——"卡若·北京新村"。

卡若村所在地，是澜沧江上游地区著名的新石器时代遗址——卡若遗址的发掘地，也是学界公认的西藏三大原始文化遗址。

洛松郎直一家原本并不生活在现在的卡若村。五六年前，他们一家还生活在一个被当地老百姓称为"勒龙雄"的自然村，那时的上学路需要走近两个小时。"家里除了阿嬷（奶奶）、阿妈，还有两个弟弟，我是家里的老大！"洛松郎直回忆着说，"那时候家里穷，想喝口奶茶都喝不到。"

15岁时，刚刚初中毕业，热爱学习的洛松郎直却失了学。作为家中的长子，他要走出大山，开始承担起一家人的生活重担。"那时候，初中毕业没有工作技

◆ 洛松郎直一家（左一为洛松郎直）　　摄影：西热多久

能，自己只能在山下的企业（原卡若水泥厂）里打打散工，搬水泥、筛沙子……有工作的时候，一天下来可以赚个二三十元钱。"

因为视力二级残疾和工作技能单一，洛松郎直一直没有办法实现稳定就业。刚开始务工，如果哪个月洛松郎直没有找到活干，他们一家老小的生活也就失去了着落。

洛松郎直家里的老房年久失修，操劳的母亲也日渐老去，小弟弟还需要继续学习……而洛松郎直打散工的收入，根本无法改变一家人拮据的生活，在命运重压下的洛松郎直，也容不得有一刻喘息的时间。

就在洛松郎直愁眉不展、看不到前进方向的时候，国家精准扶贫的政策像阳光一样照亮了他们一家人的生活。2015年底，国家脱贫攻坚工作正式全面启动，卡若镇卡若村了解到了洛松郎直家庭的实际困难，经过"七看、三比、三公示、两公告"后，将他们家纳入了建档立卡贫困户中。当地驻村工作队和村"两委"还经常入户到他家里了解情况，给他宣讲国家的精准扶贫政策，同时帮助他们一家申请公益性生态岗位。此时，洛松郎直还通过昌都市卡若区人社部门的牵线，积极参与到各类技能培训中。经过培训，洛松郎直成为了卡若区"卡若儿童游乐园"里的一名儿童游乐设备操作员。

早在初中毕业的时候，洛松郎直的心里一直有一个梦想，那就是希望自己能读完高中考取一所师范院校，成为一名教书育人的人民教师。虽然儿时的梦破碎了，但他不相信自己和家人的生活会这样一直贫穷下去，他坚信通过自己勤劳的双手眼前的日子会越来越好。

虽然没能实现大学梦，但正是他年幼时的爱好，成为了改变人生际遇的敲门砖。

刚上小学的时候，他喜欢每天写写画画。上学的山路上，树枝成了他手中的画笔，大地变成了一幅天然画板，天空中飞翔的雄鹰、山间里飞奔的野兔……只要映入洛松郎直双眼的一切，都是他画画的素材。

而机遇与成功也永远会青睐有准备、有实力的人。

15岁开始打零工的洛松郎直一直坚持学习，只要一有机会他就会练习传统墙绘，没有专业的老师教，洛松郎直就会在打工的间隙悄悄学；画师们中午一休息，他就拿起画笔偷偷描；一点点、一滴滴，"存入"洛松郎直脑海中的墙绘纹样越来越多，绘画技艺也日渐成熟。

"那时候还在家门口的儿童乐园工作，随着自己的工作稳定了，我就会利用工休的时间，找昌都市初级中学的多加老师拜师学习，开始更加系统地学习西藏传统绘画技艺。"洛松郎直说。

◆ 洛松郎直作画时引来孩子们的围观　摄影：西热多久

人生需要梦想，未来方能绽放。经过两年的坚持不懈，洛松郎直感觉自己正在离梦想越来越近，他也开始筹划着主动去改变自己的生活轨迹，他要选择一条属于自己的人生道路。

2017年，在卡若区和村"两委"的帮助下，洛松郎直第一次以"藏式墙体画师"的身份参与到了昌都市生格宗花园建设项目当中，他也开始用自己手中的画笔去实现人生梦想。经过大半年的忙碌和辛勤付出，洛松郎直挣到了10多万元纯收入。

洛松郎直回想着说："第一次看到这么多钱，心里又激动、又忐忑，这一次我真的找到了人生目标！"

有了第一次的成功，敢想敢干的洛松郎直在2018年注册成立了属于自己的洛郎彩绘有限公司，开始带领6位同样有绘画技艺的农牧民群众一起开拓市场。2020年，洛郎彩绘有限公司的员工已经从最开始的六人增加到了28人。每逢工程旺季，他还会联系招收学徒工和散工，他要带领大家一起勤劳增收。洛松郎直说，2019年底我们彩绘公司的年利润已经达到了100多万元，这可以为公司的每一位员工带来人均近3万元的工资性收入。

2018年8月间，中共中央政治局常委、全国政协主席汪洋赴藏考察。在昌都调研期间，汪洋专程走进洛松郎直家做客，勉励他不断增强自身发展能力，要继续带领群众共同增收致富。

"一个人的生活好了不算什么，要让大家的日子过得好起来才最幸福，于是，我于2018年光荣地加入了中国共产党。"洛松郎直骄傲地说。

洛松郎直解释道，为什么要加入中国共产党？因为共产党是真心实意要让群众过上幸福的好日子，而老百姓也都相信共产党能带领大伙儿过上幸福的生活，所以自己一定要成为一名共产党员，要让群众相信自己，相信我能够带领大家一起奔向美好的生活。

2020年，瞄准多产业发展的洛松郎直，还抓住昌都市农牧民群众日常喜爱吃腌菜的生活习惯，承包下了卡若区原有的老腌菜厂。随后，洛松郎直选派了二名农牧民员工到拉萨学习腌菜加工技术。洛松郎直介绍道，腌菜厂不仅吸纳了当地16名农牧民群众实现就业，也就近消化了当地农牧民群众种植的蔬菜。

"我们目前还只能简单腌制大白菜等蔬菜品种，腌菜的种类还是太少了！"新的一年，洛松郎直希望到邻近的云南省去学习取经，也从当地聘请专业技术人员来昌都指导生产，他要进一步丰富厂里的腌菜品类，同时扩建厂房，扩大生产规模。

◆ 卡若区全貌

洛松郎直满怀希望,他要在丰富百姓餐桌的同时,吸纳更多农牧民就业增收。

就在2020年,洛松郎直开办的洛郎彩绘有限公司和卡若腌菜加工厂双双收获了昌都市卡若区授予的"农牧民转移就业培训基地"称号,洛松郎直也开始肩负起带领更多农牧民群众增收致富的使命。

从路远破败的土木房,搬到崭新坚固交通便捷的北京新村;从寂寂无名一无所长的小工,成长为带领群众增收致富的企业家。经历了浴火重生的洛松郎直打心底感恩党和国家,感恩一系列惠民政策让他们一家的日子有了翻天覆地的变化。

一家之主洛松郎直有话说:

"要脱贫不能睡大觉,致富也不能'等靠要'。党和国家给了农牧民群众这么好优惠政策,就是想让大家致富奔小康,我们要抓住机会努力奋斗。未来,我还要带着大家一起成立农牧民绘画和腌菜合作社,要和大家一起努力增收,奔向幸福之路。"

卡若区脱贫攻坚概况

2015年底,昌都市卡若区精准识别建档立卡贫困人口3192户13030人,综合贫困发生率达到15.3%。卡若区通过实施"五个一批"和"十项提升"工程,到2016年底实现3085户12699人稳定脱贫,退出贫困县序列,实现脱贫摘帽。2017年8月,卡若区通过了国家第三方评估验收。

2019年底,卡若区经动态调整后,实现3371户15277人全部脱贫摘帽,贫困发生率降至零,基本消除绝对贫困。

察雅县
幸福生活从一间房开始

王 涛

53岁的伦珠，是一位65后的汉子，个子不高、清瘦精干。一走进他家位于察雅县岗孜卡易地扶贫搬迁点的小院，一股温暖的气息迎面扑来。这是伦珠在易地搬迁后的第一个冬天在院顶上加盖的阳光棚，他希望阳光棚能为全家人遮蔽风雨，也能守住家的温暖。

如今，即便到了冬天，花盆中种养的天竺葵也依然叶片翠绿，伦珠移栽的山葡萄藤也顺墙攀沿，小院里一片生机盎然……

伦珠笑脸洋溢，指着窗架上已经晾晒的牦牛肉说，这可是今年为家里购买的一头整牛，够一家人好好过一个藏历新年了。一侧的楼道间里，还整齐地码放着伦珠一家新打的青稞和油菜籽。

回想起几年前，那时候的伦珠和一家人还生活在一个被叫做"梅巴"的山村里，那是澜沧江上游一座搭建在山顶的小村落，村庄被横断山脉阻隔，山村干燥缺水、村民出行不便，农牧民群众依旧延续着当地靠天吃饭的农耕牧作生活。

梅巴村是隶属于昌都市察雅县的一个自然村，那里距离察雅县城有足足40多公里的路程。但在伦珠一家的记忆里，这40多公里的路程却有种总也走不尽的感

◆ 其乐融融的一家人（右一为伦珠）　摄影：西热多久

觉。由于梅巴村的山路陡峭，村民们通行最好的交通工具就是摩托车。村民的日常所需和村里的农耕物资，都需要依靠大家点点滴滴驮进大山里。

那时候，山高路远、收入微薄，生活也拮据……任凭吃苦耐劳至不惑之年，伦珠一家人才攒齐了盖新房的木料和石材。一家人齐心协力，硬是花了两年多的时间才盖起了属于他们自己的"新房子"。伦珠回忆着说，在两年的时间里，他们家的房子总是盖一点停一段时间，又盖一点又停一段时间，只因盖的时候发现少一样材料，一家人便只好停下来等材料备齐了再重新开工建房。

虽然建起了新房，但由于建房花光了家里的积蓄，房子建好后，伦珠已经没有钱去购买什么像样的家具了。新房的落成并没有给家里带来什么明显的变化，一家人依旧耕种着五亩山坡地，地里的收成好坏也依旧需要靠天吃饭。

伦珠说，一年里种完青稞、种油菜，还要把油菜籽下锅榨成菜油，忙完农活才能腾出时间到县城或者更远的昌都去找找活干，打工挣钱，这样就可以给一家人添点日用所需。

因为妻子平措卓嘎视力残疾，小女儿洛桑益西听力残疾，伦珠家里总是离不开人手，即便在外打工，他其实也并不安心。

日子一天天过去，转眼就到了2015年底。就在这一年，国家脱贫攻坚政策正式启动实施，伦珠一家也被察雅县精准识别成为了建档立卡贫困户。

为了帮扶伦珠一家人，被识别的第一年，县乡村就针对伦珠一家的实际困难，为他们申报了自治区专设的公益性生态补偿脱贫岗位，妻子平措卓嘎成为了梅巴村的水管员，大女儿西热德吉当上了村里的草监员，伦珠自己也成为了护林员。伦珠一家人有了这笔生态岗位的稳定收入，才感觉到生活逐渐安定了下来。

梅巴村所处的地理位置山高谷深、土地贫瘠，严重限制着这里的农牧民群众增收致富。虽然建档立卡群众的生活日渐稳定了，但又该如何帮助农牧民群众彻底摆脱贫困，拓宽他们的增收渠道呢？

2018年，通过易地扶贫搬迁政策，伦珠一家人彻底走出了横断山脉的大山。他们一家和同村的其他14户建档立卡贫困户家庭，一同搬入察雅县城的岗孜卡易地扶贫搬迁安置小区。

搬迁到易地扶贫搬迁安置小区后，大家有了干净整洁的居住环境，也有了更为便利的交通，乡亲们的生活也开始了大变样。

"都是党和国家的精准扶贫政策，彻底改变了我们一家人的生活境况。现在，家人的医疗、女儿的就业、外孙的教育问题都一一得到了解决。现在，我们一家人的生活水平越来越好，戴在我们家的那顶"穷帽子"也终于摘掉了。"伦

◆ 岗孜卡易地扶贫搬迁点　摄影：西热多久

◆ 察雅县全貌

珠满脸幸福地说道。

如今,日渐富裕起来的伦珠一家,为新房客厅添置了实木藏式家具,购买了崭新的卡垫床,50寸的大屏液晶电视播放着一家人喜爱的电视剧,冰箱、冰柜和各类小家电一应俱全,就连取暖也用上了多用途电茶桌。伦珠感慨道:"从没想过自己和老伴到了晚年,竟然还可以在如此舒适的环境里生活。"

过上了安居生活,驻村工作队和梅巴村"两委"继续入户开展帮扶工作,积极宣讲国家的精准扶贫政策,也细致了解伦珠家的实际困难,不断进行教育引导。就这样,伦珠一家的思想开始发生转变,一家人勤劳致富的意识逐步增强,两个女儿务工就业的积极性、主动性也被调动了起来。加上国家推出的扶贫小额信贷和政府部门组织的一系列劳动技能培训,更加增强了伦珠一家的脱贫信心,也让他们看到了脱贫致富路的宽广。

通过人社部门的专项劳动技能培训,伦珠的两个女儿先后在察雅县城找到了工作。为了尽快适应服务工作环境,没上过学的西热德吉还努力学起了普通话。西热德吉也从刚开始根本无法听说交流,到现在可以用基本的普通话沟通服务,来自山乡的小姑娘也慢慢变得自信、开朗,她说:"刚来的时候,找工作只能到餐馆里打点零工,通过培训,我现在已经成为了这家饭店的长聘服务员了!"

因为踏实肯干、服务周到,西热德吉的工作表现得到了老板的肯定。现在,西热德吉每月的工资提高到了3500元，她也通过勤奋努力，看到了自身的价值。略显羞涩的西热德吉说道："我现在就希望把自己手头的这份工作干好干出色，希望通过自己的双手和劳动所得，让自己父母和儿子生活得更加幸福！"

随着家里的日子越过越殷实，伦珠也重新点燃起了劳动致富梦。如今，切身感受到党和国家扶贫惠民好政策的伦珠，会主动与新村里的乡亲们交流思想，用自己家里的真实变化现身说法，宣传党和国家的脱贫攻坚惠民政策，让大家更加坚定"感党恩、听党话、跟党走"的信心与决心。2021年，伦珠自己也打算再去学习一门劳动技能，他想要带着自己一家人继续努力奋斗，用自己勤劳的双手为家人开启更加甜蜜幸福的新生活。

一家之主伦珠有话说：

"经历过那些艰难的日子，所以才深知今天的幸福有多么来之不易。农牧民群众现在所拥有的这一切，离不开党和政府的关心关怀、帮扶支持，没有党和国家也就没有我们今天的美好生活。"

察雅县脱贫攻坚概况

2015年底，昌都市察雅县精准识别建档立卡贫困人口4526户20829人，全县综合贫困发生率高达33%，成为全区44个深度贫困县区之一。近年来，经动态调整察雅县共计实现4135户20969人稳定脱贫，贫困发生率由33%降至零。2019年9月底和10月，察雅县顺利通过国家第三方评估组考核验收和自治区2019年脱贫攻坚成效考核，实现脱贫摘帽。截止2019年底，全县建档立卡户人均纯收入已经从2016年底的4224.75元，增加到2019年末的6431.46元。

江达县
有拼搏更有梦想

王 涛

她是一位普通的山乡妇女,生活在昌都市江达县卡贡村;她和爱人经历过艰难困苦的生活,却依然保持着一股不服输的劲头,心怀发家致富的梦想;她是2018年昌都市江达县评选出的"最美巾帼奋斗者",也是2020年江达县评选的"脱贫攻坚奋进奖"获奖人。

她就是白措,一位七零后、心怀拼搏梦想的牧家妇女。

昌都市江达县地处藏东门户,县域毗邻四川省和青海省,是国道317线进入西藏的第一个县。

白措的老家就在昌都市江达县卡贡乡卡贡村,这里是一个在地图上并不起眼的山乡。如果沿着昌都市江达县穿城而过的字曲河岸向西,12公里、20分钟的车程就能到达卡贡村。白措的家没有在卡贡村的中心区域,而是要沿着卡贡乡到娘西乡的乡村道路继续向南。

白措家的房子临近路边,四周是海拔渐起的高山草甸。邻居们的房屋,远远近近散落在草场的不同方位。

◆ 幸福的一家三口（右一为白措）　摄影：西热多久

一眼望去，白措家修建的单层红砖房很容易辨认，因为红砖房与传统江达民居土木建筑的外观完全不同。这栋红砖房，是2018年白措两口子通过当地政府补助的5.8万元危房改造资金，在原址重新改建的新房子。为了让房子坚固实用，白措和丈夫索朗江措听取了驻村工作队和卡贡村"两委"的建议，选用了物优价廉、但在当地牧区很少使用的水泥和红砖等建筑材料来建房。

"我们用水泥、红砖，就是考虑到想让房子结实耐用。因为自家之前的老房子，也是用土木建成的传统民房。但却没能抵抗自然灾害的冲击。"白措解释道。

白措所说的老房子，是2010年夫妻二人用打工节省下来的积蓄修建的。而在这之前，他们其实没有真正意义上的家，白措夫妻一直是靠租房而居。

"我丈夫是四川道孚县的人。"白措手边添着牛粪，脸颊被炉火映得微红，二十多年前，他们夫妻两人相识相爱，但是也因为这段婚恋，两人的婚姻也一直不被白措的家人们认可。两人结婚后，白措和索朗江措只能选择从家中搬出来住。刚开始，夫妻两人居无定所，几年间一直在县城、昌都和青海玉树三地辗转漂泊，还到过日喀则和拉萨。

辗转各地，白措和索朗江措看过了外面的世界，但缺少手艺的两人也只能在工地上搬砖、挖沙、打小工，赚来的钱并没有改变他们的生活。几年时间下来，夫妻二人吃苦耐劳，也省吃俭用，总算是积攒下了几千元钱。之后返回故乡卡贡村，靠着这笔钱，丈夫索朗江措自己动手建房，二人才有当初的家。

白措笑着说道："那个时候回到村里什么都没有，还好有村里人的帮助，加上索朗江措自己动手，我们就用这5000多元钱购买石头和木料。我们只用了二十几天时间，就把房子建起来了！"

由于缺少建房经验，白措家的新房子建好不到五年，就被2015年的一场大雨引发的洪水冲坏了墙基，变成了危房。

虽然白措夫妻从未停止拼搏，但他们的日子却没能好转起来。到2015年底，国家脱贫攻坚工作全面启动，江达县在精准识别建档立卡贫困户时，白措一家三口成为了建档立卡帮扶对象。据建档当年的统计数据显示，他们一家人全年的纯收入只有4968元。

为了帮助白措家早日脱贫增收，派驻卡贡村的驻村工作队和村"两委"会经常入户宣讲国家各项脱贫攻坚政策，真心实意地帮助他们解决生活中遇到的困难，同时也鼓励索朗江措利用原本的木工手艺来增收致富。

"驻村工作队和村'两委'就像家人一样，在家里最难的时候帮助我们渡过难关。"在白措的记忆深处，她永远也忘不了在自己生病的危难时刻是驻村工作队员及时发现，并把她送到县医院，才捡回了一条命。"他们就是我的恩人、我的亲人！"白措感激道。

有了党和国家的脱贫攻坚政策扶持，有了驻村工作队和村"两委"的真心帮

◆ 白措家的小店铺　摄影：西热多久

◆ 江达县全貌

扶与鼓励，白措和丈夫又一次点燃了拼搏奋斗的致富梦想。

索朗江措开始努力在江达县城寻找创业商机，他利用自己掌握的木工手艺，开始接触县城居民房屋的装饰装修工作，同时学习藏式装饰装修技术，慢慢地打开了县城装修市场的大门。就这样，在建档立卡的第一年里，白措一家的收入就实现了翻倍增长。夫妻两人第一次真切感受到了勤劳付出的回报，而这也更加坚定了一家人的信心和干劲。

2018年，一直有创业意愿的白措，收到了来自中国就业培训技术指导中心的邀请，邀请她参加"创办你的企业（SYB创业培训）"项目的初级培训。在创业培训结束后，白措又通过卡贡乡党委、政府的帮助，成功申请到了江达县"四扶激励"项目提供的5万元专项创业启动资金，正是依靠这笔创业资金，白措和索朗江措在自家门口开起了一家乡村便民百货店"白措商店"。

平日里，夫妻二人还分工协作，白措在家经营小店生意，兼顾打理家中的日常生活；而丈夫索朗江措则继续在县城承揽装修生意，同时照看女儿上学，并负责为"白措商店"补充货源。

他们的生活不仅变得忙碌而充实，一家人的日子也开始蒸蒸日上。这一年，白措和丈夫索朗江措的收入猛增，主内的白措靠着经营小商店，一年就实现收入近万元；而主外的索朗江措也靠着装修生意，收入达到了7000多元。

同样是在这一年，白措一家的辛勤汗水也换来了全家人脱贫的梦想。

回想过往，正在熬煮酥油茶的白措说道："以前家里生活最困难的时候，我们两口子不敢吃也不敢穿，那时候的衣服一年都换不上一身；花钱买来的糌粑面还要省着吃才行，更别说喝上一口热腾腾的酥油茶了。"

就在2018年，收入日渐稳定的白措找到了驻村工作队，她请驻村队员代笔，书写了一份入党申请书。白措的眼神里透着一份坚定:"全靠党和国家的脱贫攻坚政策,为我们农牧民提供生态岗位托底,帮我们困难户改建房屋,还为我们提供创业培训,解决创业启动资金……党和国家是在真心帮扶我们老百姓,是共产党带领我们过上了好日子!"

2020年,"白措商店"的经营利润增加到了13000元,而索朗江措的装修生意也越做越好,实现收入17500元,相加起来超过了3万元。与精准识别建档立卡之初对比,白措一家人的收入竟然在五年后增长了8倍多。

话语不多的索朗江措说:"现在自己的装修生意开始走上正轨了,因为装修业务量不断增加,我还带领了另一位村民一起做装修业务。索朗江措希望未来还能带着更多人一起创业,一起改善生活。

对于妻子白措而言,2021年,她也有了依托当地牧业畜产品优势,创办牲畜皮料加工厂的更大梦想……

白措说,自己这辈子就是吃了没有文化的苦,所以她特别想让孩子好好学习,用知识和文化来改变生活。如今,两口子把女儿送到了县城读书,就是希望女儿能够通过教育走出江达的大山,能学习到更多的知识,将来回来建设自己的家乡。

一家之主白措有话说:

"跟着共产党,我们一家才有了今天这般幸福日子,也让我们感觉到生活特别有奔头。有了党和国家的脱贫攻坚惠民政策,我们一家人的心里特别踏实,我们还要继续努力,通过自己的勤劳把生活过富裕,同时也帮助乡亲们一起劳动致富。"

江达县脱贫攻坚概况

2015年底,江达县精准识别建档立卡贫困户2846户13993人。按照建档立卡贫困户动态调整工作要求,经过动态调整全县累计精准识别建档立卡户增加至3342户17501人,综合贫困发生率达到了17.15%,属全区44个深度贫困县之一。经过三年的不懈努力,江达县于2018年实现脱贫摘帽。截至2020年底,全县建档立卡户人均纯收入由2015年底的2300元以下提高到了8140元,贫困发生率降至零,全县贫困人口全部脱贫。

贡觉县
幸福生活来敲门

王 涛

站在昌都市贡觉县莫洛镇阿嘎大道的起点，因为路面高度差，东侧的贡桑社区可以一览无余，这里就是贡觉县规划建设的1号易地扶贫搬迁安置点——贡桑社区。搬迁安置点内规划建设的电梯公寓排列整齐，硬化路面、休闲绿地和各种商业配套设施齐全，这里一共搬迁安置了534户来自全县的建档立卡贫困家庭。

如今，已经迈过天命之年的白玛罗布，就生活在贡桑社区里。他不仅是易地扶贫搬迁户，还是社区里的保安员，每天的工作就是为搬迁到这里的居民提供安全保障服务。

白玛罗布家儿孙满堂，一家三代就居住在贡桑社区23幢西侧的一楼，这是一套建筑面积为165平方米的大户型公寓，新房有四间卧室，以及宽敞的客厅和餐厅，独立的厨房和卫浴设施。

如今，已经脱贫摘帽的白玛罗布一家，还在继续努力增收致富。他们一家人也把对美好生活的向往，投射到对新家的热爱中。准备搬迁入住时，白玛罗布就

◆ 幸福的合影（左三为白玛罗布）　摄影：西热多久

和家人商量起如何布置新家。他们请来了贡觉县的墙绘画工，在客厅的墙壁上绘上了藏式的"香布"幔帘，还有传统的吉祥八宝，客厅侧墙上还绘上了一大幅高原山水画，把自家的公寓变成了一间民间彩绘馆。

对于白玛罗布而言，2020年是他们一家人最值得铭记的一年。在这一年里，白玛罗布家添丁入户迎来了新的生命；与此同时，这一年还成为一家人增收最快的一年，2020年他家预期的家庭年收入将突破16万元，也就是说平摊到每位家人的人均收入将会达到2.24万元。如果这一切放在过去，一定是白玛罗布想都不敢想的事情。

说起如今的幸福生活，白玛罗布总是合不拢嘴，他会下意识地把双手举过头顶，以此来感恩党和国家的惠民好政策。"现在和过去相比，就像一个在天上一个在地下，正是党和国家推出的脱贫攻坚好政策，帮助我们实现了安居乐业的幸福梦想！"白玛罗布高兴地说道。

白玛罗布一家生活的贡觉县，地处横断山脉"三江流域"的中心地带，这里呈现出地形地貌复杂、气候条件差异大等自然特点，县域内高山、森林、草原、湖泊并存。说到贡觉县，自然而然会让人联想到出了名的"昌都三岩片区"，那里群山连绵、山高峰锐、谷深坡陡、河流纵横、土地贫瘠，被许多人称作"一方水土养活不了一方人的地方"，而"三岩片区"的大部分就位于贡觉县东部，在西藏启动脱贫攻坚战的当年，"三岩片区"的综合贫困发生率超过了60%，是西藏的深度贫困地区，也是全区脱贫攻坚工作的难中之难，更是脱贫攻坚中最难啃的一块"硬骨头"。

回想20多年前，那时的白玛罗布正值人生壮年，他和家人还生活在贡觉县则巴乡夏日村。小村庄就紧邻深度贫困的昌都"三岩片区"，也同处在横断山脉金沙江的断裂带上。在那里，一个个小小的村落被大山大水分割，道路交通也被横断山脉阻隔。白玛罗布告诉我们："那时候从村里到金沙江畔只有20多公里，可要是想去县城，就要走上70多公里的山路，山高路险、交通不便。"

就在1996年的一天，一直期待着改变家人命运的白玛罗布做出了他人生中最艰难的抉择。白玛罗布怀抱仍在襁褓中的女儿，牵着刚刚记事不久的儿子，带上一家人踏上了背井离乡的打工路。

白玛罗布回忆道："说是外出去打工，其实就像去流浪！没有方向，也没有目标。"从那以后，白玛罗布一家人从夏日到县城，又从贡觉到林芝……几年间，他们一家人到过拉萨，去过山南，还跑过日喀则和那曲。白玛罗布皱着眉头

◆ 贡觉县1号易地扶贫安置点　摄影：西热多久

◆一排排错落有致的新居　摄影：西热多久

说："没有手艺，打工特别艰辛，全家总是居无定所，只能四处游走。"

一家人这一走，竟走了十七八年。直到2013年，"走投无路"的白玛罗布又重新回到了故乡。但此时，白玛罗布一家远在夏日村的老房子也因为年久失修，在风雨中损毁坍塌了。回到了家乡，一家人仍旧没有房子居住，只能在县城里租房安下了家。

回到贡觉县，白玛罗布除了在县城里打零工，还会时不时返回夏日村，在春夏不同的季节里，草场山林间会生长不同的藏草药，山野林下还有美味的野生食用菌，这些山珍成为了白玛罗布打工之外最主要的增收来源。但是，靠天吃饭总会赶上年景不好的日子，白玛罗布因为缺少持续增收的渠道，他们的生活依旧艰难。

2016年初，伴随着国家脱贫攻坚工作的全面启动，贡觉县各级各部门开始深入全面甄别贫困人口，他们也通过入户调研了解掌握了白玛罗布一家的实际困难，经过县、乡、村精准识别，通过"三公示一公告"考核，人均收入只有2300多元的白玛罗布一家，被贡觉县精准识别为了建档立卡贫困家庭。同年，贡觉县相关部门结合白玛罗布家劳动力充足的情况，为他家4名适龄人口申请了公益性的生态岗位，帮助白玛罗布一家人解决了基本生活保障。

随着脱贫攻坚战的持续深入,白玛罗布一家被列入了贡觉县易地扶贫搬迁计划中。当听说自己家也可以参与易地搬迁,不久将拥有属于自己的新房子,白玛罗布和妻子高兴得彻夜难眠。

经过了两年多的等待,2018年,一直租房居住的白玛罗布一家,迎来了期盼已久的乔迁之喜。根据白玛罗布一家的家庭人数,再经过公开抽签分配,他们一家人分到了一套总面积165.58平方米的大房子。

回想起搬家的日子,白玛罗布的心情久久不能平复,他开心地说:"连做梦都不敢想,我们一家也能住进这么宽敞明亮的房子,这都是党和国家的惠民政策,我们家的生活才有了彻头彻尾的改变。"

为了解决搬迁群众的后续发展之忧,让搬迁群众能够"搬得出,稳得住,能致富",贡觉县还陆续推出了一系列针对搬迁群众的帮扶政策和各类技能培训,白玛罗布和家人也开始转变观念,积极参与到职业技能培训中,主动来提升自己的劳动就业能力。

2019年,白玛罗布的妻子卓嘎拉姆和儿子巴松,相继取得了县里的职业技能培训证书,还分别被贡觉县物业公司选聘为保洁员和保安员;随后,白玛罗布

◆ 新居前的幸福一家人(左三为白玛罗布)　　摄影:西热多久

的女儿次仁卓嘎也因擅长唱歌跳舞，被推荐为贡觉县文艺演出队的农牧民专职演员；这之后，白玛罗布也通过自己的努力，通过了保安员的培训，成为了搬迁安置点贡桑居委会的一名保安员。

经过一家人的积极就业和齐心努力，白玛罗布家的收入也在翻着跟头往上增长，一家人也终于敲开了属于他们幸福生活的大门。

能过上今天这般富足安康的幸福生活，白玛罗布感到特别满足。如今，他的最大愿望，就是看着孙子孙女健康成长、学习进步，希望孩子们能成为有文化的人，将来能成为家乡发展的建设者。

2020年，白玛罗布的儿子巴松和爱人拥有了第二个孩子，也多了一份责任。2021年，巴松希望自己努力学习，在年内考取机动车驾驶执照。他还计划贷款购买一辆货运车辆来跑运输，也期许通过自己的努力能换回一家人更加殷实的生活。巴松最大的心愿，就是用自己的双手和奋斗，让父母和一大家子都过上幸福的小康生活。

一家之主白玛罗布有话说：

"我过去就像一个流浪汉，能过上现在的幸福生活，是以前想都不敢想的，如今我们一家有了自己的新房，有了稳定的工作，我们真正过上了属于自己的幸福日子。这都要感谢共产党、感谢国家、感谢习近平总书记！"

贡觉县脱贫攻坚概况

贡觉县辖1镇11乡149个村（居）委会，其中"三岩片区"6乡有行政村42个，农牧民人口1683户11146人。2015年底，贡觉县识别建档立卡贫困人口为2840户13362人，综合贫困发生率32.26%。经过多次"回头看"、甄别调查和动态调整后，全县共识别建档立卡人口3070户17687人，涉及12个乡（镇）、149个贫困村，其中深度贫困村131个。2019年底，贡觉县实现3070户17687人全部脱贫，149个贫困村（居）全部退出。

芒康县
山乡修理匠修出不一样的创业路

王 涛

年过不惑,江巴仁杰的生活开始出现意想不到的转变,先是他们一家人享受到易地扶贫搬迁政策,搬到了政府统一规划建设的搬迁安置点。随后,江巴仁杰又通过县里的"短平快"项目贷款,开始扩大自己的农用机械修理站。与此同时,江巴仁杰的大女儿还通过努力学习,考取了黑龙江省的一所职业技术学院。接着是自己最小的弟弟从江西的一所职业学院顺利毕业返回了家乡……这一件件喜事,让江巴仁杰打心底里感到高兴,这些都是他过去不敢想的事情。

1979年,江巴仁杰出生在芒康县嘎托镇普拉村江嘎自然组一户普普通通的农牧民家庭里。在他幼年的记忆中,那时候的家里缺衣少吃,父母也没有什么教育意识。即便他学习成绩不错,也从小热爱学习,但江巴仁杰小学还没读完,就因为家里缺少劳动帮手,父亲就早早让他辍了学。

芒康县所处的三江流域峡谷纵横,与云贵高原接壤,是四川省、云南省和西藏自治区的交汇处,著名的横断山脉由北向南纵贯县境。

虽然出身贫寒、学历不高,但是聪明的江巴仁杰并不安于生活的现状,他胆大心

◆ 正在维修摩托车的江巴仁杰　摄影：西热多久

细，也乐观勇敢，一心渴望让家人过上幸福的生活。19岁，江巴仁杰已经担起了一家人生活的重担。这一年，他背起行囊翻山越岭，怀揣东拼西凑借来的一万元钱，跨省来到了云南省大理市的下关镇，这里既是滇藏茶马商道的起点，也是江巴仁杰祖辈口口相传的马帮故事起点。不同的是，这一次江巴仁杰成为了故事的主人公。

在当时，一万元可是一笔大钱。江巴仁杰经过多次市场考察和了解，一眼就看中了下关镇的拖拉机生意。当时，一台东方红牌的手扶拖拉机在下关的购买价是9600元。江巴仁杰知道，只要自己能把拖拉机开回芒康县，价钱轻轻松松就能够过万元。江巴仁杰敢想敢干，自己开着手扶拖拉机，一路风餐露宿花了近20天才回到了嘎托镇。随后，他还成功联系到了买家，这一出一进，江巴仁杰在一个多月的时间里就净赚了1500多元。

收获到人生第一桶金，江巴仁杰变得更加自信，他相信凭借自己的聪明才智和勤劳双手，自家的生活一定不会差。

几年时间里，江巴仁杰不停地奔波在县城和江嘎村之间。江巴仁杰做过买卖、打过小工。农忙时还会回到家里帮忙，在田间种青稞、上山林砍柴火，他用自己的坚定信念和辛勤劳动撑起了一大家子的生活。

◆ 与新房同框（后排左二为江巴仁杰）　摄影：西热多久

但就在江巴仁杰一路努力奔跑，奋力改变家庭命运的时候，老天爷仿佛又跟他开起了玩笑。八年时间里，江巴仁杰年老病重的奶奶、父亲，还有体弱多病的母亲相继离开了人世，这也耗尽了江巴仁杰努力打拼回来的心血。

即便是这个时候，不服输的江巴仁杰也没有向命运低头，他依旧坚强地带着家人努力生活。

送走父亲后，一直喜欢车辆机械的江巴仁杰开始四处筹钱买回了一辆二手货车，也开始跑起了长途货运生意。跑了两年运输车，有点积蓄的江巴仁杰又换了一辆更大的货车，希望让全家人快一点过上好日子。

但是江巴仁杰所期待的好日子并没有到来，他家的老房子在一场洪水中被冲塌了墙基……屋漏又逢连夜雨，江巴仁杰刚刚更换的货车又坏在了长途线上的雪山顶，几年挣来的辛苦钱都赔在了这辆货车上，一家人还为此欠下了5万多元的外债。

这一次，一直带着一家人努力奔跑的江巴仁杰，第一次感到了失落和无助。

2015年底，国家脱贫攻坚工作全面启动，在芒康县精准识别贫困户工作中，江巴仁杰一家被列为建档立卡户，随后又成为了易地搬迁的扶贫对象。有党和国家精准扶贫政策的帮扶，有芒康县嘎托镇和驻村工作队的激励，江巴仁杰在沉寂了两年后，重新找回了信心和自信。因为受尽了贫穷的苦，江巴仁杰太想改变命运了。

其实，平日里一向大胆的江巴仁杰，也是一个心灵手巧的修理能手。在江巴仁杰开二手车跑运输的几年时间里，要是遇上了车辆故障，他很少会去修理厂修车。为了节省钱,他时常会跑到县里的修理铺盯着别人学修车,看不明白了,他还会用不太熟练的普通话问师傅,一直到感觉自己摸索的差不多了,江巴仁杰就会有模有样地回家自己动手修。凭借着过目不忘的记忆力和刻苦自学,江巴仁杰的修车技术不断提高,一般的车辆故障难不倒他。

既然有这门修车手艺的底子,江巴仁杰也开始思考,现如今农牧民购买的农用机械和车辆越来越多,自己不妨利用修车手艺开间修理铺,既可以解决家里的生计,还能够就近照顾好家庭。

虽然有了好主意,但开修理铺就需要启动资金,家里欠的外债没有还完,这笔钱又一次难倒了江巴仁杰。

当帮扶他们家的普拉乡选派书记玛兰得知江巴仁杰的创业想法后,决定自掏腰包,为他凑上这笔5000元的启动资金。就这样,江巴仁杰开起了一间属于自己的车辆修理铺。

江巴仁杰的修理铺刚开张,上门修车的并不多。为了打开市场,江巴仁杰开始背上机械配件上门维修;为了降低自己的配件成本,他还会亲自跑到县城去比价进货;如果遇到修理方面的技术难题,他还会一个人钻进铺面反反复复拆装摸索。

时间一天天过去,从货车到拖拉机,再从摩托车到收割机,江巴仁杰不断熟悉着各种各样的机械设备,而他修车的技术也一天天精进,不久便成为了当地四里八乡出了名的"修理匠"。

修车铺的生意越来越好,江巴仁杰却还是里里外外一个人忙碌,而且修理铺太小,已经限制了他施展拳脚。

◆ 芒康县全貌

2019年底，嘎托镇党委政府了解到了江巴仁杰创业出现的瓶颈，也掌握了他缺少资金的实际问题，为了帮助他摆脱眼前的困难，普拉村驻村工作队和村"两委"积极介入，帮他出主意想办法。经过两个多月时间的努力，驻村工作队和村"两委"协助江巴仁杰申请到了芒康县"一村一社及短平快项目"20万元的帮扶资金，并且帮助他重新购买添置机械修理设备，同时利用他家搬迁后闲置的老房子扩大修理点。

经过几个月的改造，2020年初，江巴仁杰的农用机械维修站第二次开了业。这一次，江巴仁杰还从建档立卡户中招收了两名学徒工，通过近八个月的经营，他的维修站已经实现了近6万元的毛利润，这也让他的创业干劲儿更足了。

"这个帮扶项目从开始申请时，我就信心满满，相信自己可以把维修站经营好，还能够带动建档立卡的学徒学习技术，增加收入。"江巴仁杰笑着说道。而实践证明他不仅带动学徒创业增收，还为村里的集体经济做出了一份贡献，他决定每年都要为村里缴纳1.5万元的创收资金，让大家一起来分享自己的创业红利。

不等不靠、敢闯敢干的江巴仁杰凭借着一手修理好手艺，修出了一条创业致富路，成为芒康县嘎托镇易地搬迁群众们学习的好榜样。

一家之主江巴仁杰有话说：

"今天的幸福生活，全靠党和国家给了我们这么多的扶贫政策，为老百姓创造了这么好的致富条件。我坚信，只要有党和国家的惠民政策，只要大家伙肯努力奋斗，家家户户的日子都会越过越好！"

芒康县脱贫攻坚概况

2015年年底，芒康县精准识别建档立卡贫困户共计4880户29335人。按照建档立卡户动态调整工作要求，通过调整后芒康县累计识别建档立卡户5030户30101人，综合贫困发生率达到了33.4%，属全区44个深度贫困县之一。经过五年不懈努力，芒康县在2019年实现县域脱贫摘帽。2020年底，全县建档立卡户人均纯收入已由2015年末的2300元以下增长到7999.74元，贫困发生率降至零，实现贫困人口全部脱贫。

左贡县
河谷深处歌声起

王 涛

从左贡县城沿国道318线向西北驱车一小时,就来到了位于田妥镇亚中村的易地扶贫搬迁安置点。2017年底建成的这座新村,如今就矗立在国道旁,这里集中安置了来自田妥镇13个行政村的133户近700名建档立卡贫困群众。

地处藏东南高山峡谷地带的昌都市左贡县,自然资源丰富、历史文化悠久。但在脱贫攻坚战实施前,左贡县一直处于产业基础薄弱,难以转化资源优势的尴尬境地。作为自治区认定的深度贫困县之

◆ 左贡县全貌

◆ 幸福一家人（后排右一为洛松杨培）　摄影：西热多久

一，左贡县所属的10个乡镇中就有8个属于深度贫困乡镇，全县127个行政村中有84个属于深度贫困。

左贡县地势南低北高，河流纵横，整个县域被怒江、澜沧江、玉曲河（两江一河）环抱，也形成左贡县不同的河谷地貌。脱贫攻坚战全面启动后，左贡县综合本地用地紧张、选址困难等实际，将易地扶贫搬迁与乡村振兴、新型城镇化建设相结合，同时与产业发展结合配套，科学实施了国省道沿线"一区四点"易地扶贫搬迁整体集中布局的搬迁建设方案，经过周密选择，最终确定了左贡县城、美玉乡、田妥镇、扎玉镇、碧土乡等7个易地搬迁安置点。同时，左贡还通过规划设计，建设以多层住宅和结构框架为主的易地搬迁安置小区，并统一规划配套了给水、排水、电网、路灯、道路、公厕、广场等基础设施，以便更好地满足搬迁群众的生产生活需要。

作为一座结合了城镇化发展、乡村振兴和小康示范村建设的特色小镇，田妥镇亚中村易地扶贫搬迁安置点充分依托318国道的优势，因地制宜规划产业，围绕"宜居、宜商、宜业"格局打造新村。还为这里起了一个寓意美好的名字——雅卓幸福新村，希望搬迁群众的生活"蒸蒸日上、幸福美好"。

一走进这里，规划整齐的小高层民居沿国道两侧排列，为了方便过往游客，安置楼的第一层被统一规划成了商品房，二至四层则建设成为易地搬迁公寓，同时还配套建设有文化广场、附属学校、居民办事大厅和游客接待中心等便民设施。

冬日时光，在雅卓幸福新村里，沿街的商铺已经褪去了旅游季节的繁忙，村里年轻劳动力大多远走他乡、外出打工，开始为新的一年忙碌。

这几年，由于母亲年事已高，两个儿子也只有7岁和8岁，家里随时都需要有人照顾，搬迁户洛松杨培已经不再去太远的地方打工了，于是借助搬迁新村的条件，他就在新村里开起一间小卖部，小卖部面积接近30平方米，因为享受建档立卡户扶持政策优惠，他每月只需要支付每平方米6元的租金。

"冬天天气冷了，过路的游客也很少，所以商店里的生意要比夏天差一大截！"洛松杨培感觉生意一般，于是早早拉上了"扎西商店"的卷帘门，返回到家里照顾母亲，还可以早早准备一家人的午饭。

洛松杨培解释道："夏天沿318国道进藏旅游的游客特别多，路过雅卓幸福新村时，很多人都会被安置点内独特的民居外观吸引，他们会停下车来走一走、看一看，那时候，他商店里的生意就会特别好。"

今年35岁的洛松杨培，出生在田妥镇亚中村的一户农牧民家庭，母亲泽仁永宗出生在和平解放前的旧西藏。

在建档立卡之前，洛松杨培一家属于半农半牧户，但由于一家人耕地较少，全家人还需要依靠经营牧场来维持生活。那时候，洛松杨培家里的经济来源少，全家人的总收入也很低。到了16岁时，洛松杨培就不得不辍学，开始了独自外出打工的生活，以减轻家里的负担。

"最初是到田妥镇上找工作，因为只有初小文化，又没有什么技能，很难找到好工作。只能到修路的施工队里打零工，运沙土、铺路基、搬石块……什么活最累，就干什么活。"在洛松杨培的记忆中，自己以前的家实在是太穷了，一家人挤着住在一间土坯夯筑的老房里，每逢雨季，屋外下大雨时他们的小屋里就会下起小雨。因为家里挡风的门板都没有办法关严实。他家成为全村人开玩笑的笑柄，这深深刺痛了洛松杨培年轻的心。在他心里最大的愿望就是要挣上一大笔钱，为母亲盖上一间能够关好门的房子。

几年的时间里，洛松杨培到过县城，也跑过牧区，依靠着自己的勤劳付出，他开始赚钱了。2006年，21岁的洛松杨培通过打工积攒下了8500元钱，他就用这笔钱购买了一辆拖拉机，开始了在田妥镇上跑运输拉砂石的日子，这也成为了洛松杨培最骄傲的一段时光。

在镇上跑运输的那段时间，洛松杨培结识自己的心上人，两个人心心相惜，不久结婚生子，一家人仿佛已经走进了幸福生活的大门。

可结婚后不久，他的妻子就检查出患上了地方病，病情却久治不愈。此时的洛松杨培一心就想快快挣钱，于是他卖掉了跑运输的拖拉机，贷款购买了一辆小轿车。他原本想着可以出租车辆来增加家里收入，可出租车辆的生意并不好，小轿车变成了他们家里的负资产，那段时间过日子只出不进，洛松杨培一家的生活又陷入了拮据。

那段时间，洛松杨培一家过得特别艰难，却也只能坚持。而他妻子的病情不仅没有好转的迹象，相反却一天天地在加重，生活的重担压得他几乎失去了信心。

直到2015年底，左贡县脱贫攻坚工作全面开启，县里在精准识别贫困户过程中，将洛松杨培一家确定为建档立卡贫困户，还为他们家申请了公益性生态岗位。

2017年，洛松杨培一家人搬新居住新房的愿望，终于在搬迁到雅卓幸福新村后实现了。

"搬家前，我和妻子有好几晚都没有睡着，因为能拥有一套属于我们一家人的好房子，简直就是在做一场美梦！党和国家的易地搬迁政策，帮我们一家实现

◆ 安置新村　摄影：西热多久

了新居梦想。"洛松杨培心怀感恩地回忆道。

搬得出，稳得住，才能致富。搬迁之后，在田妥镇和亚中村"两委"的帮助下，洛松杨培慢慢重拾信心，更加努力地工作，积极参加左贡县人社部门组织的各类技能培训，还先后学习并掌握了汽车驾驶、蔬菜种植和建筑施工等实用技术。

洛松杨培说："现在我的母亲有养老金可以领，我又有护林员的岗位工资，孩子上学能享受到国家的'三包'政策，家里的小卖部每年还有近两万元的收入，我还能抽时间去亚中村里的温室大棚和砂石厂找点工作增加收入，现在家里的生活开始好起来了。"

富裕起来的洛松杨培开始憧憬未来，党和国家出台了这么多帮扶老百姓的惠民政策，处处是日新月异的变化，他想在2021年借助扶贫低息贷款购买一辆大货车，继续做自己熟悉的砂石运输生意，把自己小家的日子过得更加富裕。

一家之主洛松杨培的母亲泽仁永宗老人有话说：

"没想到我在这么大年纪，还能过上现在的幸福生活，领着党和国家给我发的养老金，看病享受医疗保障，孙子上学还有'三包'政策。我出生在旧社会，经历过以前的苦难。对比今昔，就更会懂得今天幸福生活的来之不易，现在我们一家还住上了国家给修建的搬迁安居新房，这都是中国共产党的似海恩情。"

左贡县脱贫攻坚概况

左贡县辖3镇7乡，总人口5.8万人，其中农牧民5.4万人。2015年底，左贡县精准识别建档立卡贫困人口2416户11464人，全县综合贫困发生率达到20.98%，10个乡镇中有8个被列入深度贫困乡镇，127个行政村有84个被列为深度贫困村；2017年12月，左贡县被自治区列为深度贫困县之一。2016年以来，左贡县举全县之力，攻坚克难，全力推进脱贫攻坚。经动态调整，截至2019年底，左贡县共计实现2676户13425人摆脱贫困，127个贫困村（居）脱贫退出，10个乡（镇）脱贫出列，全县脱贫摘帽，建档立卡人口人均可支配收入达到6382元，与2016年初相比收入增长63.44%。

那曲市全貌 （摄影：那曲电视台记者 索朗次仁）

西藏脱贫影像志
XIZANG TUOPIN YINGXIANGZHI

大美那曲

申扎县
拨云见日奔小康

普 珍

那曲市申扎县地处藏北高原腹地南部、冈底斯山和藏北第二大湖色林错之间，空气稀薄，气候寒冷干燥，年均温0.4℃，年平均八级以上大风达104.3天，常发生风、雪、旱灾及地震等自然灾害，曾经是西藏44个深度贫困县之一。

生活在申扎县买巴乡扎琼村的欧珠一家，由于生产资料缺少、牲畜少，人口多，又都没有一技之长，一家12口人的生活一直过得紧紧巴巴。2013年，欧珠一家被纳入了建档立卡贫困户。

为了帮助欧珠，扎琼村组织群众给欧珠家里捐羊，除了满满的感激，当时的欧珠信心满满，以为自己的好日子即将来了。然而，由于当年的气候原因，村里许多牲畜都被冻死了，其中也包括欧珠还没有养多少天的羊。致富的希望落空了，欧珠深感辜负了大家的希望，特别自责。正在为未来发愁时，欧珠听到了村里要成立联户单位的消息，也了解了很多关于"联户"的政策。欧珠动起了脑

◆ 欧珠和他引以为豪的奖状　摄影：梅晶石

筋，积极与其他几户贫困户商量，组成了"双联户"。其他几个贫困户被欧珠的干劲深深打动，大家一致推选欧珠为"双联户"户长。

得到大家的信任，欧珠自然高兴，但也觉得压力很大，不仅要让家人脱贫，还要带着其他贫困户一起从穷窝里爬出来，沉甸甸的责任压在欧珠身上。自此之后，欧珠将全部精力都放在了如何带领大家实现共同致富上，怎样把"联户"增收翻一番，怎样把"联户"作用发挥到最好。经过一番推敲，欧珠把解决这些问题的办法瞄准在"转移就业"上。他将联户内剩余的14人组成一个工作队，开始在镇上、乡上拉活干，哪里有人建房，哪里在修路，哪里就有欧珠工作队的影子。不管刮风下雨，多苦多累，欧珠始终相信只要肯干，就一定能改变命运。在欧珠的带领下，工作队队员们收入实现逐年增加。那段时间，几家联户的转移就业收入每年都保持在10万元以上，大家尝到了甜头、看到了盼头。

久穷于困，冀以小康。虽然欧珠在联户工作上尽心尽力，大家的生活都有了起色，但离他所期望的实现全家人均收入全面提高的愿望还远远不够，正当欧珠为提高全家人均收入愁眉不展时，国家实施了精准扶贫政策。

2016年以来，申扎县脱贫攻坚工作通过瞄准重点区域、重点人口，实施产

◆ 幸福一家人（右二为欧珠）　摄影：梅晶石

业扶贫、易地搬迁、转移就业、生态补偿、教育脱贫、社会保障兜底等重点措施，全面深化和创新扶贫开发体制机制改革，在改善民生、发展产业、完善基础设施、提高造血扶贫功能、增强自我发展能力等方面持续取得新进展。2016年至2020年，申扎县建立扶贫产业项目24个，项目总投资3.08亿元，劳务输出工作成效显著，社会各项事业有新突破、实现新跨越。申扎县基础设施、公共服务能力明显改善。医疗保险实现全县全覆盖，参合率达100%。城乡低保标准再次提高，新农保覆盖面持续拓宽。人畜饮水工程不断扩大，牧民安全饮水问题得到基本解决。全县7个乡镇纳入国家电网，贫困户"金太阳"光伏发电全部保障，生活用电覆盖率100%。乡（镇）公路通畅率98%，村（居）通达率100%，广播电视"村村通""户户通"全覆盖。乡（镇）通邮率、通光缆率达到100%，村（居）通信信号覆盖率达到100%。牧区碘盐覆盖率达到100%。除此以外，申扎县还确定了专项扶贫、行业扶贫、社会扶贫等十八项重点工作，贯彻"区负总责、地市直管、县抓落实、乡镇专干、村居入户"的扶贫工作机制，走出了一条以脱贫攻坚统揽经济社会发展为基础，党政主导、社会帮扶、对口援藏与牧民主体作用相结合，普惠性政策与特惠性政策相配套，扶贫开发与社会保障相衔接，基础设施、基本公共服务改善与产业发展相促进的申扎特色的扶贫开发路子。

县乡精准扶贫工作开展以来,欧珠一直担心的家里成员没有就业、没有稳定收入的问题逐步得到了解决。欧珠的弟弟通过贫困户装载机培训,掌握了技术活,实现了就业,从之前的每年无收入到现在每年都有近1万元的收入。三妹也通过技能培训,在拉萨找到了一份稳定的工作,一个月有3000元的工资,生活有了保障。欧珠自己也通过驾校培训,又多了一项技能。

看着家里和村里人生活的新变化,欧珠干劲十足。从2016年开始,乡里和村里的合作社相继投入运营,欧珠作为村合作社的负责人,尽职尽责,努力工作。经过不懈努力,村里的"一村一合"项目增收十分喜人。欧珠说:"分红那天,是我最开心快乐的一天,不仅自家收入多,村里的贫困户们也有了新增收。"

得益于党和国家的好政策,从2016年到2019年,欧珠家的人均收入从原先的6000元增长到了11400元左右,步入了新的美好生活。他们一家不仅仅是实现脱贫,更成为了村里精准脱贫的先进典型。

如今的欧珠,依旧带领村民走在增收致富的路上。2020年,他带领贫困户10余人参与了通村硬化路两侧清理沙土项目,共8公里,每人分红400元;以承包的方式带领贫困户4人对通村硬化路缝隙进行填充,每人分红3250元。"从一名贫困户到致富带头人,我克服了'等靠要'的心态,苦干实干,积极行动起来,树立了劳动光荣、勤劳致富的荣辱观,我坚信一定能带领更多的乡亲和我一起致富。"欧珠斩钉截铁地说道。

◆ 申扎县全貌

在村镇干部的帮助下，这几年欧珠对党的惠民政策和脱贫致富有了更深刻的认识。他说，下一步，在巩固好脱贫成果的基础上，他将继续走好"两条路"。一条是走好"牧业路"，把家里的羊看好，牛放好，不能丢了这个饭碗；另一条是走好"技能路"，转变观念，吃苦耐劳、加强学习，在现有的基础上继续加大转移就业，依托好政策，全面奔小康，争取靠自己的努力过上更加美好的生活。

一家之主欧珠的母亲格央老人有话说：

"回忆起过去的生活，吃不饱穿不暖，想起来就直落泪。现在的生活真的变化非常大，我们生活得无忧无虑，非常幸福，感谢党和国家对我们的帮助！"

申扎县脱贫攻坚概况

作为全区44个深度贫困县之一的申扎县，2016年脱贫291户1293人；2017年脱贫97户398人，4个贫困村整村退出；2018年脱贫222户921人，7个贫困村整村退出；2019年脱贫1079户4587人，51个贫困村整村退出。截至2019年，顺利实现1689户7199人全部脱贫、62个贫困村整村退出，申扎县全县脱贫摘帽，贫困发生率从31.4%降至零。

班戈县
走出逆境，开启幸福新生活

普 珍

那曲市班戈县平均海拔4750米，因境内的盐湖班戈错而得名。该地区气候寒冷，空气稀薄，多风雪天气，年平均气温在零摄氏度以下。班戈县贫困面广、贫困群众比例高，曾是西藏自治区44个深度贫困县之一。

对于班戈县门当乡热孜村村民吾坚罗布来说，2016年是特殊的一年。这一年，他和勤劳美丽的女子边措组建了家庭，但由于当地气候恶劣，交通不便等原因，他们生活在贫困的边缘。住在破旧的房屋里，没有电，天一黑，世界就跟着黑下来。喝水得去河里背，到了冬天只能破冰化水。2016年，吾坚罗布一家被列入建档立卡贫困户，刚刚新婚就被列入了贫困户，这让吾坚罗布倍感挫败与失落。

2017年初，精准扶贫工作在班戈县全面展开。班戈县紧密结合脱贫攻坚部署，作为民生工程的易地扶贫搬迁工作，与新型城镇化、新农村建设和产业聚集区相结合，力争让贫困人口摆脱贫穷困扰。

◆ 幸福快乐的一家人（右一大人为吾坚罗布，左二为边措） 摄影：梅晶石

2018年，吾坚罗布一家人搬进了位于班戈县集中搬迁安置点，玛尔提小区。崭新的楼房，干净整洁的道路，新家与从前破旧不堪的房屋天壤之别，不仅交通方便了，以前令人头疼的水电问题也终于解决了，新家还通了网络。住的条件好了，生活环境变了，日子也过得有奔头了。

先安居后就业。班戈县与30多家企业达成投资意向，涉及文化、旅游、清洁能源等几大领域。企业的入驻不仅为班戈县带来税收，也为当地群众提供了就业机会。吾坚罗布就得到了一份在银行当保安的工作，一个月有3300元工资。

班戈县以牧业为主，产业单一，群众们最主要的收入来源是畜产品。精准扶贫实施以来，班戈县以"人、草、畜"三大要素为中心，进行畜牧业改革，大力落实产业化经营，当地政府以"一乡一公司、一村一合作社"的方式开办合作社，让群众通过资金入股、草场入股、牲畜入股、劳动力入股等方式得到分红，帮助了许多像吾坚罗布家一样的贫困户增加收入。

班戈县还针对贫困群众无畜、少畜、养殖水平偏低、草场利用率不高的情况，鼓励引导他们采取合作、入股、租赁、转让等形式，促进草场向养殖大户、家庭牧场、合作社流转，实现入股分红。另外，班戈县通过多渠道进行劳务输出，带动贫困群众增收致富。通过"一村一社"的带动，贫困户"要我脱贫"向"我要脱贫"的意识明显增强，自我脱贫的信心得到极大提高。吾坚罗布家没有牲畜和草场，于是以劳动力的形式入股，依靠自己的勤劳致富，一年有一万多元的分红收入。"我们村的人参与合作社的积极性、主动性特别高。"于2018年脱了贫的吾坚罗布说。

另外，班戈县多措并举增加贫困群众收入。2017年，班戈县投入约12亿元财政资金用于各类基础设施建设，通过组建建筑公司，把建设资金留给班戈的百姓。吾坚罗布夫妻二人就通过闲暇时间去工地打零工获得了不少收入。

在凭借自身努力为群众增加收入以外，班戈县政府还争取到了中国石化公司的对口支援，截至2019年底，中国石化公司累计投入援藏扶贫资金4.1亿元。除开展实施牧民安居工程、扶贫助学、特色畜产品加工等28个援藏项目外，还积极开展教育培训，大力实施智力援藏、就业援藏，努力提升贫困户自主脱贫能力。2016年以来，中国石化每年投入100万元的劳动力转移技能培训经费，对牧民群众进行蔬菜种植、焊接技能、玉石加工、汽车驾驶等方面的培训。吾坚罗布的妻子边措就学习了厨师技能，她相信未来一定可以派上用场。

"收入有提升，看病、孩子上学各方面都越来越方便。"看着在一边打闹的儿女，吾坚罗布一脸幸福地说。作为那曲市医疗机构县乡一体化改革试点县之

◆ 班戈县县城集中搬迁安置点——玛尔提小区　摄影：梅晶石

◆ 吾坚罗布、边措和可爱的孩子们（后排右一为吾坚罗布，后排右二为边措）　摄影：梅晶石

一，2009年班戈县合作医疗达到全覆盖，于2019年11月正式挂牌成立县医疗网络中心（县域医疗联合体），整合县人民医院、藏医院、疾控中心和10个乡镇卫生院的人、财、物等资源，医疗基础设施得到不断完善，基层基本药物供应得到全面保障，群众看病就医的问题也得到极大的改善。

百年大计，教育为本。班戈县为发展教育可谓"倾其所有"：以2015年为例，全县财政收入只有1505万元，而在教育方面就投入了1600多万元。班戈县以促进义务教育优质资源均衡发展为目标，以创新办学体制和管理体制为抓手，科学整合辖区优质教育资源，实现城乡教育一体化。

脱贫有了依靠，致富有了希望。在国家扶贫政策的扶持下，吾坚罗布夫妻俩还领到了生态岗位补贴。"我们俩每人每年有3500元的生态岗位补贴。"吾坚罗布掰着指头算道。零零总总算下来，目前吾坚罗布家每年的纯收入有4万余元。

劳动力得到解放，群众积极性空前高涨。玛尔提小区的部分妇女组建了一个缝纫合作社，以传统藏装加工为主。班戈县政府还在牧业科技产业合作园区内为缝纫合作社提供了三间房作为扶持。吾坚罗布的妻子边措也在缝纫合作社工作，随着订单越来越多，包里的收入也逐年增加。关于未来，她还有新的规划："等孩子们都上了幼儿园,我就想开个茶馆,为家里出一份力。"之前参加县里培训考的厨师证正好可以派上用场。

脱贫难,守住脱贫成果也不易。脱贫摘帽不是终点,而是新生活、新奋斗的起点。"贫困户"这几个字眼曾经深深刺痛吾坚罗布和家人的心。如今,吾坚罗布一家生活在卫生环境良好、基础设施齐全的玛尔提小区,每月有稳定的收入,看病就医有保障,孩子上学也方便。吾坚罗布说得最多的一句话就是:"只有更加努力地工作生活,才能对得起党和国家的恩情。"

一家之主吾坚罗布有话说:

"以前在村里生活单一,交通和基础设施都不好,搬过来以后生活幸福了很多,真心地感谢党和国家,未来我会让我的孩子都认真学习,长大后积极就业,用自己最普通的方式报答党和国家。"

班戈县脱贫攻坚概况

2016年,班戈县精准识别并建档立卡贫困群众3241户12046人,贫困村86个,贫困发生率为31.59%。经过不懈努力,2018年班戈县实现脱贫摘帽,86个贫困村全部退出。截至2020年11月,通过动态调整全县建档立卡3887户15596人,贫困户人均纯收入由2016年底的低于2800元提高到9745元。2016年至2019年,累计实现减贫3950户15283人,贫困发生率降为零,贫困人口全部脱贫。

比如县
"等靠要"不如"靠自己"

普 珍

比如县位于那曲市东部,唐古拉山和念青唐古拉山之间。平均海拔4000米,属高原亚寒或温带半湿润季风气候区。地形以低山丘陵为主。

比如县夏曲卡居委会的珠扎一家就生活在这片土地上,家中仅有他和妻子两个劳动力,原本就没有经济来源,再加上珠扎身体不好,只能依赖政府补助勉强度日。2015年12月,珠扎一家被纳入了建档立卡贫困户。

"靠着墙根晒太阳,等着政府送小康",这终究不是长久之计。村里的干部多次到珠扎家进行政策宣讲,告诉珠扎,现在国家的扶贫政策好,只要肯干,都能摆脱贫困。一项项惠民政策让珠扎两口子有些动心,俩人决定试试看,先从找一份固定的工作开始。

过惯了"等靠要"的生活,要开始自力更生了,珠扎两口子还不太适应。没

◆珠扎和妻子次旺卓玛　摄影：梅晶石

有一技之长，也没有工作经验，找工作对于珠扎夫妻二人来说难于上青天。令他们惊喜的是，有国家的好政策作为保障，事情就变得容易起来。比如县始终把产业扶贫作为脱贫攻坚巩固提升的硬措施，围绕建档立卡贫困户持续增收这一核心，梳理盘点已建成的产业项目，对带动建档立卡贫困户成效显著的持续巩固好、扶持好。制定贫困户培训方案，增强贫困户自身"造血"功能，通过举办集中培训班、以工代训等形式，组织开展就业服务、专项招聘等活动，教育引导贫困群众就业创业，珠扎的工作很快有了眉目。2016年，经过培训后，珠扎掌握了驾驶技能，开始跑起了运输，每月6千元的收入让他和家人看到了生活的希望。和珠扎一样的贫困群众，也通过培训掌握了一技之长，实现就业，成功脱贫。比如县还精准落实生态扶贫，严格按照"定岗、定人、定责"工作原则，精准对接生态岗位人员，仅2020年就安排生态岗位3228人，兑现生态岗位补助资金1129.8万元。珠扎夫妻二人每年能够各自领取生态岗位资金3500元。

原来只要勤劳肯干，脱贫致富就有希望，珠扎被深深地触动了，夫妻二人鼓足干劲儿更加积极地努力工作。

2017年，夏曲卡居委会"两委"针对贫困户缺资金、缺技术、缺市场问题，创新推进"专合社+村集体经济+贫困户"产业发展模式,探索出了资源、资产、资金"三资"入股机制,通过股权量化、按股分红,实现资源变资产、资金变股金、群众变股民、村集体变股东,成立了夏曲镇娜拉农牧民纯真奶制品加工场,下设夏曲镇娜拉物业管理有限公司和娜拉农牧民建筑施工队等合作组织,各合作组织向全镇范围吸收就业150余贫困人员,每人每月增加收入1300元,使贫困户和村集体获得相对稳定的资产性收益。

合作社发挥带头致富的作用日益明显,新的发展模式也让合作社的路子越走越宽,全乡、全村的建档立卡贫困户通过就业或是分红的方式增收。2017年8月至2019年8月,珠扎在"一乡一社"——即乡里的合作社夏宗卡工贸有限公司从事材料员的工作;2019年9月至12月,他帮村里的工地和沙场看管物资;2020年11月,他积极应聘"多村一合"实业公司,得到了在夏曲镇纳措温泉康养中心有限公司当安保员的工作,每月有2500元的工资。

比如县的扶贫小额信贷政策也落地落实,坚持户借户用户还,精准用于建档立卡贫困户发展生产。2016年以来,累计发放建档立卡贫困户2273户,扶贫小额贷款11127万元,贷款应贷尽贷覆盖率达100%。珠扎一家也从中获得了实惠,向

◆ 幸福一家人(左二为珠扎)　　摄影:梅晶石

◆ 比如县全貌

银行借了小额信贷5万元,在自家门口开了一家小型藏餐馆,每月纯收入在3000元以上。珠扎的妻子次旺卓玛可以一边经营藏餐馆,一边照顾家里的老人和小孩,珠扎也能安心在外面工作。

自从决心摆脱"等靠要"思想,主动争取就业以来,珠扎一家的生活就开始"芝麻开花节节高"。2019年,全家总收入达到8万余元。现在的珠扎一家人已经还清了欠款,终于可以安心地享受温暖的家庭和日渐幸福的生活。

除了积极带动群众增收致富,夏曲卡居委会还积极开展环境卫生整治工作,村"两委"、社区服务站联合制定环境卫生整治制度,并组织村"两委"班子成员、社区志愿服务站工作人员将每周五定为环境卫生活动日,集中开展一次环境卫生大扫除,利用每月一次的主题党日活动,开展清扫317国道两旁及禁牧草场,有效改善了白色垃圾、生活废弃物泛滥的状况。

物质生活富足了,精神生活也要充实起来。夏曲卡居委会结合本村实际情况制定了学雷锋活动月活动方案,营造浓厚的学雷锋氛围,掀起了学雷锋的热潮。帮助建立健全支部学习、支部党日活动、发展党员要求以及民主监督机制等相关基层党建规章制度,制定社区志愿服务工作流程及管理培训制度,细化村委会各成员分工,明确职责任务,确保村两委班子成员及社区志愿服务工作人员肩上有担子有职责,为加强基层组织建设提供制度保障。

在村"两委"的正确领导下,全村农牧民党员、社区志愿服务站工作人员,不定期开展向帮扶困难群众捐款活动。2020年2月,比如县夏曲卡居委会妇联开展"心系武汉,心系疫情"捐款活动。摆脱了贫困的珠扎,也可以帮助别人了,这让他格外自豪和激动。

如今的珠扎一家,每月稳定收入就有6千多元,不算卖虫草的钱,2020年就有8万多元的收入。

"现代科技发展之地,祖辈游牧富饶之地,醉美娜秀夏曲卡,辽阔草原,广阔天空,遍地牛羊多如繁星;四方公路坦荡如砥,经济发展日新月异……"一首《美丽迷人的夏曲卡》,歌声穿过蓝天白云,穿过青青牧场,穿过曾经穷困潦倒的岁月,抵达幸福美好的生活。

一家之主珠扎有话说:

"2015年以前我们家没有固定的收入,东一榔头、西一棒槌地过日子。在脱贫致富的道路上,我们一家人真正地打起精神'撸起袖子加油干',也会积极帮助更多有需要的人。"

比如县脱贫攻坚概况

2016年以来,比如县共减贫1514户7098人,172个贫困村顺利退出,完成易地扶贫搬迁627户、2618人,贫困发生率从2016年初的9.02%降至零,群众认可度达99.57%;2018年7月,比如县顺利通过国家摘帽县考核评估。脱贫摘帽后,比如县坚持"四不摘"工作要求,聚焦"两不愁三保障"脱贫标准,精准发力、综合施策、标本兼治,脱贫人口人均纯收入达到13500.84元。

尼玛县
脱贫曙光照进"太阳县"

普 珍

尼玛，在藏语中意为"太阳"。那曲市尼玛县，南与日喀则市相接，东与双湖县、申扎县相连，西与改则县相邻，是那曲市联通各地的"门户"之一。尼玛县平均海拔5000米以上，是离太阳最近的地方，却也是最艰苦的地方。高寒缺氧，气候条件恶劣，脱贫难度大，是西藏那曲市全面脱贫攻坚的主战场。

尼玛县美得令人窒息，高得让人生畏，日子也苦得让人落泪。几年前，尼玛县尼玛镇鲁根村的典达和这里的其他牧民一样，天天盼着能早日过上好日子。典达一家五口人，夫妻二人加两个小孩、一个老人。一家人的生活靠养牲畜、打零工维持，经济来源极不稳定。2013年，典达被纳入了建档立卡贫困户。

被纳入建档立卡贫困户后，典达一家人清楚地意识到，不能屈服于贫困。可究竟该如何脱贫致富，典达陷入了沉思。

这些年来，尼玛县聚焦目标、精准发力，综合施策、标本兼治，攻坚克难，决心走出一条"尼玛"特点的减贫路子，打好脱贫攻坚战。当地政府坚持"扶贫

◆ 典达一家在自家小卖部合影（右二为典达） 摄影：梅晶石

先扶智和志，帮人先帮技和艺"的原则，依托项目建设、企业资源、公益性岗位等需求，积极组织贫困群众参与各种专业技能培训。

2014年，典达经过统一培训后多了两个身份——"文物保护员"和"科技特派员"。那曲市尼玛县当惹琼宗曾是古象雄文明的起源地，发源于尼玛县文布乡穷宗的"古象雄佛法"大藏经汉译工程已经被列入"中国社会科学院"的重点科研课题。"文物保护员"的职责是负责保护本辖区内野外文物保护点，需要熟悉周围地形、地势。得益于常年放牧，典达对周围的情况了如指掌，文物保护这项工作他干的得心应手。对于另一个身份——科技特派员，还在适应中。农牧民科技特派员主要是协助村"两委"和镇农牧综合服务站，在蔬菜、青稞、藏药材种植、绒山羊、奶牛养殖、农机维修等方面发挥技术指导的作用，有效促进当地经济社会发展。从此，村里常常出现典达骑着摩托车四处巡逻的身影。这两个新身份不仅让典达学到了技能，还解决了典达就业问题，每年为家里带来了2万多元的收入。

尼玛县积极推进金融扶贫工作，为全县1727户贫困户发放扶贫小额信贷资金5859.65万元。在好政策的帮扶下，典达夫妻也申请到了5万元的小额信贷，在村里经营起了一家茶馆。"离家近,工作轻松,还可以照顾家里的老人和孩子。"典达的妻子说。2019年,茶馆为典达一家创收了1万多元。

尼玛县政府严格落实生态岗位补助和草补等政策,近三年共安排生态岗位29407个,兑现资金9392.35万元。典达一家每年可以领取到3500元的生态岗位资金,以及5000余元的草补资金。

尼玛县还因地制宜发展规模性产业,助力贫困户稳定增收。按照"脱贫不落户、产业不掉队、摘帽不落伍"的要求,尼玛县着重抓好产业"强筋骨"。2016年至今,全县投资4.58亿元实施扶贫产业项目,发展牧业、商贸流通、短平快等产业。以前,尼玛县的绒山羊每年产白绒95吨左右,由于缺乏完善的产业链,主要停留在家庭式自产自销层面,不能实现更高的经济效益。近年来,尼玛县不断加大白绒山羊的养殖力度和推广力度,做好示范户及合作社绒山羊专业养殖技术服务和宣传,优化种群结构,提升特色产业效益。2015年,尼玛县兽防站为鲁根村建起了养殖白绒山羊基地。2019年,白绒山羊养殖项目开始为贫困户们分红,典达家获得了3.6万元的收入。

那曲市几乎每个乡村都有"一乡一社"——即乡里和村里都各自成立合作

◆ 典达夫妇(左一为典达)　　摄影:梅晶石

社，帮助群众增收致富。尼玛县近几年来共培育"一乡一社"14家，有效提高了群众发展产业的组织性和规模性。乡合作社覆盖全部的建档立卡贫困户，县里也从各个渠道努力为贫困户争取收益。合作社使群众受益显著，典达家每年可以分红近两千元。

"稳定实现农村贫困人口不愁吃、不愁穿、义务教育、基本医疗和住房安全有保障"是中央扶贫开发工作确定的目标，全国各地出台了一系列扶持贫困地区加快发展的政策措施。尼玛县也为此下足了功夫。着重发展教育、着力于健康扶贫解民忧，推进教育扶贫，阻断贫困代际传递。坚持"适度集中、联合办学"，教育基础设施明显改善，资源配置更加优化、布局更加合理，既解决"有学上"，又解决"上好学"。另一方面，还通过健康扶贫，实行贫困人口参加农牧区医疗制度个人缴费部分由财政代缴政策，参保率为100%，减轻了群众的经济负担，有效遏制了因病致贫、因病返贫的发生。贫困群众新农合参保率100%，贫困群众住院费用补偿比例100%，家庭医生签约管理服务实现全覆盖。典达感慨地说："看病真的方便了很多，还能报销一部分看病钱，说起这些好的政策，我们身边的所有人都感激党、感激政府。"

贫困的阴云慢慢散去，梦想的曙光开始照进现实。2018年底，典达家的人均纯收入达到1万多元，顺利实现脱贫。2019年，全家纯收入达到8万余元，开始一步步稳定地迈向小康生活。

脱贫后的典达也从不放松，作为一名基层共产党员，他积极学习党的方针政策，严格遵守党的纪律，履行党员义务。"自家富了不算富，得大家一起富起来。"富裕了的典达全力帮助村民一起脱贫，他利用自身经营经验，悉心指导村

◆ 尼玛县全貌

民们入股合作社,替村民与合作社之间架起了沟通的桥梁。

如今,让"离太阳最近的地方"的人民享受到党的惠民政策带来的发展成果,感受到阳光般的温暖,已经成为现实。"我家是咱们县脱贫的一个缩影,我们脱贫路上的每一步背后都有党和国家。今后我们一定要靠自己的努力为幸福添砖加瓦。"带着希望的笑容,典达一家正在继续筹划未来的生活。

一家之主典达的母亲仁措央宗老人有话说:

"现在家里有茶馆和小卖部,生活和以前完全是天壤之别,我对现在的生活非常满意,希望家里的孩子们好好上学,找到好的工作。也希望家里的年轻人能挣到更多的钱,让日子越过越红火,让生活越过越幸福。"

尼玛县脱贫攻坚概况

2016年,尼玛县精准识别并建档立卡贫困群众2173户7584人,贫困村77个,贫困发生率为25.26%。经过不懈努力,2019年尼玛县实现脱贫摘帽,77个贫困村全部退出。截至2020年11月,通过动态调整全县建档立卡2321户9590人,贫困户人均纯收入由2016年底的低于2800元提高到11404.61元。2016年至2019年累计实现减贫2321户9590人,贫困发生率降为零,贫困人口全部脱贫。

安多县
"天线帽"见证脱贫摘帽

普 珍

一排排错落有致的楼房,一条条宽敞洁净的水泥大道,一张张幸福满足的笑脸,这里是那曲市安多县的集中搬迁点——卓格小区,阿欧一家就生活在这里。

从2013年被识别为建档立卡贫困户,到2016年顺利脱贫,再到如今的幸福生活,阿欧一家人的生活经历了重重考验,终于走上了幸福的康庄大道。现在我们就来讲讲这家人的脱贫故事吧!

安多县平均海拔5200米,是全国海拔最高的县之一。海拔高、天气寒冷、气候恶劣、含氧量极低。年均七级以上大风158天,最多的达到284天,大部分是飓风并伴有沙尘暴。年均降雪90天以上,地震、雪灾等自然灾害易发多发。

阿欧一家世世代代生活在这块土地上,在搬到如今的卓格小区之前,全家挤在狭小拥挤的旧房子中,水、电、网、路都不通,生活条件艰苦。安多县是传统

◆ 阿欧正在制作藏装　摄影：梅晶石

的纯牧业大县，阿欧一家的主要经济来源也曾是"靠天养畜"，收入极不稳定，生活一度捉襟见肘，十分穷困。

在党的好政策下，2015年，阿欧一家和其他贫困户一同搬进了位于安多县城郊的集中安置小区，水、电、交通有了保障，新家让阿欧一家人倍感惊喜。"完全想不到能住进这样的好房子。"阿欧感慨道。

宽敞明亮的新房有了，但离脱贫还有一定的距离。阿欧意识到，不能光等着党和国家的帮助和扶持，自己也要通过勤劳努力来改变生活、脱贫致富。经过再三思考，阿欧决心学习一门手艺，他选择了安多县有名的非物质文化遗产——安多天线帽。

安多县牧民向来有戴天线帽的传统，天线帽由羊羔皮、狐狸皮及人造皮等缝制，顶上竖起一根类似天线的条状彩线编织物，外型特别，色彩鲜艳。经过一番努力，阿欧找到了做天线帽的手艺人拜师学艺。

一技在手，脱贫无忧。学成出师后，阿欧当机立断借了5万元的小额信贷，迅速开起了一家服装店，除了做天线帽外也制作一些藏装出售。仅2019年，这家服装店就有6万余元的纯收入。2020年虽然有几个月因为身体不适没有经营，但

◆ 幸福一家人（前排左一为阿欧）　　摄影：梅晶石

截至11月也有了近5万元的收入，阿欧一家早早地就还清了贷款。

2018年阿欧和妻子充分考虑后，在卓格小区内自家楼下开了一家小卖部，由妻子经营。妻子可以一边工作，一边照顾家里的孩子。每个月有近2500元的收入。"而且还不用付租金。"阿欧的妻子感激地说，"要不是党和国家的好政策，让我们搬来这里，哪儿能找到这样方便又好的工作。"

除了这些经营收入，靠着"一村一合""一乡一社"合作社，阿欧一家还获得了不少收入。"我们的合作社做得真的特别好，能给我们贫困户分红不少。"说起合作社，阿欧有一肚子说不完的话。

立足国道109线的区位条件和资源禀赋，根据典型牧业大县的发展实际，安多县合作社经营了牧、房、游、车"四个老板"四大产业。首先，立足牧业根本，做大做强"牧老板"。以"一乡一社"为龙头，突出"草场流转、人工种草和品牌繁育"三个抓手，全面推进畜牧产业结构调整，进一步优化生态牧业体系，最大限度盘活现有资源，切实提高草场利用率和产出率，促进第一产业剩余劳动力向二产、三产转移，探索畜牧业规模化经营模式、开拓就业渠道。阿欧拿出自家的80多头牲畜以及一万元现金入了乡里和村里合作社的股，每年有约两千元现金分红。

其次，安多县立足市场需求，做大做强"房老板"。在充分调研和论证的基础上，凭借青藏公路、安狮公路的区位优势，按照"依托城镇、依托道路、依托群众、依托便利"的原则，统筹整合县财政涉农资金，在国道沿线大力实施临街住宿+商品房搬迁模式，修建扶贫宾馆、修（洗）车厂、餐馆、购物商业用房等。通过自主经营或出租收取房租方式，为贫困牧民群众提供创业平台和就业市场，实现稳定增收。阿欧一家依靠收取商品房房租每年获得了约5千元的收入。

三是立足生态资源，做大做强"游老板"。安多县按照"一中心、三环线"县域旅游发展思路，围绕已逐渐形成的"格拉丹东—羌塘草原—可可西里无人区—唐古拉山—巴木茸神山—怒江源措那湖"等精品线路的优势，通过牧家乐、体验藏北游牧文化，利用安多牧歌、服饰等非物质文化遗产，在国道109沿线打造旅游合作社，以餐饮、特色藏北风情体验及民族手工旅游纪念品研发等，辐射带动县城及沿线6个乡镇的旅游经济，让本地更多牧民群众依靠旅游就业，吃上旅游饭。"旅游的人越来越多啦，来我家的服装店买天线帽和藏装的人有好一些是游客。"阿欧说。

四是立足发展机遇，做大做强"车老板"。安多县紧紧抓住青藏公路整修、通乡油路、京藏高等级公路等项目建设机遇，采取"县唐古拉牧业开发有限责任公司+乡镇合作社"的模式，建立由贫困群众组成的运输车队，为安多经济建设和市场需求提供运输服务，帮助贫困群众实现经济创收。各乡镇抢抓通乡通村油路建设机遇，已组织589人次和170辆车在交通项目建设上创收约1752.97万元。此外，还积极开展招商引资工作，引进扶贫混凝土搅拌站项目1个，进一步带动更多的贫困群众增收。"我家人偶尔会去跑一跑运输，或者去混凝土搅拌站打零工，每天有250元的收入。"阿欧细细数来。

最后，安多县还立足抱团发展，做大做强乡村集体经济。将发展和壮大乡镇合作组织作为推动精准脱贫、产业发展的有力抓手，通过设立300万元的"以奖代补"合作组织扶持资金平台，大力推广"乡镇统筹整合、政府支持指导、贫困户入股参与"的新型经济合作组织成功经验，打破传统单一的村级合作组织发展模式，着力构建以"一村一合"为基础单元、以"一乡一社"为小组、以公司为龙头的多元化经营体系，将贫困人口通过草场、牲畜、劳动力和资金等多元要素入股，参与产业、融入产业，实现"资源变资产、资金变股金、牧民变股东"的

"三变"改革。

目前,安多县全县共有经济合作社86家,其中"一乡一社"13家、"一村一合"73家(联村1家),吸收带动牧民群众33331人次,实现经济效益4865.61万元。

如今的阿欧一家,仅仅结算到2020年9月,就有了7万余元的收入。一家人住进了宽敞明亮的公寓楼中,还买了一辆货车用于进货,偶尔也参与运输。大女儿毕业后就考取了乡村振兴专干,在同属那曲的香茂乡工作,在向党和国家奉献青春热血的同时,她也常常回来看望父母家人。几个年龄稍小的孩子都在上学,金灿灿的奖状挂满了墙,一提起品学兼优的孩子们,阿欧夫妻就笑眯了眼。

靠着自己的手艺、靠着搬迁的便利,也靠着党和国家的好政策和乡里村里的合作社,阿欧一家人的生活蒸蒸日上,曾经被穷困笼罩的愁眉苦脸消失不见,取而代之的是喜上眉梢的幸福满足。和无数靠奋斗脱贫的家庭一样,"幸福"在阿欧家中是具象化的,可以是扑面而来的食物香气,可以是精致温馨的家具布置,也可以是全家人脸上洋溢的笑容。

一家之主阿欧有话说:

"能够解决住房问题,我就非常感激了,没想到党和国家的关怀还让我脱了贫,孩子们都上了学,因为好的政策,学费根本不是压力,我真的非常感激现在的生活。我一定会勤劳地工作,让一家人的生活越来越好,让我的孩子们多学习知识和本事,将来回馈国家和社会。"

安多县脱贫攻坚概况

2016年,安多县精准识别建档立卡贫困群众2677户9582人,贫困村74个,贫困发生率为25.74%。经过不懈努力,2018年安多县实现脱贫摘帽,74个贫困村全部退出。截至2020年11月,通过动态调整,全县建档立卡贫困群众2635户10444人,贫困户人均纯收入由2016年底的低于2800元提高到13289.4元,2016年至2019年累计实现减贫2645户10327人,贫困发生率降为零,贫困人口全部脱贫。

巴青县
奋斗的人生最幸福

普 珍

那曲市巴青县是一个以牧业为主的县。这个平均海拔在4500米以上的地方环境艰苦：高寒缺氧，空气稀薄，太阳辐射强，日照时间长，年日照时数2400小时左右，年降水量约500~600毫米。年温差相对较大，冬季多大风雪，降雪日数约在150天以上。

头上盘着辫子，发间缠着红绳，52岁的拉加是巴青县拉西镇热囊村易地集中搬迁点的临时党支部书记和负责人。如今的他精神抖擞，开朗热情，谁也想不到，几年前的拉加生活过得十分穷困。

巴青县海拔高、地处偏远，是打赢脱贫攻坚战中典型的难中之难、困中之困、坚中之坚。从前的拉加一家住在米兰熊自然村，家里孩子多。拉加的眼睛和手臂小时候都受过伤，被鉴定为轻度残疾，因此家里没有几个劳动力。除了挖虫草的收入外，拉加一家再无其他稳定的收入来源。2015年，拉加被纳入建档立卡贫困户。

近年来，针对"一方水土难养活一方人"的现实问题，那曲市扎实推进易地

◆ 幸福一家人（左三为拉加）　摄影：梅晶石

扶贫搬迁工作，"十三五"期间，统筹安排易地扶贫搬迁12654户50335人。

自此，拉加一家的生活开始有了转机。2018年，拉加一家加入了集中搬迁队伍，来到了易地集中搬迁点——四村，住上了宽敞明亮的独栋平房。三个孩子上学也享受到了"三包"政策，开始了学习生涯。在国家扶贫政策的扶持下，拉加夫妻两人领到了生态岗位补贴。拉加说："2016年至2017年，我们两个人每人每年有3000元补贴。2018年开始，每人每年补贴增加到了3500元。"

日渐改善的生活水平，让拉加看到了希望，也重新点燃了他对生活的信心，他抓住每一个机会，开始了新的生活。通过努力，拉加加入了村"两委"班子，2019年他担任了易地集中搬迁点——四村的临时党支部书记。担任书记以来，拉加以身作则，兢兢业业，在岗位上除了做好本职工作外，还处处细心地为贫困户们着想。

2019年2月，国家电网来到四村开展供电入户工作，拉加主动组织搬迁点群众帮助工程队运设备、拉电线、立电杆。供电入户本是一件大好事，然而在热火朝天、笑容满面的人群中，拉加注意到了愁容满面的错钦，他立即明白了什么。原来，错钦一家孤儿寡母，没有劳动力，几乎只能依靠政府的补助生活，日子过得捉襟见肘。就在错钦想要拒绝供电时，拉加主动发声，为错钦一家争取到了免交电费。"作为一名党员，我就应该为周围的人排忧解难，有困难就冲锋在前，坚守初心，勇担使命，扎扎实实做好为民服务工作。希望我能做好这个书记，带领大家一起脱贫摘帽奔小康。"拉加说。

说到就要做到，在拉加和村"两委"的共同努力下，四村搬迁点全村的基础设施得到了改善，完成了电网全面提级改造，实现了"组组通"硬化水泥路，实现了移动、电信信号和4G网络无盲区全覆盖，实现了户户住房安全有保障。

为进一步巩固易地扶贫搬迁成效，那曲市在集中搬迁安置点配套实施水、电、路、垃圾池、厕所、路灯、排水等基础设施项目，完善搬迁群众生活所需；落实中央和自治区水利发展资金3487.76万元，用于专项维修存在问题的农村饮水工程点；实现集中搬迁安置群众产业全覆盖，将搬迁群众劳动力纳入当地公共就业服务体系，确保搬迁群众"搬得出、能融入、能致富"。

扶贫先扶智，要想让贫困户摆脱过去的贫困生活，真正富起来，需要把"输血"变为"造血"。村"两委"，建立扶贫长效机制，为拉加等贫困户提供致富能力和发展机会，从根本上帮助贫困户从"要我脱贫"转变为"我要脱贫"，实现生活水平"芝麻开花节节高"。

如何变"输血"为"造血"呢？2018年，在得知当地政府要投资创办合作社时，拉加第一时间申请加入，并劝说村里其他贫困户也加入进来。合作社成立之初吸收的22户农牧民中有17户是贫困户。2018年11月，在政府的扶持下，热囊村成立合作社，拉加主动加入并被推选为合作社董事长。该合作社主要经营茶馆和台球室，盈利十分可观，每户每年能分红约6千元。在拉加的带动下，大家齐心协力，把合作社经营得红红火火，成为了村民脱贫致富的重要渠道。

2019年初，巴青县在易地搬迁安置点成立了扶贫服装加工厂，主要经营民族服饰和校服加工业务，共吸收包括拉加在内的17名贫困群众就业，2019年实现每

◆ 巴青县全貌

◆ 拉加一家人（右三为拉加）　摄影：梅晶石

户年均收入4千余元，2020年每户更是达到了7千余元的收入。"现在村里家家户户门口插着的五星红旗都是我们缝纫厂做的！"作为负责人的拉加自豪地说。

"一村一社""一乡一合"，乡里的合作社还有水泥厂、风干肉加工厂等产业，每年的产业分红都能为贫困户们增加收入。通过合作社模式，大家的发展热情都得到了极大的提高，内生动力得到了极大增强。四村这个易地扶贫搬迁点也变得朝气蓬勃：村民追求更加健康文明的生活方式，讲文明爱生活不再只是口号；更加重视教育，社区内辍学率一路下降，入学率达到百分之百……

四年发展蜕变，一朝摘下"贫困帽"。在有了稳定收入后，2019年9月，拉加递交了脱贫申请书，主动申请脱贫摘帽。"习总书记说了，脱贫摘帽不是终点，而是新生活、新奋斗的起点。我们一家终于挺直腰杆走上致富小康路了，以后绝不会再让自己返贫了。"拉加拍着胸膛说。

2019年11月15日，时任区党委书记吴英杰在调研巴青县时，就曾来到这里，除了对易地搬迁点目前的发展表示满意外，他还强调要进一步明晰产业发展思路，合理规划、科学发展壮大特色产业，让广大农牧民群众不离乡不离土，就能依靠产业发展增收致富。同时要坚持尽力而为、量力而行、节约为先，多雪中送炭、少锦上添花，切实解决好群众最关心最直接最现实的问题。吴英杰指出："要严把脱贫标准关、程序关、考评验收关，确保脱贫摘帽得到群众认可，脱贫攻坚成果经得起人民和历史检验，同时要建立防返贫机制，进一步巩固脱贫攻坚成果。"

同一天，吴英杰还来到了拉加家中，对他的工作给予了肯定，勉励拉加要充分发挥党员先锋模范作用，团结带领村民积极响应党的号召，用群众身边的新变化新发展新生活宣讲党的十九届四中全会精神，教育引导各族群众坚定坚决地感党恩、听党话、跟党走。拉加也无愧于组织的殷殷嘱托，一言一行中守好共产党员的初心，完成好党员使命，"我常去村民家里走走转转，了解大家的烦心事，全力为他们解决难题，满怀热情为群众办事！"除此之外，在2020年新冠肺炎疫情期间，拉加还和县城集中搬迁点临时党支部组织人员，积极开展疫情防控相关工作，为巴青县疫情防控工作贡献了一份力量。

如今的拉加家，窗明几净，水、电、网样样齐全，柏油马路通到了家门口。茶馆收入、工资、合作社的分红，还有生态岗位补助、草补、农村环卫工补助等等各种政府补助资金，到2020年11月，全家已收入8万余元，人均收入达到9020元。

拉加通过奋斗与努力，不仅让自家迈上了幸福的大道，也让四村搬迁点家家户户脸上露出了无忧无虑的笑容。笑容源自希望，笑容源自幸福，这一张张笑脸无不在倾诉着告别贫困后的欢欣喜悦，也无不在彰显着奔小康路上越走越稳的坚定信心与决心。

一家之主拉加有话说：

"想到从前租住在别人家院子里的情景，就觉得现在的生活像梦一样。现在我们对生活非常有信心。作为党员，我会继续努力工作，希望我的孩子们好好读书，将来成为对国家、对社会有用的人，完成我们这一辈没有做到的事。"

巴青县脱贫攻坚概况

2016年，巴青县作为全区44个深度贫困县之一，精准识别并建档立卡贫困群众2820户10674人，贫困村156个，贫困发生率为21.68%。经过不懈努力，2019年，巴青县实现整体脱贫摘帽，156个贫困村居全部退出，贫困人口全部脱贫，贫困发生率降为零。截至2019年底，贫困家庭人均纯收入从2015年底的2300元以下增加至2019年的10037.99元。顺利通过中央第三方考核验收、全国脱贫攻坚普查、自治区交叉考核验收和贫困县退出第三方"回头看"评估。

嘉黎县
解锁藏北牧人一家的"幸福密码"

普 珍

嘉黎县位于那曲市东南部,平均海拔4500米,年平均气温零下二十摄氏度。受气候寒冷、信息不畅等因素制约,嘉黎县是西藏脱贫攻坚的主战场之一。

从那曲市出发,一路向东南方向前进,就来到了嘉黎县易地扶贫搬迁点——牧人安居苑。高耸的雪山和茂密的森林植被交映,从高处俯瞰这里,一排排崭新的小楼,二层水泥结构的村文化室,贯穿其中的硬化路面,随处可见的汽车、拖拉机、摩托车,嬉笑打闹的孩子们,让这里充斥着现代化生活的气息。

巴旦一家人就住在这里。来到他们家中,正值午饭时分,热腾腾的饭菜香气和一阵笑声扑面而来,巴旦和家人正围坐在桌前吃饭。房子里宽敞明亮,阳光透过玻璃窗暖融融地照进家里,一幅和谐幸福的画面。

但这样的幸福生活来之不易。五年前,巴旦一家还住在夏玛乡甲仁村,房

◆ 巴旦（右二）一家在新居前合影　摄影：梅晶石

屋破旧昏暗，出入是一条土路，水、电、网不通畅。"一到晚上，整个村庄漆黑一片。"巴旦回忆道。虽然家里有3840亩草场，但一家人如同怀揣宝藏的稚子幼童，不知如何利用，世代"靠天吃饭"。家里只有三个劳动力，巴旦的弟弟患有轻度残疾，巴旦本人也有多种疾病，原本微薄的收入一大半又花在了医药费上，生活愈加捉襟见肘。2015年12月，巴旦家被列入了建档立卡贫困户。

为了解决"一方水土养不起一方人"的问题。2017年，甲仁村的村民们集中易地搬迁，搬进了新房。宽敞明亮的公寓楼令大家倍感幸福。居住条件的改善让巴旦体会到了幸福的滋味，人穷志不短，他开始有了追寻幸福生活的动力与勇气。

"嘉黎有一宝"，那就是嘉黎娘亚牦牛，娘亚牦牛是西藏三大优良牦牛种群之一，独特的草原和水资源，为娘亚牦牛的生长提供了独一无二的环境，也造就了娘亚牦牛产毛多、肉质鲜红，富含多种矿物质（钙、硒、铜等）、氨基酸、蛋白质，营养价值高等特点，是西藏十分宝贵、纯度最高的特色家畜品种资源之一，也是西藏家畜品种资源中体格高大、生产性能良好、发育快的优良牦牛类群。

资源优势有了，嘉黎县以集约化、专业化、组织化、社会化为基本方向，大力实施"一乡一社""一村一合"战略。坚持"因地制宜、突出特色、规模发展"的原则，明确以"增强贫困群众自我发展能力、拓宽农牧民增收渠道"为主要目标定位，通过产业扶贫项目，依托娘亚牦牛的独特资源，大力实施"千头万亩"标准化养殖基地项目，以"公司+基地+合作社+牧户"合作方式，让娘亚牦牛成为了牧民群众致富路上的好帮手。夏玛乡和甲仁村也分别成立起了合作社，带动贫困群众脱贫致富。巴旦一家人将家中的3840亩草场入股到了合作社中，每年都能安心稳定地获得分红，人均增收1780余元。

此外，夏玛乡合作社还加工制作牛奶、酸奶、奶渣、风干牛肉等畜牧产品，打造销售平台，在拉萨市、那曲市等各销售点进行销售。除了将家里的草场入股合作社，巴旦一家人还以劳动力的形式入了股，闲暇时间就去合作社的畜牧产业加工车间打零工，可以赚取一些收入。

在享受党和国家的好政策基础上，巴旦一家人努力靠自己的双手勤劳致富。做小生意，卖本地特产、中转摩托车买卖……巴旦将力所能及的事做了个遍。"有亏有得，也算是和各个行业都打了交道。"巴旦爽朗地笑道。

嘉黎县还开始强化培训，让贫困户有业"可就"。县里架起了培训桥梁，强化农牧民群众自身技能，围绕六大产业，持续开展"雨露计划"，开展藏菜厨师、民族手工艺等技能培训。经过培训，巴旦的妻子在餐馆找到了一份做服务员的工作，每个月有近3000元的收入。巴旦也找到了一份环卫工的稳定工作，每个月有1800元的工资。

◆ 巴旦的新家所在地——嘉黎县牧人安居苑　摄影：梅晶石

◆ 嘉黎县全貌　摄影：梅晶石

　　嘉黎县把生态保护与脱贫攻坚结合起来，按照"权责对应、钱随事转"的原则，大力实施天然林保护、退耕还林等重点生态保护工程建设，完善草原生态补助奖励机制。优先吸纳有劳动能力的贫困人口就地转成护林员、公益林专业管护员、自然保护区管护员、环境保护监督员、草原（场）监督员等。"我们家每人每年能获得大概1500元的生态岗位补助。"巴旦说。

　　同样是在2017年，勤劳努力为人踏实的巴旦被大家推选为双联户户长，每年有2000元的收入。作为户长，巴旦每一天都兢兢业业工作，以身作则，严以律己。他对管辖范围内发生的问题及时发现和解决，还勤加学习党的好政策，逐家逐户上门宣讲"四讲四爱"，把与群众切身利益密切相关的医疗、教育等系列惠民政策讲深讲透，讲清楚这些政策给农牧民生产生活带来的实实在在的好处，使农牧民群众都发自内心感谢党的恩情。除此之外，巴旦还引导大家树立劳动光荣、勤劳致富的观念，摒弃"等靠要"思想，力争带领各户实现"联户平安，联户增收"。

　　2018年，嘉黎县所有行政村水泥路或砂石路通达率达100%，电信、移动信号、广播电视、生活用电全覆盖，饮水安全也得到了保障。县里还全面确保了社会兜底。加强了医疗卫生保障。通过提高低保标准、特困供养水平、医疗救助保障水平，临时救助、残疾人"两项补贴"等政策在脱贫攻坚中的兜底功能，编织一张兜住困难群众基本生活的社会安全网。贫困群众享受定期免费健康体检等福利政策，县人民医院、藏医院创造条件方便搬迁群众就近就便看病，有效解决了贫困户因病致贫、因病返贫的问题。"现在，家里有病人也不会给我们家带来多大压力了，回想起以前焦头烂额的我们，简直是天壤之别。"巴旦说。

此外，嘉黎县还深化落实了教育扶贫。为搬迁户设立绿色通道，确保了所有学龄儿童的入学。看着墙上的奖状，巴旦欣慰地笑着说："孩子们都在读书，我们都非常支持，希望他们能好好学习，将来为家乡的建设做出贡献。"

2018年，巴旦一家彻底摆脱了贫困。在致富的路上，巴旦一直在探索中前进，在前进中探索，用自己的实际行动得到了全村干部群众的高度称赞和认可。今年，巴旦一家向银行借了5万元的小额信贷准备大干一场。"没有比人更高的山，没有比脚更长的路。我想借着以前的经验，这次认认真真再去做一次生意，希望可以为家里带来更多收入，让我们的生活更上一层楼。"他笑着说，眼里闪烁着对未来的希望。

一家之主巴旦有话说：

"以前我们家连最基本的温饱都解决不了，现在却住上了新房，吃上了各种新鲜肉和蔬菜，还买了私家车，简直太幸福了。非常感激党和国家的好政策，我们也会继续加油，巩固现在的成果，绝不会再返贫了。"

嘉黎县脱贫攻坚概况

嘉黎县属于扶贫开发重点县之一。2016年初，精准识别建档立卡贫困户1463户6513人，动态调整后共有建档立卡贫困户1650户8600人。经多次动态调整，嘉黎县建档立卡贫困户已于2018年底全部脱贫，贫困发生率降为零。

大美那曲

色尼区
三世同堂共话幸福生活

普 珍

那曲市色尼区，坐落于109国道进入拉萨的必经之路上，是整个西藏北部政治、经济、文化、交通、信息、通讯的总汇与中心所在，该区同样也是那曲市政府的驻地。色尼区平均海拔4500多米，最高海拔6500米。由于交通不便、历史积贫等原因，整个色尼区贫困人口多、贫困区域广、贫困程度深、脱贫任务重。近年来，随着各项政策的出台和脱贫攻坚战的打响，色尼区终于走上了脱贫致富的道路，并于2019年顺利脱贫。

回顾起奔跑在脱贫致富路上的这些年，那曲市色尼区香茂乡多朋热卡村的大仁增无限感慨。

大仁增所在的多朋热卡村是个传统的牧业村，长期以来该地的牧业基础较为薄弱。土层薄，温度低，植物生长缓慢，草场恢复能力弱，导致当地的牧业劳动力成本需求高、产量低。加之远离交通要道，村民的吃、喝、住、行等也都并不乐观。没有干净的饮水源，村民们四季只能以喝河水为生，冬季凿冰取水；由于无力修缮翻新住房，他们只能住在空间狭窄、光线昏暗、常年漏风的土坯屋中。

◆ 幸福一家人（后排左三为大仁增）　　摄影：梅晶石

  大仁增家共有10口人，三世同堂，如今爷孙和睦、衣食无忧，其乐融融。但这一份幸福却来之不易，曾经的大仁增被穷困深深困扰着。2015年以前，大仁增家只有几头牦牛和几只绵羊，一家人的生活主要依靠草补等惠民政策收入，偶尔也会通过出售家中不多的牦牛这种竭泽而渔的方式来支撑生活。同时，孩子尚幼，真正能算劳动力的只有大仁增夫妻和大儿子三人。家庭人均年收入仅仅2000元，再加上还要供养在外读大学的孙女，日子过得捉襟见肘。2015年，大仁增一家被纳入了建档立卡贫困户。

  为了尽快帮助建档立卡贫困户，色尼区政府出台了一系列政策：聚焦"实底子"，突出精准识别基础作用。科学制定脱贫计划，明确年度减贫目标，加强督查指导，做到精准施策、精准发力，并按照"应纳尽纳、应退尽退"原则，实行扶贫开发信息系统动态管理，保证小康路上一个不少，致富路上一个不落；聚焦"稳收入"，突出产业发展支撑作用。按照"多个渠道引水、一个龙头放水"的资金投入格局，整合专项、涉农政策、援藏等资金，采取"公司+基地+贫困户"的模式，大力实施涉及农牧、建材、服务、旅游等"短平快"、"一乡一社"、扶贫商业街等扶贫产业项目，推进产业脱贫；聚焦"换穷业"，突出自主脱贫意识作用。建立和完善转移就业信息系统，对劳动力类型、技能掌握、技能培训意向等情况进行全面统计分析。积极对接市场需求，开展针对性技能培训，贫困户劳动力转移就业收入构成占比逐年大幅度增加；聚焦"挪穷窝"，突出安居对乐业的作用。按照"稳得住、能致富"要求，不断加强集中安置点配套产业和基础设施建设，着力改善提升易地搬迁户生产生活条件，有效解决搬迁户的就业难问题；聚焦"兜穷底"，突出普惠性政策保障作用。全面贯彻落实生态补偿、发展教育、健康医疗和基础设施建设政策措施，兑现兜底资金，增强贫困群众的"五个享有"。同时，大力开展微型基建，不断加强"十项提升"各项基础设施及配套附属工程，提升公共服务能力，并解决不可流动性贫困劳动力不离乡不离土、就近就便就业问题；聚焦"大格局"，突出社会力量帮扶作用。深入开展"百社带千人"活动。色尼区210家企业、合作组织积极通过"以工代训"、购买牲畜、慰问等形式帮助建档立卡贫困户脱贫致富。

香茂乡党委、政府因地制宜，十分重视产业发展工作，发展特色优势产业是贫困村增强自我发展能力的重要途径，也是解决贫困户脱贫致富的重要手段。香茂乡召开多次产业项目讨论会，最终确定寄畜项目2个，涉及资金500万元，解决

◆ 幸福一家人（第二排右二为大仁增）　摄影：梅晶石

6人就业，直接带动49户贫困户；香茂乡自驾游项目投资25万元，解决2人就业，帮扶9户，44人；香茂乡多朋热卡村驻村工作队对16户群众进行牲畜帮扶项目，总计帮扶牦牛45头，折合资金30万元。这些项目的敲定与实施，既增强了贫困户的造血能力，又切实转变了部分群众的"等靠要"思想。

有了政府的帮助，大仁增一家得到了更多的打工机会，随之而来的便是收入的增加，过去只靠一家几头牛产生收益的方式，被合作社式的集中蓄养代替，大仁增得以在空闲时间离开家乡，前往收入更高的地区找活儿干。2016年，通过外出务工、出售农产品等方式，大仁增家的收入得到了很大的提高。加上政府的生态岗位补助、大学生政府补助等补助资金，大仁增家家庭人均年纯收入达到8400元，终于实现了脱贫摘帽。"我们一家都非常感激党和国家，我们家的脱贫离不开党的好政策。但是我们也知道，绝对不能只依靠别人带来财富，我们要依靠双手给自己带来更好的生活。"大仁增说。

为了巩固好脱贫成果，大仁增当机立断，一边决定从银行贷款5万元购买带幼崽的成年母牛，对家里的牲畜结构进行优化——过去大仁增家的牛群大部分是成年的公牛，卖完一头少一头，缺乏可持续发展的可能，抗灾能力弱，畜种优化空间小，加入母牛和幼崽后会对整个牲畜群带来根本性的改变与优化；另一边，

◆ 色尼区全貌

大仁增为大学毕业回来的孙女德吉卓嘎马不停蹄地寻找就业机会。正巧，多朋热卡村是西藏航空公司在西藏唯一的驻村点，于是大仁增便向驻村工作队申请帮忙解决德吉卓嘎的就业问题。驻村工作队详细了解情况后，2019年底安排德吉卓嘎参加航空公司地勤人员的面试。德吉卓嘎也通过层层选拔，顺利过关，培训后正式入职，每月收入近万元。同时，驻村工作队还体贴入微地征求了德吉卓嘎的个人意愿，将德吉卓嘎入职后的驻村点安排在了多朋热卡村，让德吉卓嘎能在工作之余照顾家庭，这份"惊喜"令大仁增一家人备受感动。

2020年，大仁增家已有牦牛50头，通过销售牦牛、牛奶、毛绒等畜牧产品，收入达4万余元；再加上儿子是村医，孙子也找到了环卫工的工作，大仁增家还享受着生态岗位补助、草补、农村环卫工补助、双联户长工资和老年人养老保险等各项政策，总收入近8万元；外出务工收入达10万元左右。大仁增家2019年的人均纯收入达到1.78万元，扎扎实实地稳定巩固了自家的脱贫成果。

当地政府和西藏航空驻村工作队一同将村里原来的土路翻新为宽阔的柏油马路，交通往来再也不复原来的艰辛。大仁增一家也在原有的房屋基础上修建了一间60平方米的客厅，并专程从拉萨购买了精美的家具。如今，走进大仁增家，窗明几净，三世同堂，言笑晏晏，幸福甜美的新生活气息充斥着每个角落。

一家之主大仁增有话说：

"从2015年至今，生活变化实在太大了，原来喝水只能喝河水，有时候不干净还会闹肚子，出趟门要个把月。现在水电路全都通了，房子也重新装修了，还买了私家车，孩子们也有好的工作，简直太幸福了，我们一家人满心的感激。"

色尼区脱贫攻坚概况

2016年，色尼区精准识别并建档立卡贫困群众5000户20074人，贫困村134个，贫困发生率为23.5%。经过不懈努力，2019年色尼区实现脱贫摘帽，134个贫困村全部退出。截至2019年底，贫困户人均纯收入由2016年底的6190.42元提高到10511.94元，贫困发生率降为零，贫困人口全部脱贫。

索县
风沙里诞生的"幸福绿洲"

普 珍

那曲市索县位于藏北高原与藏东高山峡谷的结合处，地处怒江上游的索曲河流域，为那曲市"东三县"之一。索县海拔3980米，空气稀薄，高寒缺氧，过去的索县曾经沙尘肆虐。在这样的环境中，有一户人家就像从沙土中生长出的荆棘之花，坚强地生活，努力地脱贫，终于过上了幸福的生活。

27岁的拥措是那曲市索县亚拉镇的一贫困户户主。2016年之前，她和丈夫由于学历不高，思想保守，目光短浅，家中的经济收入完全"靠天吃饭"，依托不稳定的虫草收入所得来维持生活，除此之外没有任何经济来源。生活的艰辛使拥措夫妻已经意识到文化知识的重要性，因此竭尽全力供孩子上学，这给本就拮据的家庭雪上加霜，一家人常常有了上顿没下顿。

因为缺少可用的石料和木料，大多数索县居民过去居住的是大白天也昏暗不透气的土坯房，人畜混居，卫生环境难以保证。居住条件差，交通不便，村民们想要出门只有靠一条土路，一旦到了雨雪天气，出行就更加困难。"那时候最怕

◆ 幸福一家人（左二为拥措） 摄影：梅晶石

下雨下雪，满地都是泥浆。"拥措回忆道。

困难的日子过得格外缓慢，但希望的曙光总会透过阴云照耀大地。2016年，党的精准扶贫政策落地到了索县。经过村"两委"、驻村工作队走村入户走访摸底排查，拥措一家在2016年被纳入建档立卡贫困户，列入了易地搬迁队伍。几个月后，拥措一家和村民们从原来的危房搬到了集中搬迁点90平方米的新房里，水、电、交通条件都大为改善，生活也逐渐步入佳境。"新家特别好，又宽敞又明亮，家具啊电器啊什么的都有，出门有水泥路。住进来的时候我们都简直不敢相信。"拥措笑着说。

为了确保群众搬得进，稳得住，能就业，帮扶干部坚持每周上门，鼓励动员拥措夫妇参加实用技能培训，帮助他们寻找就业门路。拥措夫妇受益匪浅，决定靠勤劳的双手奋斗。"我们有手有脚，不能坐在墙根赖着国家，要靠自己的双手，过有尊严的生活。"拥措坚定地说。

有了正能量的鼓舞和激励，拥措夫妇满怀信心地"动起来"。丈夫旦巴土多通过各种途径参加了技术培训，掌握了房屋装修、开车等技能。亚拉镇通过探索"公司+合作社+贫困户"的产业扶贫模式，成立了合作社诺尔邦工贸有限责任公

◆ 正在打理自家服装店的拥揩　摄影：梅晶石

司，极大地调动贫困户积极性。2017年，旦巴土多在诺尔邦工贸有限责任公司的砂场从事运输工作，实现了产业项目内转移就业，年度实现工资收入5万余元。

有了一技之长，拥揩一家人的收入渠道开始逐渐地稳定下来，并且逐步得到了拓宽。"走走走，带你们去看看我们家开的店。"跟着拥揩走出公寓楼，穿过亚拉镇的巷道，来到一家装修精美的服装店。原来2018年，拥揩一家人通过小额信贷贷款了5万元，在亚拉镇的集中搬迁点开了一间服装店，经营各种服饰，在亚拉镇的年轻人中卷起了一阵"追求时尚"的潮流。仅2019年一年，这家小小的服装店就获得了3万余元的纯收入。学习了装修技能的旦巴土多在这间服装店的装修设计上小试牛刀，成果令他自己和家人都非常满意。未来，他打算利用自己学习到的装修技能，开一家装修店，继续拓宽增收渠道。

除了依靠自己勤劳的双手致富，拥揩一家还积极入股本村合作社诺尔邦工贸有限责任公司，享受本村经济合作组织及亚拉镇"一乡一社"的产业帮扶。2017年，亚拉镇把国家投资的300万元投入诺尔邦工贸公司项目，带动全镇553户、2411人稳定脱贫；2018年，拥揩一家收入产业分红11500元；2019年，收入产业分红8339元；截至2020年11月，已收入产业分红11465元。从绝望的贫困生活到现如今脱贫奔小康，拥措一家的家庭收入实现了飞快增长。

此外，党和国家严格落实生态保护红线制度和生态补奖政策，加大草原、林业生态保护与建设力度，让更多的贫困人口参与草原、林业生态建设，吸纳更多有劳动能力的贫困人口参与生态建设，增加建档立卡贫困人口担任生态管护员岗位，增加贫困人口收入。还有发展产业、发展教育、社会保障等扶持政策真真正正地落实到了大家身边。索县已建立完善从学前教育到高中教育15年免费教育体系。农牧民子女享受包吃、包住、包学费的"三包"政策，建档立卡贫困家庭子女还可以免费上大学。"现在看病啊小孩上学啊都完全不用我们担心了，什么方面党和国家都替我们考虑到了，真的非常感激。"拥措说。

2020年11月21日，索县电子商务公共服务中心建立，自此把专业电商团队和先进电商理念带入索县电商建设中，切实辐射带动索县传统特色产业助创、助产、增收，带动索县特色产品"走出去"，让各地的特色产品"走进来"，为索县的电子商务发展起到了先行先试、探索带动的作用。如今县、乡镇、村三级电子商务公共服务体系已日趋完善，在重点村均设有农村淘宝村级服务站。"以前都不知道电商啊淘宝啊是什么，现在好了，除了在网上买东西打开了新世界的大门，我们的服装店进货也有了新渠道，衣服更潮流更受大家喜欢了。"拥措笑吟吟地说。

◆ 索县全貌

如今的索县，入目就是一片树木，再也不是从前几乎看不见绿色，放眼望去全部都是光秃秃一片的模样。过去几年间，曾经尘土遍地的索曲河两岸，在党和国家的带动和群众的配合下种上了19万株树木。群众增收致富、安居乐业，获得感、幸福感不断增强，处处展现出新希望、新活力。索县这个昔日尘土飞扬的藏北小城，正慢慢脱掉"土里土气"的旧装，披上绿水青山的新装，逐渐向现代化县城发展。在藏北这片绿洲生活的拥措一家人，时刻感受着党和国家的恩情，正昂首阔步奔向小康。

一家之主拥措有话说：

"从之前不透光的土房到现在这么好的房子，我们已经非常感激了，现在孩子们也在上学，我们也都有收入，生活越来越好。我们真真切切地意识到要靠自己的双手努力致富，绝对不会再返回原来的贫困状态了。感谢党和国家给予我们这么好的政策。"

索县脱贫攻坚概况

2015年年底，索县开展精准扶贫工作，并建档立卡贫困群众2796户11852人，贫困村124个，贫困发生率为25%。经过不懈努力，2018年索县实现脱贫摘帽，124个贫困村全部退出。截至2020年11月，通过动态调整全县建档立卡2728户14112人，贫困户人均纯收入由2016年底的低于2800元提高到9500元，2016年至2019年累计实现减贫2728户14112人，贫困发生率降为零，贫困人口全部脱贫。

聂荣县
藏北大叔达日的逆袭之路

西热多久

西藏自治区那曲市聂荣县位于青藏高原腹地,与青海省交界。地势西北高东南低,平均海拔在4700米左右。境内山峦起伏,沟壑纵横,著名的唐古拉山就横亘在其北部,山体高耸雄伟,岭脊参差起伏,冰峰林立,风雪弥漫。

西藏曾经是省级集中连片特困地区,那曲又是其中条件艰苦的高寒区、经济发展的滞后区、民生改善的薄弱区、生态环境的脆弱区。聂荣县就属于高寒牧区,扶贫工作呈现贫困乡多、贫困村多、贫困户多、贫困人员多,贫困面广,贫困难度大,贫困发生率高的"四多一广一大一高"特点,是全区深度贫困县之一,属集中连片贫困区。

聂荣县桑荣乡绰雄村位于聂荣县中西部,虽然聂荣县有少量虫草资源作为牧民群众一大经济来源,但桑荣乡恰巧就是不产虫草的几个乡之一,群众无法享受虫草这一天然资源。脱贫攻坚初始,绰雄村经精准识别贫困户24户81人,贫困户

◆ 达日夫妇（右一为达日）　摄影：西热多久

占全村人数的30%，是有名的经济贫村、资源穷村、人口小村。

达日就是聂荣县绰雄村的村民。过去，一家人仅靠牲畜带来的生产经营性收入勉强维持生活。渐渐地，达日看见周边的村民都靠各种方式富裕起来，便起了攀比之心。2015年年初，他变卖了家里的大部分牲畜，购买了一辆渣土车，然而因为当时的运输行情及达日自身的懒惰，常年找不到务工点，使得全家生活又一度陷入窘境。

2016年，达日一家被纳入为建档立卡贫困户，这让达日时常在同龄人面前抬不起头，自信心很受打击。驻村工作队和村"两委"将这一切看在眼里急在心里，常常上门对他一家人进行思想教育与鼓励。日久天长，在他们的努力下，达日终于醒悟过来，打起精神，暗暗发誓一定要摘掉自家的这顶"贫困帽"。

振作起来的达日卖掉了自家的渣土车，通过扶贫小额信贷，购买牲畜，重新干起了养殖牲畜的老本行。在政府的扶持和自己的努力下，达日一家人的幸福生活拉开了帷幕，家中缺衣少食的窘境得到缓解，日子好过起来。

聂荣县是一个牧业县，近年来，聂荣县多方筹措资金狠抓牧业基础设施建设，加快草场承包步伐，推进牧区改革。为了增加牧民群众现金收入，聂荣县按照"控制总、提高质量"的原则,想方设法增加"查吾拉"牦牛和"多玛"绵羊的数量,提高适龄母畜的比例,淘汰老弱病畜,逐步改变了传统的畜牧业经济增长方式,有力地推动了畜牧业的发展,还一改过去传统的出栏方式,变一季出栏为四季出栏,增加活畜出售量。2018年,达日主动参加了绰雄村牧民专业合作社,积极地在合作社出牲畜,投劳力,每年都能拿到一定的分红。"从来没想过把家里的牲畜加入到集体合作社共同放牧,就可以安稳地赚钱,真是好!"达日感慨道。

聂荣县为了确保牧民群众增收,还积极组织牧民群众进行劳务输出,有力地增加了牧民群众的现金收入。达日一家人也利用空闲时间,积极外出务工零零碎碎也赚取了不少收入。

经济收入增加了,腰杆子也直了。能说会道的达日开始关心帮助其他贫困村民,令村民们刮目相看。村民们一致推选他为为村监督委员会主任。投为了解决村民外出难问题,他主动对接项目建设施工方,进行沟通协调,积极组织开展以"邻里守望、关爱互助"为主题的帮扶活动,提高了建档立卡贫困户的经济收入;在"四讲四爱"群众教育实践活动深入开展之际,他还主动帮助残疾人士,为他们提供生活保障……"达日大哥原来这么值得信赖,现在我们遇上啥难事儿

◆ 达日的妻子在捡拾牛粪　摄影:西热多久

◆ 聂荣县全貌

都喜欢来和他聊聊，总会找到解决的办法。"村民们纷纷称赞道。

如今的绰雄村，人均收入达到9445元，成功实现脱贫。社会保障全面覆盖，适龄儿童入学率达到100%。县政府还投入资金，将各村的基础服务设施建设齐全，持续改善群众居住条件，新建、维修、养护农村公路，新建并维修桥梁，为绰雄村乃至整个聂荣县的交通便利保驾护航。"现在出门好方便，去县城的时间比以前缩短了很多，路面又干净整洁，幸福感足足的。"达日的眼角眉梢透出喜意来。

此外，坚持生态兴地、生态富民，聂荣县还推进全面落实生态补偿奖励政策，全面启动聂荣县水生态补偿试点工作，加快建立完善以草原、湿地等为主体的生态效益补偿网络，让更多的群众摘掉"贫困帽"的同时吃上"生态饭"。聂荣县设立生态补偿机制腾换岗位近3000人，包括草原监督管理员、湿地管护员、湿地监管员、野生动物管护员及野生动物监管员等岗位。达日作为草原监督管理员与野生动物监管员，每年有近万元的补助资金，既维护了草原生态，也为家中增加了收益渠道。

"还有啊，我们村里通了网，电视信号特别好，手机信号也是，你试试？"达日说着，热情地建议记者测试信号。原来，绰雄村加大了对农网维修力度，为无电户发放"金太阳"户用系统设备，还发放和安装广播电视"户户通"设备，新建移动、电信基站，如今整个聂荣县的乡（镇）宽带全覆盖，现代化的网络让小小的绰雄村与外界联系更紧密了。

因为在脱贫方面的出色表现，聂荣县2016年、2017年连续两年荣获"自治区级脱贫攻坚综合评价优秀县"；2018年荣获"那曲市脱贫攻坚工作综合评价优秀

县"；2019年荣获"那曲市脱贫攻坚巩固提升显著县"；2019年1月，全县光荣地摘下了"贫困帽"。

如今的达日家装饰得漂亮温馨，家电一应俱全。正值午饭时间，一家人热热闹闹地从厨房端出甜茶、菜、肉和热腾腾的牛肉包子，香气与笑声交织，弥漫在家里的每个角落。

一家之主达日有话说：

"是党和国家的好政策让我们脱贫致富，过上了幸福美满的生活。如今我们怀着满满的感恩之情，在经营好自己一家的幸福生活的同时，还要带动身边更多的人一起走上致富路。"

聂荣县脱贫攻坚概况

聂荣县自脱贫攻坚启动以来，精准识别贫困乡镇10个，贫困村136个，贫困村占行政村总数的95.77%，建档立卡贫困户2371户9133人，贫困发生率约26.89%，动态调整后，全县建档立卡贫困人口共计2565户11609人。2016年至2019年，全县共脱贫2565户11609人，贫困发生率由2016年的26.89%降至零，经自治区人民政府批准，于2019年1月退出贫困县。

双湖县
飘荡在森布日上空幸福的旋律

达娃玉珍　洛松曲西　卓　嘎　加央措姆

跨度最远的一次搬迁。

20世纪70年代，为了缓解草畜矛盾，一群牧民赶着牛羊，从西藏那曲市申扎县向北迁徙300多公里，来到平均海拔5000多米的无人区繁衍生息，建设了我国海拔最高的县——双湖县。

2019年底，为了破解人与自然共生难题，给野生动物腾出家园，双湖县、安多县4000余人向南跨越近千公里，搬迁到海拔3600多米的雅鲁藏布江北岸，在森布日生态搬迁安置点开启了更加美好的生活。森布日极高海拔地区生态搬迁安置点位于雅鲁藏布江中游北岸，是西藏改善自然条件恶劣的极高海拔地区民众生产生活环境的重点搬迁安置点。

从藏北草原到藏南农区、从严寒之地到温暖之乡，涅槃重生的格桑花必将更加鲜艳。

在海拔3600米，邂逅"稳稳的幸福"

71岁的双湖县嘎措乡牧民拉旺多吉一生经历了两次搬迁，2019年底，他们一

◆ 其乐融融的拉旺多吉一家人　　摄影：西热多久

家在国家扶贫政策的支持下，搬到了山南市贡嘎县森布日生态搬迁安置点。

"以前嘎措乡自然环境恶劣，生活贫困，根本没想过能住上这么好的房子，搬到这里身体也好多了，晚上睡得也香。"在明亮洁净的藏式阳光房里，拉旺多吉夫妇满脸笑容地说道。

由于之前在双湖县自然条件恶劣，风湿病、心脏病等高原病地方病多发，拉旺多吉患上了很严重的风湿病，现在搬迁到森布日，政府给患有慢性病的每户都安排了专门的家庭医生。

"非常感谢党和国家，为我们考虑得这么周到，真的没想过，能在这里养老。"72岁的强巴卓玛激动地说。

记工分，分口粮，统一分配收入……这些上世纪六七十年代人民公社时期流行的镜头，对中国其他地方来说，早已成为历史的记忆，但在西藏那曲地区双湖县嘎措乡，一直实行着以村为单位的集体经营模式。生产经营按需分工、以岗评分、按质和量标准记分的按劳分配体制，在嘎措乡仍在实行。全乡将村里的青壮年男女分成2至5人一个小组，分别安排在牧场轮牧。在责任期，他们放牧牛羊的好坏、数量的多少都有严格标准，直接影响年底分配时的收入。拉旺多吉的大女儿和女婿在村集体合作社每年年底都会有9万多元的分红。

嘎措乡党委副书记益西克珠说:"我们乡实行的是集体经济,每年年底我们聚在一起把工分算出来,按此把奶渣、肉、现金等分给每个人。工分多的家庭可以分到现金5万元。"

搬迁到安置点后,拉旺多吉的小女儿通过政府提供的就业岗位,当了一名环卫工人,实现了稳定就业,一年也有着不错的收入。加上国家的各项政策性补偿,拉旺多吉一家年收入近19万元。现在拉旺多吉一家8口人过着和和美美的日子,孙女白玛拉姆在距离新家200米的森布日幸福家园双语幼儿园读大班。日子越过越有盼头。

他的人生逆袭,有梦想更有拼搏

"笃笃笃,笃笃笃……",远远就听到一阵敲打声,记者顺着声找过去,搬迁户嘎玛家正在盖阳光棚,施工方正是同乡搬迁户多吉曲珠。看到记者,多吉曲珠腼腆地笑着说道:"格拉,等一下,我焊接完了,量个尺寸。"十几分钟后,多吉曲珠结束了自己上午的工程,领着我们来到了自家新房。走进他家二层藏式小院,簇新的壁纸、精美的吊灯、舒适的沙发……全是多吉曲珠2020年装修的"成果"。

2019年底,多吉曲珠一家住进了政府统一修建的二层小楼,新家海拔低,还通了水电路讯网,搬迁群众的生产生活环境得到了极大改善。多吉曲珠告诉记者:"搬迁后不仅原有的牧业政策继续享受,而且身体好了、房子大了、享受服务更方便了。"

多吉曲珠今年48岁,是一名从昌都芒康县"入赘"到羌塘草原的康巴汉子。来到那曲双湖,多吉曲珠感慨地说道:"双湖海拔高,气候条件也差,高血压、痛风等病慢慢也多起来了,搬迁过来后这些病慢慢好了,降压药停了,人也精神了,能干的活就多了,只要身体好,赚钱就没那么难了。"

在采访中记者感受到,多吉曲珠是一个很能干、也愿意干的人。搬迁前,多吉曲珠在双湖措折羌玛乡以修车谋生,每年能给家庭创收4万元左右,空闲时还会给别人做家具赚钱养家。2019年底,多吉曲珠一家总收入8万余元,其中政策性收入4万余元。搬迁到森布日安置点后,多吉曲珠拓展了业务,装修、盖阳光棚,负责"装扮"搬迁户的新家;妻子索朗曲吉在森布日绿化公司工作,每天有160元的工资,每月至少有3000元的收入。2020年,多吉曲珠一家劳务收入达到12万余元。

以前是土坯房,条件脏乱差,现在住上了120平方米带院子的藏式二层小

◆ 温馨满满的多吉曲珠一家　摄影：西热多久

楼；以前是水井和山泉水，冬季结冰，需要费力地刨冰，现在自来水通到了家；以前是太阳能，天气不好储电量少，经常摸黑入睡，现在只要一按开关，随时享用；以前信号不稳定、经常打不通，现在可以随时随地打电话，很方便。谈起搬迁后的新生活，多吉曲珠夫妻俩如数珍宝，尤其是妻子索朗曲："以前在双湖的时候，孩子们上学路程远，交通不方便，小孩大人都很辛苦；现在小学就在家旁边500米左右，儿子周末从贡嘎县回来也很方便，最开心的是幼儿园条件特别好，老师不仅教知识还会帮我们照看小孩，我早上送过去，下午才接回来，白天我就有时间去工作赚钱。"

"搬迁点上，像我家这样在党和国家的好政策下过上幸福生活的可不少。"多吉曲珠喜形于色。大家在森布日住得好、吃得好、睡得香，铆足了劲要把日子过得更红火。

谈起未来，谈起新生活，多吉曲珠自信地说："党和国家的政策这么好，我们没有理由不努力、不上进，我的业务范围会越来越广，日子也会越过越好的。"

90后"致富夫妻档"

离开多吉曲珠家，记者看到一户人家的大门口，有一位老人和老伴儿正在晒太阳，记者便上前打招呼。"以前在雅曲乡因为气候原因导致腿脚不便，到这儿以后看了医生，现在都能在家门口走动走动，晒晒太阳了。"贡布老人满脸笑容地说。

贡布老人原本有8个子女，5个女儿陆续嫁了人，两个儿子自立了门户。恶劣的自然环境导致两位老人都患上了腰椎疾病和风湿骨关节病，家里的生活重担都落在了小儿子赤来伦珠身上，当地政府了解情况后，按照各种优惠政策，帮扶他家参与村集体合作社，以"草场入股""劳力入股"等形式，每年都能分到2万多元的分红，每年每人还能拿到6000元的草场补助，这让他们一家生活有了一点起色，但也入不敷出。

不久后，赤来伦珠娶了媳妇，一家四口挤在不到60平方米的房屋里，不仅让两位老人很是无奈，更是让90后夫妻俩着急无助，在得知县里统一规划易地搬迁的消息后，夫妻俩翘首期盼着能早日搬到新家里。2019年12月，赤来伦珠一家四口和村民们终于如愿以偿搬迁到了森布日安置点，住上了100多平方米的二层楼房。

灰暗破败的土坯到雪白崭新的墙壁，从简易的旱厕到洁净的卫生间，从烧牛粪取暖到集中供热，喜人的变化让90后夫妻俩更加坚定了过上好日子的底气。

现在，赤来伦珠积极参加了装载机驾驶培训，当起了劳务运输派遣公司的装载驾驶员，每月都能拿到5500元的工资。按照搬迁不弃牧的政策，老家的300只绵羊也

◆ 双湖县雅曲乡搬迁户贡布一家　摄影：西热多久

◆ 一幢幢拔地而起气势恢宏的安置房　摄影：西热多久

被入股到当地的牧业合作社，年底家里还能分到牛羊肉、酥油，并且享受迁出地的草补、生态补偿金等政策补贴。2020年，赤来伦珠一家的现金收入达到5.9万元。

如今，搬迁来的群众已经适应了新的生活，赤来伦珠夫妻俩也盼来了可爱的女儿，他们努力拓宽致富渠道，靠着双手还在谱写小家庭的幸福之歌。

一家之主赤来伦珠的父亲贡布老人有话说：

"以前在双湖县自然环境恶劣，生活贫困，根本没想过能住上这么好的房子，搬到这里后，不仅吃、穿、住、行条件好太多，教育条件更是以前想都不敢想的。现在只盼身体慢慢好起来，能够享受更多的幸福美好生活。"

双湖县脱贫攻坚概况

2016年初，双湖县精准识别建档立卡贫困群众816户2920人；2017年深度贫困动态调整后1134户4185人，家庭人均可支配收入2500.18元，贫困发生率达23.78%。经过不懈努力，2019年顺利通过国家2018年贫困县退出专项评估检查，实现脱贫摘帽。截至2020年底，双湖县建档立卡群众1083户4432人，家庭人均可支配收入达14743.61元，贫困户全部脱贫，贫困发生率降至零。

雪后的阿里地区全貌 （摄影：贡觉群培　由阿里地委宣传部供图）

西藏脱贫影像志
XIZANG TUOPIN YING XIANG ZHI

天上阿里

札达县
千年古城换新颜

拉 珍

  札达，一座西藏西部的边境县城，以700多年的古格遗址和奇特的自然地貌土林，吸引着世人的目光。这条神秘的历史长河至今静静地流淌在那块高天厚土上，等待着人们的探寻。此次我们的造访，目的自然是这片古老的土地在新时代里发生的巨变。一个曾经深度贫困的县城终于摆脱了贫困，创造了人类减贫史上的奇迹，为这片土地赋予了另一个神奇的故事。

  一路上，车窗外群峰连绵不绝，荒原苍茫辽阔，像一幅巨型的风景画铺展在我们的眼前，不由惊叹充满野性的高原。车子深入象泉河两岸耸立的土林后，很快一座高楼林立的县城出现在我们的眼前。与古格遗址遥遥相望的一座座漂亮的藏式民房，更是让人眼前一亮。古老和现代碰撞的气息随处可见，像清风一次次扑面而来，瞬间让我们卸下了一路的劳顿。

  五年前，也就是2015年，还有贫困人口467户1400多人的札达县，成为了全区44个深度贫困县之一。2016年脱贫攻坚工作启动以来，札达县委、县政府以基础设施建设、易地扶贫搬迁、产业扶贫为脱贫手段，千方百计改善农牧民的生

◆ 洛桑群培一家（右一为洛桑群培）　摄影：西热多久

产生活条件，增加农牧民收入。2019年，摘掉了剩下的12户贫困户27人的贫困帽后，实现了全县脱贫任务。这一巨大的嬗变，变得不仅仅是景观气象，更是精神面貌。札达县也涌现出了许许多多在新时代靠自己的双手奋斗出一片天地的新型农牧民。萨让村的致富能手洛桑群培，就是其中之一。

距离札达县180公里的萨让村位于札达县西南部，萨让乡政府驻地，处边境一线。这座只有103户270多人的村庄坐落在山势较高的一面山腰上，耕地面积少，交通闭塞，产业发展滞后，人均纯收入9000元，因此成为了全县深度贫困村之一。

2015年前，洛桑群培和妻子次仁曲珍在家务农，一年又一年守着几亩耕地，无法获取好的效益。两个孩子正在上学读书，一家人除了享受边民补助和生态补偿之外，没有更多经济来源，生活陷入了困境。2016年，洛桑群培被纳入了建档立卡贫困户。

"针对我这样不缺劳力缺资金的贫困户，我享受到了小额信贷政策。"洛桑群培说。2017年，刚过四十的洛桑群培再也不甘心一直这样穷下去，乘着脱贫攻坚"东风"，洛桑群培铆足了劲向银行贷款3万元，加上家底4万元，承接了萨让村集体房屋，开起了家庭旅馆和小商铺。政府又通过干部结对、驻村工作队、社会帮扶为他的旅馆置办了桌子、床等。在自己的努力下,在乡政府的帮助下,洛桑群培的心愿实现了。旅馆营业后仅当年营业额就达到了5万元左右。

在脱贫的征途上,尝到了甜头的洛桑群培,对未来充满了憧憬与向往。2017年,札达县易地搬迁建设中,洛桑群培家被纳入到易地搬迁行列,居住和生活条件得到了极大改善。据介绍,全县实施了两个易地扶贫搬迁安置点,新建329套住房,覆盖了搬迁对象329户1100多人。

为了提升搬迁户的获得感、幸福感、安全感,札达县深入挖"贫"根、寻"困"源,探索全县脱贫摘帽、稳定致富的小康之路。加大了对易地扶贫搬迁群众后续的扶持力度,着力推进公共服务、产业培育、就业帮扶等各项工作。萨让村51人共同成立了一个砂石料厂,年底洛桑群培也分到了两万多元红利。

"光自己挣到钱不行,还得给村里其他人出谋划策,让他们也挣到钱才行,让所有人的生活都尽快好起来。"有了一定经济实力的洛桑群培开始考虑如何带领更多的村民走上脱贫之路。一分耕耘,一分收获。在他的影响下,萨让村6家营业执照、卫生许可证等各项手续齐全的贫困户先后经营起了家庭旅馆。由于洛桑群培工作积极,责任心强,有担当,受到了群众的好评。2018年,洛桑群培一家主动摘掉了贫困帽。同年,他被村里选为副组长后,成为了带领村民们一起脱贫致富的"领头羊"。"改变的不仅是人们的生活,更是人们的精神。"摆脱了贫困、看到了发展之路的洛桑群培感慨万分。

◆ 洛桑群培的妻子正在自家民宿整理床铺　摄影:西热多久

◆ 洛桑群培正在自家小卖部接待顾客　摄影：西热多久

近两年，他家喜事连连。2019年，儿子次仁诺丹顺利考上了西藏民族大学。2020年，女儿次仁雍措从西藏民族大学毕业后通过考试，在措勤县当医生。面对越过越红火的日子，洛桑群培喜上眉梢："好日子是干出来的，只要肯干就能脱贫致富。如果没有祖国的安宁，哪来人民的幸福生活。作为边民，我会一边守护好祖国的边疆，一边继续靠自己的双手创造更加美好的明天。"

一家之主洛桑群培有话说：

"好日子是干出来的，只要自己肯干就能脱贫致富。现在国家强大了，我确信我们的日子会越来越好。作为边民，一边要守护好祖国的边疆，一边要继续靠自己的双手把日子过得更好。"

札达县脱贫攻坚概况

札达县共实现脱贫423户1367人（2020年第六次动态调整），从2015底贫困发生率25.5%降至零。期间，共有329户1105人完成了易地搬迁入住，总投资达11910.047万元，实现了搬得出、稳得住、能致富。截至2020年底，全县建档立卡贫困人口人均收入从2015年底的2300元增加至2020年底的18272元，增长了近8倍。

日土县
边境山乡的脱贫密码

拉 珍

进入日土，旷野的风吹得更加刺骨，大块大块的云朵浮在眼前，仿佛一伸手就可以触摸。隔着澄澈如碧玉的班公湖，群山连绵俨然像界碑耸立在国门。在这里，你会深切感受到天边阿里的辽阔和苍茫。

素有"世界屋脊的屋脊"之称的日土，凭借美丽的鸟岛班公湖，一直是人们向往的地方。每年5月至8月，黑颈鹤、棕头鸥、鱼鸥、斑头雁等成千上万的鸟来到岛上繁衍后代。一幅人与自然和谐的画卷徐徐铺展在眼前，令人惊喜不已。当然眼下已经是逼近冬日寒冷的11月，每年的旅游旺季早过了，辽阔的旷野深处整个日土县呈现着宁静的时光。

从狮泉河乘车向北出发，近两个小时就能抵达相距120公里的日土县。笔直的新藏公路贯穿着整个小县城，街道两边商铺、餐馆、酒店琳琅满目，可以窥见整个县城近年来的新发展新变化新面貌。很难想象眼前这座美丽而安宁的边境小

◆ 准备外出务工的西绕　摄影：西热多久

县城，一个人口11000多、以牧业为主的边境县，四年前还是属于全区44个深度贫困县之一。

日土县作为西藏21个边境县之一。安居才能乐业始终被日土县视为实现脱贫的首要条件。"边民安居乐业，才能更好地守住脚下的这方国土。"村民西绕说。眼前这位憨厚朴实的年轻人是我们采访的一家搬迁户户主。

2016年以来，日土县大力实施边境小康村建设，在日土村、热角村、德汝村、过巴村、甲岗村、乌江村6个边境村新建群众住房558套。通过实施群众住房改造和新建，全县贫困人口均实现住房安全。德汝村的村民西绕一家，是率先脱贫的贫困户之一。

德汝村是日土县日松乡下辖的一个半农半牧村。走进德汝村新建的易地搬迁点，干净的油路两旁是一排排具有民族特色的二层小楼，路灯、公厕、垃圾填埋场等设施齐备。很多家门口停放着小轿车、货运车、三轮车等交通用具和运输工具。在工作人员和西绕的引领下，我们很快来到了西绕居住的房子。宽敞明亮、生活功能齐备的二层小楼，大约两百平方米的居住面积足够他们一家四口人住得舒适安逸。阳光透过玻璃照进院子里，温暖如春，顿时让人忘记了初冬的寒意和萧瑟。

"刚搬进来时,有点不适应。也不知道自己该怎样找到生活的出路。"西绕说。在脱贫路上,日土县十分注重向农牧民群众解读脱贫攻坚决策部署、政策举措,宣传脱贫攻坚先进人物、脱贫致富的典型能手,树牢了贫困群众"我要脱贫"的思想观念。精明又勤快的小伙子西绕说,通过参加几次培训和学习后,自己深受启发和教育,面对困境暗自下了决心,一定要靠自己的双手走出一条脱贫路。

2017年,80后夫妇西绕和洛桑卓玛主动摆脱了"等靠要"思想,先用仅存的两万元买了一辆拖拉机跑运输,通过辛勤的劳作,一年下来收入近三万。此外,依靠党的好政策,德汝村建立了集体砂石场,夫妇俩每年还能从砂石场拿到15000多元的分红。

"手里有了积蓄,生活踏实多了,我们两人又有了更好的致富想法。"西绕笑着说。于是2018年,他们向银行贷款5万元,加上近三年的积蓄和从亲戚处借来的钱,买了一辆装载车,在县城里跑运输,仅2019年年收入就达到30万元。据介绍,2016年以来,县里建立了融资机制后,统筹做好脱贫攻坚金融保障工作。累计落实贫困户小额信贷1400多万元,带动贫困群众340户,覆盖率达63%。

◆ 其乐融融的一家人(右一为西绕)　　摄影:西热多久

◆ 西绕和他可爱的儿子　摄影：西热多久

　　这几年里，洛桑卓玛看着丈夫西绕从牧民蜕变成一个忙碌的司机，家里的条件一年胜似一年。她也不甘于这样闲坐着，曾参加过农牧民餐饮业技能培训的她，2020年通过自荐在县城的一家单位食堂里当上了一名服务员，有了一份稳定的工作，她对自己的变化感到十分满意。"过去除了看孩子干家务活，基本上闲着，现在一边照顾家和孩子，一边去工作，充实多了。"洛桑卓玛略带羞涩的脸庞上洋溢着灿烂的笑容。转移就业是日土县里实施的帮扶贫困户的重要手段之一。目前，像洛桑卓玛一样通过保安、工勤人员、超市服务员等就业措施实现了每户至少有一人稳定就业。2016年以来，累计完成农牧民群众转移就业3800多人，其中建档立卡贫困人数达1490多人，实现群众就业增收5100多万元。

　　在脱贫致富的道路上，年轻的夫妻俩通过共同的努力闯出了一片属于自己的天地。在短短四年的时间里，不仅摘掉了贫困帽子，还把小日子过得红红火火，一家人的幸福感不断地提升。现在儿子欧珠群培正在县里上小学、女儿桑吉拉姆在村里上幼儿园。谈到未来，除了创造更加美好的幸福生活外，他们希望孩子们珍惜现在的好时光，好好读书，长大后掌握一技之长，成为家乡的一名建设者，实现自己的人生价值。

　　据介绍，2016年以来，日土县累计投资资金5400多万元，实施7个村级幼儿园项目建设和九年一贯制学校、热帮乡小学、多玛乡小学附属设施建设项目。积极落实义务教育免费教育资助政策，四年来累计向7261名学生落实"三包"政策资金2400多万元，向74名贫困大学生落实资助资金77.4万元。

鸟岛班公湖每年吸引众多游客来游玩，带动了当地的餐饮和住宿等行业，给这片土地上参与旅游的群众带来了希望和活力。西绕说："现在党的政策这么好，如果自己不努力真是有愧于国家，有愧于已经为人父母的自己。一个人幸福的生活最终要靠自己的汗水。我再努力努力，争取开一家茶馆，让家人的日子越过越好。"

一家之主西绕有话说：

"现在党的政策这么好，如果自己不努力真是有愧于国家，有愧于已经是为人父母的自己。每个人幸福的生活最终要靠自己的汗水。再努力奋斗几年，争取开一家茶馆，让一家人日子像一团火焰一样越来越旺。"

日土县脱贫攻坚概况

五年来，日土县共实现脱贫536户2092人（2020年第六次动态调整），从2015底贫困发生率22.8%下降至零。期间，共有212户857人完成了易地搬迁入住，总投资达17305万元，实现了搬得出、稳得住、能致富。截至2020年底，全县建档立卡贫困人口人均收入从2015年底的2300元增长至2020年底的12253.47元，增长了近6倍。

普兰县
太阳照在赤德村

拉 珍

从萨嘎县继续沿着省道207北行三个多小时，陕西援建的刻有普兰胜景四个大字的牌楼赫然出现在我们的眼前。已经去过阿里几次的洛桑师傅说，再过半个多小时就到普兰县城了。

午后，我们顺利到达了此次采访的第一站——普兰。让我们感到惊讶的是，县城路两旁的树木在风中依然婆娑，阳光落下来，一片片叶子泛着耀眼的金色光芒。当地接待我们的年轻干部德吉玛说，在阿里七个县中，普兰属于小气候。的确如此，在前往普兰的前夕，我在百度上也看到了相关的介绍，普兰镇，位于纳木那尼雪峰和阿比峰之间的孔雀河（马甲藏布）谷地，孔雀河谷地带四周雪峰峻峭，形成了青藏高原罕见的湿润气候。

发源于神山岗仁布齐又最终流向恒河的孔雀河，此刻正缓缓贯穿着边陲这座安宁的小县城。车子经过一座小型的水泥桥，顺着山势蜿蜒向上一段后，一面较

◆ 尼玛多吉一家人（右一为尼玛多吉） 摄影：西热多久

开阔的谷地铺展在我们的眼前。2016年，普兰县重点实施的易地搬迁安置点就在其中。一条洁净的水泥路穿过农田通向不远处的藏式新房。一面面鲜艳的五星红旗在每家房顶上高高飘扬，一些牛散落在冬日休养的田地，有的安静地啃食着枯草，有的慵懒地躺在地里，处处彰显着高原村庄祥和而悠闲的时光。据说眼前这个寂静而又美丽的村庄赤德村，还是一个颇有历史的村子，西藏著名的八大藏戏《诺桑王子》中的主人公诺桑王子就出生在这里。

按照事先的安排，我们来到了一家农户。这家农户有六口人，年轻的夫妇热情地接待了我们。慢慢地，夫妇俩的话匣子打开了。六年前，26岁的巴桑拉姆只身一人从日喀则吉隆县来到普兰打工，在工地上认识并喜欢上了年轻又能干的尼玛多吉。所谓有缘千里来相会，一段千里之外的姻缘就这样牵上了彼此的一生。爱情虽然甜蜜，但日子却过得比较艰辛。带着两个孩子的巴桑拉姆跟尼玛多吉结婚后，又生了两个孩子，家庭人员的陡增，加之两人没有稳定的收入来源，使得一家人的生活陷入了困境。后来，被县里列入了重点扶持贫困户。

易地搬迁是普兰县实现脱贫的主要途径之一。2016年，尼玛多吉一家享受易地搬迁政策，住进了县里在赤德村统一新建的房屋，居住环境得到了极大地改善。为了进一步增加他们一家的收入，县各级政府以及驻村工作队采取"结对子帮扶"，帮助尼玛多吉从事畜牧养殖业，增加了现金收入。2017年，他们一家实现了脱贫。

　　"在党和国家帮助下,更加坚定了依靠自己的能力创造美好生活的信心。"略带羞涩的尼玛多吉说道。2018年年底,尼玛多吉通过小额信贷购买了一辆小四轮拖拉机,开始在工地上从事运输工作。一年的辛勤奔波终于获得了让他满意的收获,仅当年的务工收入就近7万元,牲畜出售利润近2万元。

　　就像进入普兰县境内时牌楼上写的"普兰胜景"一样,这个天边的小县城,因具有悠久的象雄文化遗迹和玛旁雍错、岗仁布齐等绝美的自然风光而吸引着越来越多游客的目光,因此,县政府也十分注重县城整体的环境卫生,投资800余万元在普兰镇6个村(居)全面推行村庄生活垃圾专人清理、定期清运的长效机制。在加大环卫工作力度的同时,把公益岗位倾向需要扶持的家庭。2020年,尼玛多吉夫妇俩通过政府提供的就业岗位,相继在普兰县环卫队当了一名环卫工人。实现了稳定就业后,一家人的生活有了保障,一年累计下来共有8万多元的家庭收入。

　　说到要给他们照相时,一家人兴高采烈地换上新衣,脸上洋溢着幸福的笑容。年轻的巴桑拉姆指着头上戴的吉吾开心地对我说,这是丈夫去年花了一万多给她买的礼物。

◆尼玛多吉和他的孩子　摄影:西热多久

如今，他们一家六口人过着和和美美的日子。每天，夫妇俩早起去县城扫除，他们在工作中认真负责的态度也得到了大家的认可。孩子们都开开心心上学。他们的大儿子旦增久美在普兰县完全小学上六年级，二女儿旦增卓玛在普兰县完全小学上四年级，三儿子达瓦雍忠在普兰县普兰镇赤德村幼儿园上中班，最小的儿子嘎玛旦达如今也两岁了。

◆ 尼玛多吉家的新居　摄影：西热多久

"生活在半农半牧的村庄里，从小放过牧，也去过养殖基地打工，已经有了比较丰富的养殖经验，如果家里攒够了一定的钱，我想靠自己的能力发展畜牧业。"尼玛多吉跟我们透露自己的小秘密时，脸上浮现出了充满自信的微笑。

一家之主尼玛多吉有话说：

"在党的惠民政策下，自己生活发生了翻天覆地变化。实现脱贫致富的梦想后，我要靠自己的能力多挣些钱，搞家庭养殖业，并带动村里的群众一起奔向更好的明天。"

普兰县脱贫攻坚概况

五年来，普兰县共实现脱贫489户1666人（2020年第五次动态调整），从2015底贫困发生率25.64%下降至零。期间，共有97户369人完成了易地搬迁入住，总投资达3000多万元，实现了搬得出、稳得住、能致富。截至2020年底，全县建档立卡贫困人口人均收入从2015年底的2300元增长至2020年底的11714.69元，增长了5倍。

措勤县
草原唱响幸福的歌声

拉 珍

早听说阿里海拔最高、面积最大的湖水在措勤县,它的名字叫扎日南木措。想来它的壮观景色和美丽传说,应该不亚于其它诸多有名的湖水。此次我们采访的地方,就是措勤县一个以此湖为名的搬迁点——扎日南木措居委会。

深秋的措勤县,草原金黄一片,风吹来已是阵阵寒意。我们在当地干部的带领下进入了小区,干净的街道两旁是一排排整齐划一的新房。据介绍,349户、1300多名从草原深处搬迁来的牧民在此落户已经有三年多了,全都实现了安居乐业。从牧民到城镇居民华丽转身的林巴就是其中之一。

牧民林巴一家,过去常年生活在草原上,过着单一的游牧生活。由于牲畜少,草场面积小,又缺少劳力,林巴再怎么卖力,生活依然过得紧紧巴巴。一直处于贫困线上的林巴一家,于2015年被列为了贫困户。

针对513户1800多名贫困群众,措勤县实施易地扶贫搬迁,先后投入1.9亿多

◆ 幸福一家人（左一为林巴）　摄影：西热多久

元建设了5个易地扶贫搬迁集中安置点。2017年，林巴一家人从离县城120公里的加绕村搬到县城搬迁点扎日南木措居委会，开始了全新的生活。

"搬到这里，生活条件一下变好了。但还得想办法过上好日子，不能总有'等靠要'的思想。"穿着一身漂亮的羊皮袄的林巴说。

如何就业从而获得稳定的收入，林巴想到了自己的一技之长。十几岁放羊时，林巴跟着长辈学会了缝纫技术，现在终于可以派上用场了，他想到了开一家小型民族服饰加工室。他的这一想法，得到了村干部和驻村工作队的极大认可和鼓励。2018年，在驻村工作队的热心帮助下，东挪西凑，终于在家里开办了一间民族手工艺服装加工室。由于缝制技术过硬，他精心制作的皮袄、靴子深得客户的喜欢，随着名声鹊起，接得订单越来越多，这门小生意很快就红火起来了。现在不仅县城里的人找他订制新衣服，甚至相隔几百里的萨嘎、尼玛等县的人也专门跑到他家里，请他制作一家人过节穿的皮袄、帽子、靴子等服饰，一年忙下来就有了5万多元的收入。

这些年，措勤县以就业为导向，围绕扶贫产业发展和劳动力转移就业需求，开展了缝纫、装载机、厨师等劳动技能培训，需要具有一技之长的人员担任培训工作。颇有名气的林巴自然成了这方面的需求人才。他经常被邀请到措勤县羊毛加工厂给大家讲授缝制技术。一年下来，通过授课也获得了2万多元收入。

眼看着丈夫一天天忙了起来，人也越活越精神，四十出头的妻子央增也不甘心闲在家里。2018年，央增积极参加县里开展的羊毛加工厂妇女编织培训并顺利结业。回家后，打理完日常家务之余，她也开始买各色毛线来编织并售卖各种编织品。由于她编织的产品既漂亮又精致，吸引来很多客户来购买她的产品，这样一年下来也有了5000多元的现金收入。

如今，通过自己的创收加上国家下发的生态补偿等各种补贴，一家人一年的收入接近10万元。林巴一家人齐心协力，2018年正式摘下了贫困的帽子。

日子过得越来越红火了，一家人其乐融融，幸福美满，与邻里之间也相处得非常和睦。2020年，林巴家还被评为了五星级文明户。

"现在经营的只是一间小型的民族手工艺服装加工室，而且只有我一个人。等资金积累到一定程度，想扩大经营面积，吸收几个徒弟，让更多的乡亲们一起富起来，这样才有更大的意义。"林巴笑着说，明亮的眼神里充满了无限的憧憬。

采访当天，他家女婿兴冲冲地过来参与了我们的拍摄。林巴说，女婿是个肯动脑子又肯干事的人，女儿出嫁后，他也没有什么担忧的。他夫妻俩在县城里开了家小茶馆，一家人的日子过得也不错。现在党的政策这么好，孩子们上学可以享受"三包"政策。希望年轻的夫妇们供好孩子们上学，让他们长大后为家乡的

◆认真工作中的林巴　摄影：西热多久

◆ 搬迁安置点　摄影：西热多久

发展出一份力。

在措勤县，摆脱贫困走上致富路的这一家人脸上洋溢的幸福和自信，给我们留下了很深的印象。政策的优惠、财富的积累、人心的凝聚，由内而外的变化，都呈现在他们的笑声里。告别了过去贫苦的日子，看到了幸福的曙光，我想他们的心胸越来越像眼前的措勤草原一样辽阔，致富的路子也会像措勤草原一样宽广。

一家之主林巴有话说：

"以前居无定所，生活总是处于起起落落的状态，现在有了住房，也有了稳定的收入。我想靠自己的一技之长，扩大经营规模，让更多的人和我一起过上更好的日子。"

措勤县脱贫攻坚概况

五年来，措勤县共实现脱贫1113户4330人（2020年第六次动态调整），从2015底贫困发生率30.8%下降至零。期间，共有513户1870人完成了易地搬迁入住，实现了搬得出、稳得住、能致富。截至2020年底，全县建档立卡贫困人口人均收入从2015年底的2300元增长至2020年底的8700多元，增长了近4倍。

革吉县
勤奋踏实的日子更甜美

拉 珍

革吉县地处北半球中纬度地带，太阳辐射角度大，日照充足、无霜期短、风大风频、雨雪量小、昼夜温差大，属典型的高原内陆亚寒带干旱季风气候区；年降水量平均只有70～100毫米，是一个以旱灾、风灾、雪灾为主的自然灾害多发县。

距离县城60公里的森布村是革吉县革吉镇较贫困的一个村。我们在那里采访了一个靠"劳动脱贫"的典范，他的名字叫嘎儿。2016年，全村建档立卡贫困户有110户364人，牧民嘎儿一家就是其中之一。

为了尽快实现脱贫，县里把贫困劳动力外出务工就业作为主要抓手，五年来全县完成了转移就业1183人，其中贫困户470人，创收达2300多万元。2016年，还戴着"贫困户"帽子的嘎儿一家，看到政府给予的很多好政策时，主动抓住机会，积极参加县里的各种技能培训，掌握一技之长后决定依靠自己的双手创造美好未来。每年夫妇俩都外出务工。嘎儿在革吉县一家砖场打工，和水泥、砌墙等他都干得非常熟练。妻子玉珍在县城的公路养护段上打工。仅2019年，嘎儿全家外出务工就创收11.95万元。俗话说，不经历风雨，怎能见彩虹。两人像蜜蜂一样勤勤恳恳劳作，所得的回报也是丰盛的。那年，他们一家的收入所得是森布村平均收入的10倍，这样的劳动成果引来了众多邻里的艳羡和赞叹，大家都开始像他们一样忙碌了起来。2019年，嘎儿一家和全村一道实现了脱贫。

"除了打工挣钱，我们还有自己的羊群，每年都有稳定的收入。"嘎儿说。小两口在县城不远的桑叶牧区养殖了三百多只羊，平常由亲戚帮忙打理，打工之余嘎儿总是会抽出一段时间去打理牧场。"2020年我们卖出了一百多只羊，大概有六万多元的现金收入。"嘎儿脸上洋溢着幸福的微笑。

妻子玉珍，虽然只有小学文化水平，但她上进心强又好学。心灵手巧的她通过自学能编织各种毛线用品。只要有空，她就呆在家里编织各种漂亮的靠背套子、小毯子等，除了装点自己的家外，还卖给邻家小姐妹。玉珍说，姐妹们也喜欢自己的编织品，觉得好看又实惠。

她的勤劳和为人友善的品行逐渐得到了村干部和群众的认可，2011年，玉珍光荣地成为了一名共产党员。入党后的她，更加积极地投入到家庭创收的

◆嘎儿一家人（左二为嘎儿）　摄影：西热多久

◆ 玉珍和孩子们　摄影：西热多久

劳动中，同时她主动带领村里妇女积极参加宣传学习、打扫卫生、文艺活动等村委开展的各种活动，由于表现出色，她被推举为2021年村"两委"妇代主任接班人。对此，玉珍充满了期待："如果让我当村干部，这是我的荣幸，更是我的责任。我会更加努力地带动群众脱贫致富，让大家感受到劳动获得的幸福感。"

如今，嘎儿小两口比翼双飞，互助共勉，在致富的道路上迈着坚定有力的步伐，成为了当地村民们学习的好榜样。玉珍说："聪明的人从不等待机会，而是会创造机会。我们俩还年轻，三个孩子都在县里读书，不用担心他们的学费问题。只希望他们好好上学，掌握知识，将来成为社会有用的人才。眼下，我们要做好的就是铭记党的恩情，倍加珍惜现在的好政策，以更加饱满的热情投入到创造幸福生活的劳动中。"

一家之主嘎儿的妻子玉珍有话说：

"聪明的人从不等待机会，而是会创造人生价值。我们俩还年轻，对未来充

◆ 宽敞明亮的新居　摄影：西热多久

满了希望。三个孩子都在县里读书，不用担心他们的学费问题。只希望他们好好上学，掌握知识，将来成为社会有用的人才。我们会铭记党的恩情，倍加珍惜现在的好政策，以更加饱满的热情投入到创造幸福生活的劳动中。"

革吉县脱贫攻坚概况

　　五年来，革吉县共实现脱贫1181户4314人（2020年第六次动态调整），从2015年贫困发生率24.2%下降至零。期间，共有510户1761人完成了易地搬迁入住，总投资达1.27亿元，实现了搬得出、稳得住、能致富。截至2020年底，全县建档立卡贫困人口人均收入从2015年底的2300元增长至2020年底的9944.56元，增长了近4.3倍。

噶尔县
致富路上的金钥匙

拉 珍

2015年，噶尔县12个行政村被确定为贫困村之后，为了解决一方水土养不活一方人的问题，噶尔县以宜居和产业为依托，投资51000多万元，新建了狮泉河镇康乐新居、昆莎乡噶尔亚沙两个易地搬迁小区，共751套安置房，安置易地搬迁贫困群众751户3105人。

2017年底，索南益西搬进了康乐新居安置点。搬迁之前，55岁的索南益西是噶尔县的牧民，过去一家五口人靠畜牧养殖生活，单一的劳作收入十分微薄，加上孩子们都在读书，两口子不管如何起早贪黑勤劳放牧，仍然无法摆脱生活困境。

"现在，一日三餐除了牦牛肉、糌粑和酥油，还吃上了白菜、黄瓜、西红柿等各种蔬菜，家里有了水电，经常可以洗澡，个人的卫生都变好了。"穿着蓝色西装的索南益西笑着说。2016年，从居住条件十分落后的门土村搬迁到狮泉河镇康乐新居，生活条件得到极大改善后，一家人对未来寄予了更大的希望。索南益西也暗自下定决心，一定要趁着现在的大好时光，靠自己的能力去创造新的生活。

◆ 工作中的索南益西　摄影：西热多久

索南益西的干劲和身先士卒的精神很快得到了村干部的认可和群众的好评。搬迁到康乐新居后，他很快担任了门士乡搬迁群众的组长，协助乡镇负责人开展各项工作，在他的带领下，2020年门士乡搬迁群众成立了合作社，在康乐新居商业广场经营起一家台球室，同时销售日用百货，极大地便利了康乐新居搬迁群众生活。

在脱贫的道路上，精明能干的索南益西还成为了自主创收模范带头人。2018年，索南益西当上小区超市的经理后，积极想办法拓宽经营面，为500多个贫困群众获得更多的盈利，极大调动了他们参与合作社共同实现创收的热情。作为经理，他每月也有2500元的工资。有了稳定的收入，一家人的日子过得越来越好。那两年里索南益西家不仅顺利实现脱贫摘帽，还成为村里的致富带头人。

两年之后，也就是2020年年初，他卸任小区超市的经理职位后，练就了一身经营本领的索南益西开始想着如何找到更好的经营门路。他把承包小区一家甜茶馆的想法告诉了妻子，立刻得到了妻子的支持。那年六月份，他从家里拿出26000多元承包了小区一家茶馆。茶馆位于小区不远的一条较繁华的商业街。"这家茶馆日常由一个亲戚打理，每月至少有2000多元的纯收入。"索南益西露出了满意的笑容。

和索南益西一样开朗、勤快的妻子石确，虽然自己也可以享受边民补助、生态补偿等各种政策,加之丈夫的钱足够过上吃穿无忧的日子,但是她不甘心只当个家庭主妇,还是想出去做点事情。勤快的她很快在门土乡市村门宁牧民合作社茶馆找到了服务员的工作,一年也可以有3万多元的收入。

　　索南益西一家搬迁至康乐新居后,也开启了新的生活。如今,儿子扎西加布从西藏农牧学院毕业后,在县政府的帮助下,在阿里地区总工会工作,每个月有4000元左右的工资。女儿巴桑卓玛大学毕业后,成为了国家干部,在定结县小学担任一名小学老师。他们都自立门户,过着独立的生活。现在家里只有一个最小的孙子雍忠尼玛,他也在阿里地区陕西实验小学上学。

　　眼看着日子过的一年比一年好,索南益西老人除了一门心思地打理好茶馆之外,还十分关注正在在阿里地区陕西实验小学读书的孙子雍忠尼玛的学习。他希望他们这一代过上更加幸福、美好的生活,成为对国家有用的人。索南益西说:"感恩党的好政策,让我们一家人过上了好日子。下一步,还会撸起袖子好好干。生活不会亏待任何一个真正努力的人。我相信以后的日子会越来越好。"

　　据介绍,为了打赢脱贫攻坚战,噶尔县大力实施精准扶贫,精准脱贫。共投资3.8亿多元,建设了典角村、扎西岗村、鲁玛村、门土村、索多村5个边境小康村,建成后安置边民977户3250人。投资1.8亿多元,打造了噶尔县生态农业产业园、昆莎农牧科技示范园、噶尔亚沙高原设施农牧示范园"三大"产业示范园,依托苗木花卉、蔬菜水果、特色养殖、观光农业等生态休闲农业,带动321户贫困户588人实现增收。

◆ 新居外貌　摄影：西热多久

◆ 索南益西一家人（前排左一为索南益西）　　摄影：西热多久

2015年，噶尔县12个行政村被确定为贫困村之后，按照"搬得出、稳得住、有事做、能致富"的目标，噶尔县新建"两个"易地搬迁小区，分别为狮泉河镇康乐新居、昆莎乡噶尔亚沙两个易地搬迁安置点。在每个安置点上，人们在党的各项惠民政策指引下，迈着坚定的步伐，创造着幸福美好的生活。

一家之主索南益西有话说：

"现在的幸福生活来之不易，值得倍加珍惜，希望我们的儿孙们努力工作和学习，尽自己的能力回报社会，为家乡的发展做出应有的贡献。"

噶尔县脱贫攻坚概况

五年来，全县共实现脱贫457户1577人（2020年第六次动态调整），从2015底贫困发生率20.3%下降至零。期间，共有141户560人完成了易地搬迁入住，实现了搬得出、稳得住、能致富。截至2020年底，全县建档立卡贫困人口人均收入从2015年底的2300元增长至2020年底的12635.8元，增长了近5.5倍。

改则县
敲开草原深处的幸福之门

拉 珍

深入青藏高原的西北部腹地，无边的旷野上，突然有一座欣欣向荣的县城呈现在我们的眼前，不由得让人欣喜。这座县城就是改则县，平均海拔为4700米，是西藏羌塘草原的组成部分。

改则县是全区44个深度贫困县之一，全县6乡1镇49个村（居）中有48个贫困村（居）。2015年底，牧民多琼一家被识别为建档立卡贫困户。

五年前，多琼居住在察布村，是个地道的牧民，一年四季主要逐水草而居，日子简单又清贫。多琼说，那时一家人因为单靠牧业为生，只有80只羊的游牧生活一年辛劳下来也只有7000元左右，微薄的收入无法解决家里和三个正在读书的孩子们的各种开支，时常陷入生活的困境。尽管自己也想过如何把日子过得好一些，但是面对单一的生产方式，加之手头又没有资金，任何想法只能留在脑海里而没有办法实现。

◆ 多琼一家人（左一为多琼）　摄影：西热多久

　　日子就这样一天天过去了。终于有一天，他等到了可以实现梦想的时刻。那是2016年，改则县大力实施易地扶贫搬迁。12月份，多琼一家成为村里第一批搬迁户，跟其他的44个家庭高高兴兴地搬进了县里的"圆梦新居"。相较于过去只有60多平米石木结构的简陋房，钢筋水泥立起来的120多平米的房子，宽敞明亮，不仅有水电，还有天然气，一家人可以通过天然气取暖，也可以烧煤，再也不用担心冰天雪地的漫长冬日。

　　为了让贫困户尽快脱贫，县里通过产业发展、技能培训、政策补偿等各种办法，让群众实现创收。面对大好时机，有了舒适安居的多琼开始想着如何靠自己的双手创造更加美好的生活。他开始积极参加村委开展的各项活动，同时向居委会干部表达了自己的心愿。像小区的名字"圆梦新居"一样，2018年多琼终于等到了机会，村干部看他勤快、上进、责任心强、有担当，而且会干事，就让他担任圆梦新居家政服务中心的经理一职。商店的门面虽然不大，只有30多平米，但是货架上的罐头、挂面、啤酒、糖果等各种商品琳琅满目。多琼作为经理，一个季度有1万多元的工资。按照"搬得出、稳得住、有事做、能致富"的原则，县里还为"圆梦新居"安置点配套扶贫物流配送中心、"圆梦新居"农贸市场和添置牲畜3个产业项目，到了年底，多琼跟其他的搬迁户一样可以分红7400多元。从草原深处搬到小县城里，多琼顺利实现了从牧民到居民的转型，他们一家的日子也开始蒸蒸日上。2018年，他主动向察布村委员会递交了脱贫申请书。村委会根据他的申请书又向上级部门报送，很快，相关部门通过脱贫实地核查，宣布他们一家正式脱贫。

为了让一家人的生活更加地稳定，同年通过小额信贷政策的扶持，多琼向改则县农行支行借款5万元，在小区里开了一家小卖部，并交给妻子布奴打理，一年下来就有六千多的现金收入。

多琼讲完致富经，明亮的客厅里充满了我们的欢声笑语。墙上一幅身着民族服装的全家福，充分体现了一家人和谐美满的幸福生活。

目前，他家的三个孩子正在接受很好的教育，大儿子普布仁青和大女儿格桑措姆分别在辽阳大学和四川三河职业技术学院读书。二女儿贡确次措读初中。最小的孩子明年将上幼儿园。

五年来，改则县紧扣脱贫攻坚目标任务，聚焦突出短板和制约瓶颈，瞄准攻坚重点难点，按照"六个精准""五个一批"要求，整合资源、精准施策、集中

◆ 多琼家的小卖部　摄影：西热多久

◆ 干净整洁的新居　摄影：西热多久

攻坚，着力解决贫困人口"两不愁三保障"和"十项提升工程"等重点问题，不断激发贫困群众内生动力，有效促进人脱贫、村出列、县摘帽。

一家之主多琼有话说：

"我真真切切地感受到了'党的恩情照边疆，边疆人民心向党'这句话的深刻涵义，我们不仅圆了新居梦，也圆了致富梦。今后将继续努力，想办法扩大家政服务中心的业务范围，让大家的腰包鼓起来，共同奔赴美好的明天。"

改则县脱贫攻坚概况

五年来，改则县共实现脱贫1924户7938人（2020年第六次动态调整），贫困发生率从2015年底的35.84%下降至零。期间，共有312户1339人完成易地搬迁入住，搬迁群众实现了搬得出、稳得住、能致富。截至2020年底，全县建档立卡贫困人口人均收入从2015年的1666.75元增加到2020年的11982.67元，增长了7倍多。